교과세특
탐구활동 솔루션

한승배 양평 청운고등학교 진로전담교사

- 〈교과세특 탐구주제 바이블〉, 〈교과세특 탐구주제 기재예시 바이블〉, 〈학생부 바이블〉, 〈교과세특 추천도서 300〉, 〈교과세특 탐구활동 솔루션〉, 〈학과 바이블〉, 〈학과연계 독서탐구 바이블〉, 〈진로연계 독서활동 워크북(중학교/고등학교)〉 집필
- 〈10대를 위한 직업 백과〉, 〈직업 바이블〉, 〈미리 알려주는 미래 유망직업〉, 〈교사 어떻게 되었을까?〉, 〈의사 어떻게 되었을까?〉, 〈10대를 위한 유망 직업 사전〉, 〈유 노 직업퀴즈 활동북〉, 학습 만화 〈직업을 찾아라〉 집필
- 〈미디어 활용 진로탐색 워크북〉, 〈중학생용 진로포트폴리오〉, 〈일반고용 진로포트폴리오〉, 〈특성화고용 진로포트폴리오〉, 〈나만의 진로 가이드북〉, 〈성공적인 대입을 위한 면접바이블〉, 〈중학생을 위한 고교학점제 워크북〉, 〈특성화고 학생을 위한 진학바이블〉, 〈특성화고 학생을 위한 취업바이블〉 집필
- 2022 개정 교육과정 중학교 및 고등학교 〈진로와 직업〉 교과서 집필
- 2015 개정 교육과정 중학교 및 고등학교 〈진로와 직업〉, 자유학기제용 〈진로체험과 포트폴리오〉, 〈성공적인 직업생활〉, 중학교 및 고등학교 〈기술·가정〉 교과서 집필
- 2009 개정 교육과정 중학교 및 고등학교 〈진로와 직업〉, 중학교 〈정보〉 교과서 집필
- 〈꿈 찾는 청소년을 위한 직업카드〉, 〈청소년을 위한 학과카드〉, 〈드림온 스토리텔링 보드게임〉, 〈원하는 진로를 잡아라 보드게임〉 개발
- 네이버 카페 '꿈샘 진로수업 나눔방' 운영자 https://cafe.naver.com/jinro77

박유진 경기도 한백고등학교 진로전담교사

- 〈교과세특 탐구주제 바이블〉, 〈교과세특 탐구활동 솔루션〉 집필
- EBS 함께학교 진로학업설계단(2025)
- 한국교육과정평가원 진로학업설계단(2024)
- 다문화교육 지역선도교원(2023)
- 진로전담교사 코칭전문가 지역선도교원(2022)
- 경기도중등진로교육연구회 활동(2021)

최미경 지평중·고등학교 도덕·윤리교사

- 〈교과세특 탐구주제 바이블〉, 〈학생부 바이블〉, 〈교과세특 탐구활동 솔루션〉 집필
- 단국대학교 논술 검토 위원 역임
- 전국연합학력평가 평가문항 분석 및 미래형 평가 도구 제작 집필 위원 역임
- 경기도교육청, 성남교육지원청, 양평교육지원청 고등학교 교육과정 지원단 역임
- 한국교원연수원 고교학점제 대표 강사

교과세특
탐구활동 솔루션

🔍 **공공데이터 활용 심화 Ver.**

한승배·박유진·최미경 지음

캠퍼스멘토

l 이 책의 활용상 유의점 l

1 2022 개정 교육과정에서 추구하는 학생상은 미래사회가 요구하는 포용성과 창의성을 갖춘 주도적인 사람으로 학습자의 삶과 성정을 위해 '깊이 있는 학습'이 강조됩니다. 이 책은 2022 개정 교육과정에 따라 공통과목과 선택과목의 교과 내용과 연계하여 지식을 깊이 있게 탐구하고 심층적으로 이해하기 위한 탐구활동 주제를 제시하였습니다.

2 2025년에 본격적인 선택중심교육과정이 시행됨에 따라 대학 입시 전형에서는 희망 진로에 적합한 교과목 선택과 계열별, 학과별 심화 탐구활동이 중요해졌습니다. 이 책은 학생들의 진로역량, 학업역량, 공동체역량이 잘 드러나도록 세부능력 및 특기사항과 창의적 체험활동 등 모든 학교교육과정 활동에 활용할 수 있는 탐구활동 주제를 다양하게 소개하였습니다.

3 매년 정부부처 및 관련기관, 민간기업 및 기업연구소 등에서 발표 공개하고 있는 각종 발간물 및 연구보고서를 포함한 우리나라 대부분의 공공데이터 자료를 분석하여 고등학교 탐구활동으로 적합한 주제를 선별한 후 「내용 소개 및 자료 출처 → 핵심 키워드 → 관련 탐구주제 → 관련학과 → 관련 교과」를 안내하여 1차 탐구활동을 설계할 수 있도록 했습니다. 이후 이를 심화·확장하여 2차 탐구활동으로 자연스럽게 연계될 수 있도록 「추천 도서 → 관련 탐구주제 → 추가 핵심 키워드」를 추가 구성함으로써 깊이 있는 학습이 이루어질 수 있도록 하였습니다.
  1) 1차 탐구 : 공공데이터를 활용한 차별화된 주제 탐구 활동
  2) 2차 탐구 : 관련 도서를 활용한 심화·확장형 주제 탐구 활동

4 탐구활동 주제는 한국교육개발원의 학과(전공) 분류 체계인 인문·사회·교육·자연·공학·의약·예체능 등 7개 계열을 넘나들며 총 200종의 자료를 소개하고, 원문 1종당 관련된 2개의 탐구주제(400개), 추천도서 및 도서 연계 2개의 탐구주제(400개)를 추가 제공하여 총 800개의 탐구주제를 제공하고 있습니다. 또한 스마트 기기 사용에 익숙한 학생들이 쉽고 편리하게 해당 자료 원문에 접근할 수 있도록 QR코드를 포함하고 있습니다.

5 제시된 탐구주제는 정형화된 것이 아니고 학생 스스로 다양한 주제로 응용 활용할 수 있습니다. '토론, 발표, 보고서, 제작' 등 교과 수업 방향과 학생의 선호에 맞게 선택하여 응용 및 재구성하시길 권장합니다. 이 책은 학생들이 자기 주도적으로 심화탐구 활동을 하는 데 도움이 될 뿐만 아니라 교사와 학부모에게도 탐구활동과 관련하여 유용한 길라잡이가 될 것입니다.

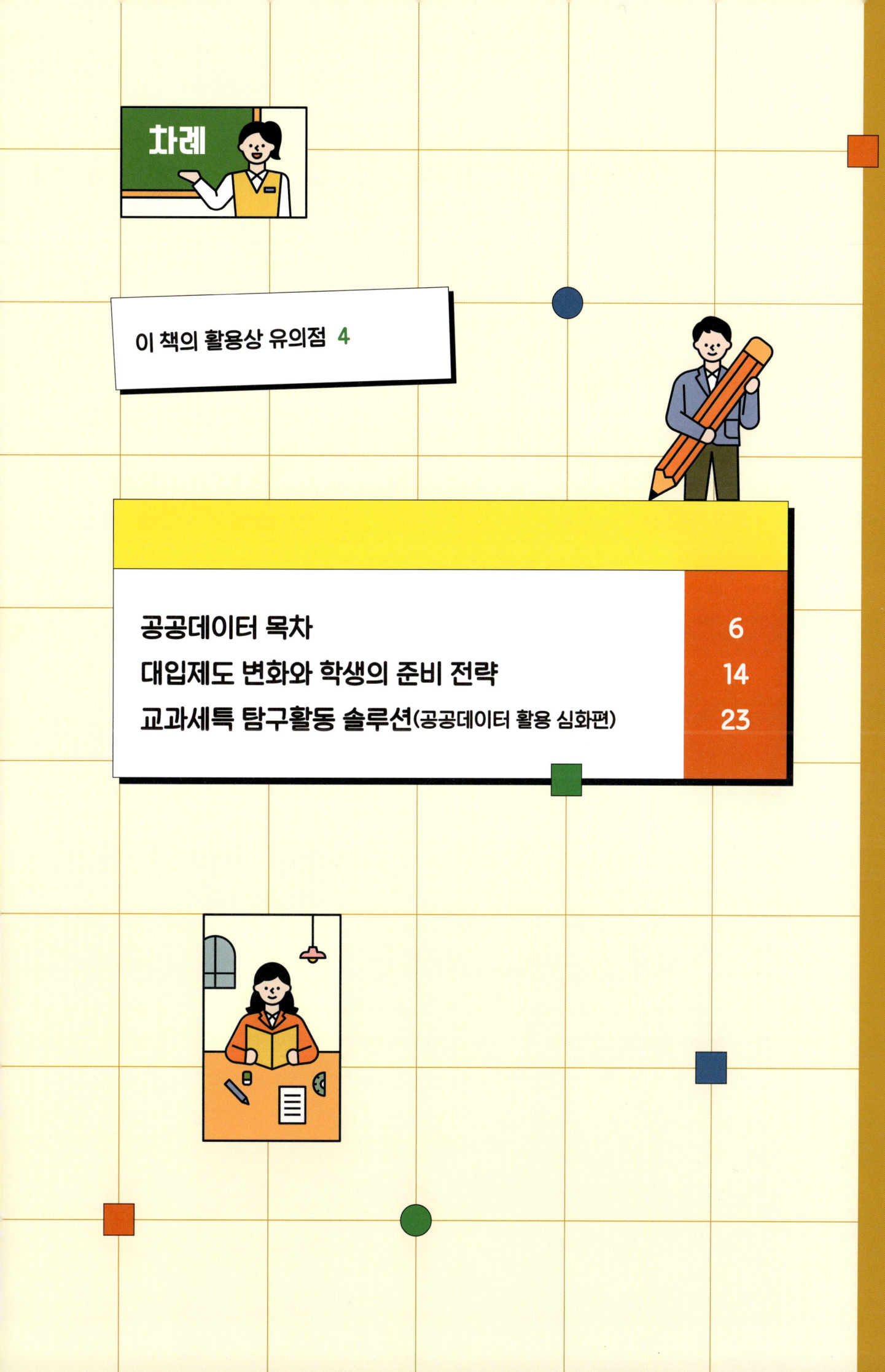

차례

이 책의 활용상 유의점 4

공공데이터 목차	6
대입제도 변화와 학생의 준비 전략	14
교과세특 탐구활동 솔루션(공공데이터 활용 심화편)	23

I 공공데이터 목차 I

순번	공공데이터명	발간기관	핵심학과	페이지
001	2022 식품소비행태조사 기초분석보고서	한국농촌경제연구원	식품자원경제학과	24
002	2022 이스포츠 실태조사	한국콘텐츠진흥원	e스포츠학과	25
003	2022 저작권 보호 이슈 전망 보고서	한국저작권보호원	법학과	26
004	2023 만화·웹툰 이용자 실태조사	한국콘텐츠진흥원	웹툰학과	27
005	2023 바이오 미래유망기술	한국생명공학연구원	생명공학과	28
006	2023 캐릭터 이용자 실태조사	한국콘텐츠진흥원	산업디자인학과	29
007	2023 ESG 법제 중대재해처벌법	한국법제연구원	법학과	30
008	2024 지식재산권의 손쉬운 이용	특허청	지식재산학과	31
009	3세대 신약 디지털 치료제의 투자 동향과 미래 전략	삼정KPMG 경제연구원	제약학과	32
010	감정노동 근로자에 대한 정신건강증진 방안 연구	한국보건사회연구원	상담심리학과	33
011	고등학교 정치 선거 교육의 실태	경기교육연구원	사회교육학과	34
012	고령자 노동시장 현황 및 개선방안	한국고용정보원	노인복지학과	35
013	고령자를 위한 건축과 도시공간	건축공간연구원	건축학과	36
014	고용없는 저성장·초고령 시대의 복지체제 연구	국회미래연구원	사회복지학과	37
015	공간 컴퓨팅이 가져올 세상 변화	한국지능정보사회진흥원	멀티미디어공학과	38
016	공공기관 지방이전이 지역경제에 미치는 파급효과	산업연구원	공공행정학과	39
017	공공의료법제 개선방안 연구	한국법제연구원	법학과	40
018	공교육에 적용되는 인공지능 알고리즘의 공공성 확보 방안 연구	정보인권연구소	교육학과	41
019	관광특구의 지정효과 분석 – 지역경제에 미친 영향을 중심으로 –	한국문화관광연구원	관광학과	42
020	교육 격차 해소를 위한 디지털 기술 적용 방안 연구	한국교육학술정보원	교육공학과	43
021	국내 패션산업의 경쟁력 강화를 위한 디지털 전환 전략	산업연구원	의류학과	44
022	국제사회의 ESG 대응과 한국의 과제	대외경제정책연구원	경영학과	45
023	글로벌 불평등 시대의 난민과 이민자	경제·인문사회연구회	지리학과	46
024	글로벌 시장변화 속, 새로운 기회가 열리는 유망 틈새품목 40선	대한무역진흥공사	국제통상학과	47
025	글로벌 OTT가 국내 광고시장에 미치는 영향	한국방송광고진흥공사	미디어커뮤니케이션학과	48
026	금융업의 인공지능 활용과 정책과제	한국금융연구원	금융공학과	49
027	금융연구-가계부채가 자산 불평등에 미치는 영향	한국금융연구원	금융학과	50

순번	공공데이터명	발간기관	핵심학과	페이지
028	기로에 선 보험산업, 무엇을 준비해야 할까	삼정KPMG 경제연구원	금융보험학과	51
029	기회의 땅 메타버스: 비전, 기술, 전략 대해부	딜로이트	소프트웨어학과	52
030	기후기술과 수소경제의 미래	딜로이트	에너지공학과	53
031	기후변화와 북한인권: 실태 및 협력방안	통일연구원	국제관계학과	54
032	기후위기 시대, 우리 식량은 괜찮은가?	한국과학기술한림원	식량자원과학과	55
033	기후인문학의 도래: 기후정의를 위한 인문학의 역할 및 정책연구	경제·인문사회연구회	철학과	56
034	내일의 도시: 또 한번의 진화를 앞둔 스마트시티	삼정KPMG 경제연구원	도시공학과	57
035	넷제로로 가는 길, 에너지 안보와 새로운 에너지 믹스	삼정KPMG 경제연구원	미래에너지공학과	58
036	녹색전환과 환경갈등 기획연구	국회미래연구원	환경학과	59
037	뉴노멀시대 헌정제도와 법제	한국법제연구원	법학과	60
038	다가오는 폐기물 업스트림 시장을 준비하라	삼정KPMG 경제연구원	환경공학과	61
039	다시 시작된 엘니뇨, 뜨거워지는 지구	KB금융지주경영연구소	지구환경공학과	62
040	데이터로 본 건축물 재난사고 현황과 대응 방향	건축공간연구원	건축공학과	63
041	도시 빌딩숲을 푸르게: 글로벌 녹색건축물 사례연구	기후사회연구소	건축도시시스템공학과	64
042	등굣길 아침 운동은 학교의 오아시스가 될 수 있을까?	경기도교육연구원	체육교육학	65
043	디지털 금융소비자 보호 이슈 및 과제	한국금융연구원	금융학과	66
044	디지털 전환에 따른 산업안전디자인의 이해	한국디자인진흥원	산업디자인학과	67
045	디지털 치료제 현황과 전망	보험연구원	의예과	68
046	디지털전환 기반 서비스 비즈니스모델 혁신 경쟁력 분석 및 시사점: 기술공간모형을 중심으로	산업연구원	산업시스템공학과	69
047	마약 예방 법교육 콘텐츠 개발 연구	법무부, 프리하라	법학과	70
048	멀티모달 뇌영상 기술 동향	한국뇌연구원	뇌공학과	71
049	모빌리티 서비스 시장의 미래: M.I.L.E	삼일PwC경영연구원	스마트모빌리티공학과	72
050	모빌리티 혁명을 설계하는 소프트웨어 중심 자동차	딜로이트	미래자동차공학과	73
051	무인항공기 과학·기술·산업 분석	한국과학기술정보연구원	교통공학과	74
052	미국 반도체 산업 육성 정책 동향 및 시사점	KOTRA	반도체공학과	75
053	미국 IRA 시행지침이 우리나라 배터리 공급망에 미칠 영향	한국무역협회	화학공학과	76
054	미디어를 활용한 청소년 사회 참여 방안	경기교육연구원	교육학과	77

순번	공공데이터명	발간기관	핵심학과	페이지
055	미래의 건설산업, 디지털로 준비하라	삼정KPMG 경제연구원	건설시스템공학과	78
056	미래전략산업 브리프 제34호	산업연구원	산업공학과	79
057	미리 보는 EU 탄소국경조정제도 시범 시행 기간 주요 내용 및 시사점	한국무역협회	기후에너지시스템공학과	80
058	미세먼지 저감기술 및 정책 동향	융합연구정책센터	환경공학과	81
059	밈(meme) 현상 확산에 따른 저작권 쟁점 연구	한국저작권위원회	문화콘텐츠학과	82
060	바이오플라스틱	한국과학기술기획평가원	유기재료공학과	83
061	반도체 과학·기술·산업 분석	한국과학기술정보연구원	반도체공학과	84
062	변화와 위기의 인문학 연구와 교육의 역할에 대한 연구	한국연구재단	융합인문사회과학학부	85
063	북한 무인기 도발 대응능력 향상 방안	한국군사문제연구원	군사학과	86
064	분야별 재정지출의 경제적 효과와 정책시사점	한국개발연구원	행정학과	87
065	불공정거래 행위자 정보공개 및 거래제한 제도 : 해외사례를 중심으로	자본시장연구원	금융학과	88
066	블록체인산업 활성화가 고용에 미치는 영향	한국노동연구원	정보보안학과	89
067	블루푸드테크 전문기관의 도입 필요성에 대한 연구	한국해양수산개발원	식품공학과	90
068	비대면 의료서비스의 특성에 따른 적용 필요 분야 탐색 연구	한국보건의료연구원	의료정보학과	91
069	비만 및 노화	한국연구재단	생명과학과	92
070	비확률표본을 위한 통계적 추론	통계개발원	통계학과	93
071	빅리그 스포츠 스타의 경제적 효과	현대경제연구원	스포츠마케팅학과	94
072	소비자정책지표의 개선방향 및 시사점	한국소비자원	소비자학과	95
073	사이버 비행 청소년 상담개입 매뉴얼 개발	한국청소년상담복지개발원	상담심리학과	96
074	새로운 혁신 성장 방안 딥테크	한국지능정보사회진흥원	산업공학과	97
075	생물다양성 보존을 위한 금융회사의 역할	하나금융경영연구소	경제금융학부	98
076	생성인공지능이 추동하는 디지털대전환의 시대, 인공지능과 인간 가치의 공존을 위한 윤리적 모색	경제·인문사회연구회	철학과	99
077	생성형 인공지능(Generative AI) 산업현황 보고서	한국저작권위원회	인공지능학과	100
078	생성형 인공지능과 광고	한국방송광고진흥공사	홍보광고학과	101
079	생성형 인공지능(AI)과 금융산업에의 시사점	하나금융경영연구소	데이터사이언스학과	102
080	생성형 AI 시대의 국가안보 리스크와 대응 시사점	국가안보전략연구원	사이버보안학과	103
081	생성형 AI의 수업 활용 방안	전북교육정책연구소	교육공학과	104
082	생성형 AI의 지식재산 법제 이슈	한국지식재산연구원	법학과	105

순번	공공데이터명	발간기관	핵심학과	페이지
083	선택실험을 이용한 비대면 의료 소비자 선호 연구	한국보건사회연구원	산업보건학과	106
084	세계화의 재구성	경제·인문사회연구회	글로벌경제학과	107
085	수소 시대의 도래, 기업의 13가지 기회	삼정KPMG 경제연구원	미래에너지공학과	108
086	수의사 대상 동물학대 진료 경험 및 동물학대 대응체계 조사	한국동물복지연구소	수의학과	109
087	수출 기업의 기후변화 대응 현황 및 시시점	한국무역협회	국제통상학과	110
088	순환경제와 이차전지 재사용·재활용	한국화학연구원	화학공학과	111
089	쉽게 활용하는 RE100 핸드북	한국ESG연구소	에너지자원공학과	112
090	스마트농업 확산에 대응한 농업인 역량 강화 방안	한국농촌경제연구원	농업시스템학과	113
091	스포츠 인권 헌장-스포츠 인권 가이드라인	국가인권위원회	스포츠건강관리학과	114
092	승리의 열쇠 디지털 - 스포츠 산업의 디지털 전환	딜로이트	스포츠응용산업학과	115
093	식의약 R&D 이슈보고서(마이크로니들)	식품의약품안전평가원	의생명공학과	116
094	식의약 R&D 이슈보고서(오가노이드)	식품의약품안전평가원	생명공학과	117
095	식의약 R&D 이슈보고서(의료용로봇)	식품의약품안전평가원	로봇공학과	118
096	식의약 R&D 이슈보고서(합성생물학)	식품의약품안전평가원	생명과학과	119
097	생산인구 확충을 위한 유휴인력의 경제활동 촉진 방안	한국무역협회	경제학과	120
098	신생아 대상 선별 유전자 검사에 대한 임상 가이드라인	보건복지부	의예과	121
099	신약개발 글로벌 트렌드 분석: 유전자·세포 치료제	국가신약개발사업단	바이오제약공학과	122
100	양자 컴퓨터의 발전과 보안 암호에의 영향	KB금융지주경영연구소	컴퓨터공학과	123
101	언론사의 숏폼 콘텐츠 전략 사례와 이용 연구	한국언론진흥재단	언론홍보학과	124
102	에듀테크 활용 미술 수업에서 미술 활동에 대한 흥미가 수업 만족도에 미치는 영향	경기도교육연구원	산업디자인학과	125
103	엑소좀의 의약학적 응용	한국연구재단	의예과	126
104	엔데믹 전환 이후, 여행 관련 산업의 변화	삼일PwC경영연구원	관광학과	127
105	엔터테인먼트·미디어 산업의 미래를 향한 콘텐츠 다양화 전략	삼정KPMG 경제연구원	미디어콘텐츠학과	128
106	엔화 환율 변동이 우리 수출에 미치는 영향	한국무역협회	무역학과	129
107	여성의 건강과 삶의 질을 높이는 기술, 펨테크	KB금융지주경영연구소	스마트헬스케어학과	130
108	연구개발에서 인공지능 도구의 활용과 관련된 연구윤리 이슈 분석	한국연구재단	윤리학과	131
109	열받은 지구의 역습, 엘니뇨와 에코플레이션	하나금융경영연구소	대기환경과학과	132
110	예비교사를 위한 연구윤리	한국연구재단	교육학과	133

순번	공공데이터명	발간기관	핵심학과	페이지
111	예술인 복지사업 운영실태와 개선과제	국회입법조사처	사회복지학과	134
112	오프쇼어링 vs. 리쇼어링 : 추세, 요인, 그리고 정책적 시사점	한국개발연구원	국제통상학과	135
113	우리 청소년의 부모-자녀 관계에 대한 이해	한국교육개발원	상담심리학과	136
114	우리나라 국민의 납세의식 조사	한국조세재정연구원	세무학과	137
115	우주 개척 어떻게 해야 할까?	한국과학기술한림원	우주공학과	138
116	우주공간의 상업적 활용 확대와 특허권 문제	한국지식재산연구원	국제법무학과	139
117	유전자원 출처공개에 관한 국제논의 동향과 해외 입법례	한국지식재산연구원	유전공학과	140
118	유전체 교정 작물 식량안보의 대안이 될 수 있을까?	한국과학기술한림원	농업생명공학과	141
119	의료와 디지털 기술의 융합, 가상의료의 잠재력과 현주소	딜로이트	가상현실융합학과	142
120	이동통신 미래 시장환경변화 예측 및 산업 활성화 요소 연구	정보통신정책연구원	정보통신공학과	143
121	이론 연구와 실험 연구의 양극화 진정한 협력을 이루려면?	한국과학기술한림원	고용서비스정책학과	144
122	이민이 한국 노동시장에 미치는 영향	한국고용정보원	글로벌다문화학과	145
123	인공지능 기반 공공서비스 실태와 개선과제	국회입법조사처	컴퓨터공학과	146
124	인공지능 기술 발전과 일자리의 미래	한국지능정보사회진흥원	반도체공학과	147
125	인공지능은 인간을 초월할 수 있을까	KB금융지주경영연구소	인공지능학과	148
126	인구감소 적시 대응을 위한 출산율·이동률별 인구변화	국회입법조사처	사회학과	149
127	인구구조 변화가 한국사회에 주는 시사점	삼일PwC경영연구원	사회학과	150
128	인문사회 연구자를 위한 IRB 연구윤리 가이드라인	한국연구재단	윤리교육과	151
129	인문정신문화 사업 추진 체계 발전 방안 연구	한국문화관광연구원	인문학부	152
130	인재양성 데이터 국가 전략 연구	한국교육개발원	데이터과학과	153
131	인터넷 투표제도 쟁점과 도입 방향	국회입법조사처	정치외교학과	154
132	일본 콘텐츠 시장 동향과 진출전략	KOTRA	국제통상학과	155
133	임신출산 지원 정책 모니터링 및 과제	한국보건사회연구원	가정교육학과	156
134	자율주행자동차 관련 국내외 입법 및 정책 동향	한국법제연구원	법학과	157
135	잘파세대의 부상	하나금융경영연구소	경제금융학과	158
136	장애인 대상 비대면 진료의 효율적 운영체계 연구	한국보건의료연구원	보건관리학과	159
137	저탄소경제 전환 전략과 정책과제	한국개발연구원	경제학부	160

순번	공공데이터명	발간기관	핵심학과	페이지
138	전고체 배터리	한국과학기술기획평가원	화학공학과	161
139	전시·체험형 동물시설 사육환경·동물상태 실태조사	한국동물복지연구소	동물자원학과	162
140	정부부문 생성형 AI 챗봇 활용실태 및 개선방안	한국행정연구원	공공정책학과	163
141	정신장애인 노동권 보장을 위한 실태조사	국가인권위원회	사회복지학과	164
142	제로 트러스트 보안기술 동향과 적용방안	한국문화정보원	정보보호학과	165
143	주요 이슈로 보는 디지털 통상 시대	산업통상자원부	국제통상학과	166
144	주요국의 반도체 정책과 기업들의 대응 동향	한국전자통신연구원	반도체공학과	167
145	주요국의 탄소중립과 그린성장전략에 관한 연구	대외경제정책연구원	환경공학과	168
146	주요국의 핵심광물 확보전략과 시사점	한국무역협회	에너지자원공학과	169
147	중소기업 임금피크제 현황 및 시사점	중소벤쳐기업연구원	경영학과	170
148	지역사회 고령친화 생활마을 조성 모델 및 정책개선 방안 연구	건축공간연구원	도시계획부동산학과	171
149	차세대 배터리 동향 및 전망	KB금융지주경영연구소	화학공학과	172
150	책임 있는 AI	삼일PwC경영연구원	인공지능학과	173
151	챗GPT 등 생성형 AI 활용 보안 가이드라인	국가정보원	컴퓨터공학과	174
152	초등교사를 위한 KERIS와 시작하는 인공지능 교육	한국교육학술정보원	초등교육과	175
153	초연결사회×전환도시 거버넌스의 전환 : 디지털시대의 민관협력	서울연구원	자치행정학과	176
154	초연결사회×전환도시 에너지의 전환 : 분산에너지와 ICT의 만남	서울연구원	에너지공학과	177
155	초저출산의 경제적·비경제적 원인 : 설문 실험을 통한 분석	한국은행경제연구원	지리학과	178
156	최근 우리나라 수출영향 요인분석	한국무역협회	국제무역학과	179
157	축산업의 기후변화 영향에 대한 진실	축산물품질평가원	축산학과	180
158	친환경 수소생산을 위한 주요국 정책 비교	한국무역협회	에너지시스템공학과	181
159	콘텐츠산업의 생성형 AI 활용 이슈와 대응 과제	한국콘텐츠진흥원	디지털콘텐츠학과	182
160	클라우드로 빨라지는 금융권의 디지털 여정	하나금융경영연구소	금융경제학과	183
161	탄소배출 격차와 사회경제적 요인 분석을 통한 사회불평등 해소방안 연구	경제·인문사회연구회	사회학과	184
162	탄소중립시대의 새로운 성장동력, 기후테크	하나금융경영연구소	기후환경에너지학과	185
163	탄소중립 사회로의 전환을 위한 조세제도 연구	한국법제연구원	세무회계학과	186
164	탄소중립을 위한 기후금융 발전 과제	자본시장연구원	금융학과	187

순번	공공데이터명	발간기관	핵심학과	페이지
165	탄소중립형 메가시티 구축을 통한 국가균형발전 전략 연구	경제·인문사회연구회	도시공학과	188
166	트래블테크 스타트업 생태계의 특징과 시사점	산업연구원	창업경영학과	189
167	특허 빅데이터를 활용한 천연화장품 신소재 발굴 연구	한국과학기술정보연구원	빅데이터학과	190
168	패러다임의 전환, 데이터 중심 인공지능	하나금융경영연구소	데이터사이언스학과	191
169	표준특허 길라잡이 2.0	특허청	표준지식학과	192
170	플랫폼종사자 직종별 근무실태와 정책 과제	한국고용정보원	경영학과	193
171	학교 환경교육의 방향과 과제	한국교육개발원	환경교육과	194
172	학교 소비자교육 콘텐츠 분석 및 활용방안 연구	한국소비자원	소비자학과	195
173	한국 근현대 능력주의의 역사와 신화	경제·인문사회연구회	사회학과	196
174	한국의 우주전력 발전 방향	아산정책연구원	항공우주공학과	197
175	한국의 장애인 탈시설 정책: 역사, 현황, 과제	국회미래연구원	특수교육학과	198
176	한류와 문화 다양성	한국국제문화교류진흥원	문화콘텐츠학과	199
177	합성 데이터의 부상	정보통신정책연구원	AI융합학과	200
178	항노화 치료제	한국과학기술기획평가원	유전공학과	201
179	해상 풍력발전	한국과학기술기획평가원	에너지자원공학과	202
180	향기 시장에 부는 새로운 향, 센테크	하나금융경영연구소	화장품학과	203
181	향후 10년간 코로나19로 인해 일어날 변화	KBSCD	사회학과	204
182	헬스케어 데이터 플랫폼 활성화의 핵심 과제와 정책 제언	과학기술정책연구원	디지털헬스케어학과	205
183	헬스케어 디지털 트윈	한국과학기술기획평가원	의료공학과	206
184	혐오와 차별의 미래: 정책과 입법적 대안들	국회미래연구원	사회학과	207
185	화장품 용기 재활용의 오해와 진실	녹색연합	환경학과	208
186	AI 활용 교육의 윤리적 쟁점과 과제	경기교육연구원	윤리교육학과	209
187	AI기반 행정을 위한 입법방안 연구	한국법제연구원	정책학과	210
188	ChatGPT 등 생성형 인공지능 모델이 제기하는 개인정보 보호 관련 쟁점	한국법제연구원	정보보호학과	211
189	ChatGPT 보안 위협과 시사점	한국인터넷진흥원	사이버보안학과	212
190	ChatGPT와 함께하는 미래	한국화학연구원	인공지능학과	213
191	ChatGPT의 탄생과 진화	하나금융경영연구소	금융공학과	214
192	ESG 경영 관련 소비지 인식 및 권인 제고 방안 연구	한국소비자원	소비자경제학과	215

순번	공공데이터명	발간기관	핵심학과	페이지
193	EU 탄소국경조정제(CBAM) Q&A	KOTRA	국제통상학과	216
194	KoNIBP 생명윤리 언론동향 브리프 No.10	국가생명윤리정책원	생명공학과	217
195	New Space 시대 한국의 우주력 개발방향	국가안보전략연구원	항공우주공학과	218
196	OECD 주요국가 문화재정 비교분석 연구	한국문화관광연구원	문화재학과	219
197	PM 빅데이터를 활용한 모빌리티 정책 제고 방안 연구	국토연구원	교통공학과	220
198	SDGs 생물다양성 보전목표 및 생물다양성 보전목표 달성을 위한 기업의 역할과 지속가능경영 연계 방안	기업과 생물다양성 플랫폼	생태환경학과	221
199	SNS 빅데이터를 활용한 가족 변화 양상 분석	한국건강가정진흥원	아동가족학과	222
200	TV 시청 관습의 변화 및 영상콘텐츠 이용행태의 다양화에 대한 연구	정보통신정책연구원	미디어영상학과	223

대입제도 변화와 학생의 준비 전략

01 대입제도 변화와 학생의 대비

❶ 대학 입시의 지속적인 변화와 고등학생의 대비 필요성

대입제도는 시대적 변화에 맞춰 지속적으로 개편되며, 2028학년도 대학 입시는 고교학점제 전면 시행과 2022 개정 교육과정 적용에 따라 내신 평가 방식 개편(상대평가·절대평가 병행), 학생부 평가 방식 변화 등을 포함한 새로운 체계를 도입한다. 이러한 변화는 학생들이 단순히 성적을 관리하는 것뿐만 아니라, 자기주도적 학습과 탐구활동을 통해 자신의 역량을 입증해야 하는 방향으로 나아가고 있음을 의미한다.

기존 입시는 정해진 교과 과정을 이수하며 성적을 유지하는 것이 핵심이었다면, 앞으로는 학생들이 자신의 진로에 맞춰 학업을 설계하고, 탐구활동과 비교과 활동을 통해 학업 역량을 증명하는 과정이 필수적이다. 대학은 성적뿐만 아니라 학생이 어떻게 학습하고 성장했는지, 진로와 관련된 활동을 어떻게 수행했는지를 평가하기 위해 세부능력 및 특기사항(세특)과 탐구활동의 중요성을 강조하고 있다.

이에 따라 학생들은 학습 방향을 설정하고, 주도적으로 탐구활동을 수행하며, 이를 효과적으로 학생부에 기록하는 전략을 수립해야 한다. 또한, 변화하는 대입제도에서 경쟁력을 갖추기 위해서는 대학별 입시 전형을 분석하고, 성적 관리뿐만 아니라 학업 경험과 탐구활동을 통해 자신만의 강점을 부각하는 장기적인 학습 계획을 마련하는 것이 필수적이다.

❷ 변화하는 교육 환경 속에서 '역량 있는 학생'이 되기 위한 필수 요소

2028학년도 대학 입시는 단순한 성적 관리에서 벗어나, 학생들의 자기주도적 학습 능력, 탐구력, 문제 해결력, 진로 연계 역량을 종합적으로 평가하는 방향으로 변화하고 있다. 이러한 변화 속에서 경쟁력을 갖추기 위해서는 자신의 진로와 연계된 탐구활동을 수행하고, 이를 효과적으로 학생부에 기록하며, 전공과 관련된 학문적 배경을 탄탄히 다지는 과정이 필요하다.

대학은 계열 및 전공 적합성과 자기주도적 학습 역량을 핵심 평가 요소로 삼고 있으며, 단순한 활동 참여가 아닌 깊이 있는 학습 경험과 탐구 과정에서의 성장을 중요하게 평가한다. 따라서 학생들은 탐구력과 문제 해결력을 갖춘 '역량 있는 인재'로 성장해야 하며, 이는 장기적인 학습과 탐구 과정을 통해 이루어질 수 있다. 2022 개정 교육과정 핵심 역량 및 서울대학교 인재선발 평가 역량은 다음과 같다.

| 2022 개정 교육과정 핵심 역량 및 서울대학교 인재선발 평가 역량 |

*출처: 서울대학교 2028학년도 대학 신입학생 입학전형 주요 사항(안)

02 2028 대입제도 변화 핵심

다음은 2028 대입제도의 변화 중 핵심 내용을 정리한 표이다.

변화 요소	내용
고교학점제	학생의 선택권 확대, 학생 맞춤형 학습 강화
평가 방식 변화	내신 5등급제 도입, 수능 9등급제 유지
학생부 기록 강화	세부능력 및 특기사항(세특)의 중요성 증가
정성적 평가 비중 확대	탐구활동, 면접, 비교과 활동의 영향력 증가

1 고교학점제 전면 시행

2025학년도부터 고교학점제가 전면 시행되면서 학생들은 정해진 교과 과정을 따라가는 것이 아니라, 자신의 진로와 관심 분야에 맞춰 과목을 선택할 수 있는 환경을 마주하게 된다. 이는 학생 개개인의 학습 특성을 반영한 맞춤형 교육을 제공한다는 점에서 긍정적인 변화이지만, 동시에 신중한 과목 선택과 체계적인 학습 계획이 요구된다.

고교학점제에서는 필수 과목 이수 외에도 학생이 진로와 연계된 선택 과목을 집중적으로 이수하는 것이 중요하다. 따라서 대학은 단순한 성적 관리가 아니라, 학생이 선택한 과목과 그 학습 경험이 전공과 얼마나 연계되는지를 평가 요소로 반영할 가능성이 크다. 이에 따라 학생들은 선택 과목을 전략적으로 선택하고, 탐구활동과 연계하여 자신의 학업적 강점을 부각해야 한다.

❷ 내신 평가 방식 변화: 상대평가와 절대평가 병행

2022 개정 교육과정 적용으로 내신 평가는 기존의 9등급 상대평가에서 5등급제로 변경되며, 일부 과목에서는 절대평가가 도입된다. 이에 따라 학생들은 단순한 성적 경쟁에서 벗어나, 자신의 학업 성취도를 안정적으로 유지하고, 평가 방식 변화에 맞춰 전략적으로 내신을 관리하는 것이 중요해진다.

특히, 절대평가가 적용되는 과목에서는 학생 간 상대적인 경쟁이 아닌, 본인의 학업 성취 수준에 따른 평가가 이루어지므로 해당 과목에서 우수한 성적을 유지하는 것이 유리할 수 있다. 또한, 상대평가가 적용되는 과목에서는 성적 분포와 자신의 위치를 고려하여 학습 전략을 수립하는 것이 필수적이다.

❸ 대학별 평가 요소 변화

2028학년도 대입에서는 기존의 정량적 평가(내신 성적, 수능 점수)에서 벗어나, 정성적 평가(서류, 면접 등)의 비중이 확대될 전망이다. 특히, 대학들은 학생의 탐구활동, 창의적 문제 해결력, 계열 및 전공 적합성 등을 종합적으로 평가하며, 학생이 어떤 방식으로 학습하고 탐구해 왔는지를 중요하게 고려한다.

이에 따라 학생들은 자신이 선택한 과목과 연계하여 탐구활동을 수행하고, 이를 학생부 기록에 효과적으로 반영하는 전략을 마련해야 한다. 또한, 기존에는 단순히 활동을 나열하는 방식으로 학생부가 작성되었다면, 앞으로는 학생의 학습과 탐구 과정, 성장 경험이 구체적으로 서술되는 방식이 요구될 것이다.

2028학년도 대입제도의 변화는 단순한 성적 중심 평가에서 벗어나, 학생의 전반적인 학업 태도와 탐구역량을 보다 종합적으로 평가하는 방향으로 진행되고 있다. 대학들은 기존의 정량적 평가(내신 성적, 수능 점수)뿐만 아니라, 학생이 고등학교 생활 동안 수행한 탐구활동, 비교과 활동, 면접 등 정성적 평가 요소의 비중을 더욱 확대할 전망이다. 특히, 세부능력 및 특기사항(세특)의 중요성이 커지면서, 단순히 활동을 열거하는 것이 아니라, 해당 활동이 학생의 학업적 성장과 탐구력 향상에 어떻게 기여했는지를 명확하게 기술하는 것이 필수적이다.

이처럼 2028학년도 대입제도에서는 학생들이 단순한 성적 경쟁을 넘어 스스로 학습을 설계하고, 탐구활동을 수행하며, 이를 통해 학문적 역량을 발전시키는 과정이 더욱 중요해지고 있다. 변화하는 입시 환경에 맞추어 학생들은 자기주도적 학습 태도를 함양하고, 학업과 탐구활동을 연계하는 전략적인 접근을 통해 경쟁력을 높여야 한다.

03 학교생활기록부의 경쟁력 강화 전략

학교생활기록부에서 중요한 요소는 학업 역량, 탐구활동, 비교과 활동, 세특 기록이다. 단순히 성적이 높은 것만으로는 부족하며, 학생이 자신의 학습을 어떻게 설계하고, 이를 통해 어떤 탐구와 연구를 수행했는지를 효과적으로 기록하는 것이 필수적이다. 다음은 학생부 기록에서 중요한 요소를 정리한 표이다.

학생부 경쟁력 요소	내용
교과 성적	꾸준한 학습과 성적 유지
탐구활동	자기주도적 탐구 및 프로젝트 수행
비교과 활동	진로와 연계된 자율·자치 활동, 동아리 활동, 진로활동
세특 기록	수행평가 및 교과와 연계된 심화 학습 내용 기록

1 경쟁력 있는 세특 기록

경쟁력 있는 세특으로 기재되기 위해서는 단순한 활동 나열이 아니라, 탐구 과정과 성장 경험을 구체적으로 서술하는 것이 중요하다. 예를 들어, "수업에 적극적으로 참여함"보다는, "확률과 통계를 활용하여 경제 지표를 분석하는 프로젝트를 수행하며, 실생활에서 통계적 사고를 적용하는 경험을 함"과 같이 구체적인 활동 내용과 학습 경험을 기록해야 한다.

2 비교과 활동의 차별화

비교과 활동 역시 단순한 참여에 그치지 않고, 자신의 진로와 연계된 심화 탐구 활동을 기획하고 이를 통해 학문적 관심을 발전시키는 과정이 필요하다. 예를 들어, 동아리 활동에서 단순히 참여하는 것이 아니라, 프로젝트를 주도적으로 기획하고 실행하며, 이를 통해 얻은 결과를 학생부에 기록하는 것이 중요하다.

❸ 학업적 성장과 탐구 과정의 기록

학교생활기록부의 경쟁력을 높이기 위해서는 단순한 성적 유지가 아니라, 학업적 성장과 탐구 과정이 효과적으로 드러날 수 있도록 계획적으로 준비하는 것이 중요하다. 학생들은 단순한 활동 나열을 넘어, 배운 내용을 기반으로 어떤 탐구를 수행했으며 이를 통해 어떻게 성장했는지를 보여주는 방식으로 학생부를 구성해야 한다.

❹ 학교생활기록부의 종합적 역할

궁극적으로, 2028학년도 대입제도에서 학교생활기록부는 학생이 고등학교 생활 동안 어떻게 학습을 설계하고 탐구하며 성장했는지를 종합적으로 보여주는 중요한 자료가 된다. 따라서 학생들은 자신의 학업적 목표와 진로 방향을 고려하여 전략적으로 활동을 선택하고, 이를 효과적으로 기록하는 노력이 필요하다.

04 탐구활동의 필요성과 전략적 접근

❶ 탐구활동이 중요한 이유

탐구활동은 학생이 스스로 문제를 정의하고 해결하는 과정에서 창의적 문제 해결력과 자기주도적 학습 태도를 기를 수 있는 중요한 요소이다. 2028학년도 대입제도에서는 성적뿐만 아니라, 학생이 어떤 방식으로 학습을 수행했는지, 그리고 이를 통해 어떤 학문적 성장을 이루었는지가 중요한 평가 기준으로 자리 잡고 있다. 따라서 대학은 학생이 수행한 탐구활동을 통해 학업 역량과 계열 및 전공 적합성을 평가하게 된다.

탐구활동은 단순한 지식 습득을 넘어, 학생이 특정 주제에 대해 얼마나 깊이 연구했으며, 문제를 해결하는 과정에서 논리적 사고와 창의적인 접근을 적용했는지를 보여줄 수 있는 기회가 된다. 특히, 자기주도적 학습을 강조하는 고교학점제 환경에서 자율탐구활동은 학생이 자신의 학습 목표를 설정하고, 학문적 호기심을 충족시키는 과정으로 더욱 중요해질 것이다.

❷ '역량 있는 학생'의 탐구활동 전략

대학이 탐구활동을 평가할 때 중요하게 보는 요소는 단순한 연구 수행이 아니라, 학생이 자신의 학문적 관심을 바탕으로 탐구를 심화하고 이를 학업 및 진로 목표와 연결했는지 여부이다. 따라서 효과적인 탐구활동을 수행하기 위해서는 다음과 같은 전략을 고려해야 한다.

- **관심 분야를 기반으로 탐구 주제 선정:** 단순히 수행해야 할 과제로서 탐구활동을 진행하는 것

이 아니라, 자신이 흥미를 느끼고 깊이 연구하고 싶은 주제를 선정하는 것이 탐구 과정에서의 몰입도를 높이는 데 도움이 된다.

- **심층적인 탐구 및 보고서 작성:** 탐구를 진행할 때는 기존 연구 결과를 참고하고, 이를 바탕으로 자신의 탐구 방향을 설정하며, 실험·설문·사례 분석 등 다양한 방법을 활용하여 논리적인 결론을 도출하는 것이 중요하다.
- **결과를 활용하여 학업 및 진로 목표와 연결:** 탐구활동의 결과는 단순히 연구로 끝나는 것이 아니라 학업 및 진로 목표와 연결될 수 있도록 정리하는 과정이 필요하며, 이러한 연결 과정을 통해 탐구활동의 의미를 더욱 강화할 수 있다.

❸ 효과적인 탐구활동 기획법

탐구활동을 효과적으로 수행하기 위해서는 체계적인 연구 방법을 설정하는 것이 필수적이다. 단순한 호기심에서 시작한 탐구가 대학 입시에서 의미 있는 활동으로 인정받기 위해서는, 명확한 탐구 계획을 수립하고, 논리적으로 연구를 수행하는 과정을 거쳐야 한다. 탐구활동을 기획할 때는 다음과 같은 단계로 진행된다.

탐구활동 단계	내용
1단계 주제 선정	학생이 관심 있는 분야와 관련된 연구 주제를 탐색하고, 구체적인 연구 문제를 설정한다.
2단계 연구 방법 설정	실험, 설문조사, 데이터 분석, 문헌 연구 등 연구를 수행할 방법을 계획한다.
3단계 자료 조사	심화학술자료, 기사, 도서 등 신뢰할 수 있는 자료를 조사하고 연구의 근거를 마련한다.
4단계 결과 분석	실험 결과나 조사 데이터를 정리하고, 연구 문제에 대한 결론을 도출한다.
5단계 보고서 작성	연구 과정과 결과를 논리적으로 정리하여 보고서를 작성하고, 이를 발표하거나 공유하는 과정을 거친다.

이러한 탐구활동의 기획 과정을 체계적으로 진행한 학생들은 단순한 탐구 수행을 넘어 논리적 사고력과 연구 역량을 갖춘 미래 인재로 성장할 수 있다. 또한, 보고서를 작성하고 이를 발표하는 과정에서 학문적 글쓰기 능력과 의사소통 능력도 함께 발전할 수 있다.

4 탐구활동의 장기적 가치

탐구활동은 단순히 대입을 위한 활동이 아니라, 학생의 학문적 성장과 진로 방향성을 명확히 하는 데 중요한 역할을 한다. 따라서 학생들은 장기적인 계획을 가지고 전략적으로 탐구활동을 설계하고, 이를 통해 자기주도적 학습 능력과 창의적 문제 해결력을 키워야 한다. 이러한 역량은 대입뿐만 아니라, 미래 사회에서 경쟁력을 갖추는 데도 필수적이다.

05 탐구활동을 통한 미래 역량 강화

1 자기주도적 학습과 탐구활동을 통한 성장

탐구활동은 단순한 학습을 넘어, 학생이 스스로 문제를 정의하고 해결하는 과정에서 자기주도적 학습 태도를 기르고, 논리적 사고력과 창의적 문제 해결 능력을 키우는 중요한 기회가 된다. 2028학년도 대입제도가 강조하는 자기주도성과 창의적 역량은 교과 학습뿐 아니라 탐구활동을 통해 더 효과적으로 발휘될 수 있다. 특히 자율탐구활동은 학생이 특정 주제에 대한 호기심을 바탕으로 스스로 학습을 설계하고 탐구하는 과정이다. 이를 통해 학생은 단순히 정답만 찾는 것이 아니라, 문제 해결 방법을 스스로 탐색하고 논리적으로 사고하는 능력을 기른다. 예를 들어, 수학에 관심 있는 학생이 기하학적 원리를 활용해 건축 구조를 연구하거나, 경제학을 공부하는 학생이 국가 간 무역 정책 변화를 분석하는 연구를 진행할 수 있는데, 이는 자기주도적 학습 태도를 강화하는 경험이 된다. 또한, 탐구활동은 학습한 내용을 실제 문제에 적용하고 새로운 지식을 창출하는 과정도 포함한다. 예를 들어, 환경 문제에 관심 있는 학생이 기후 변화에 따른 도시 구조 변화를 분석한다면, 이는 단순한 정보 수집을 넘어 실제 사회 문제를 해결하는 창의적 접근을 배우는 과정이 된다. 이러한 경험은 대학 진학 후 연구를 수행하는 데 필요한 사고력을 키우는 데 도움을 준다. 결과적으로, 탐구활동은 학생이 스스로 학습을 설계하고 발전하는 능력을 키우며, 미래 사회에서 요구하는 핵심 역량을 갖추는 데 중요한 역할을 한다.

2 변화하는 대입제도 속에서 경쟁력을 갖춘 '역량 있는 학생' 되기

대입제도가 변화함에 따라, 학생들은 성적 중심 경쟁에서 벗어나 자신의 강점을 부각할 수 있는 탐구활동을 체계적으로 준비해야 한다. 특히, 대학은 학생의 계열 및 전공 적합성과 학문적 호기심을 평가할 때 탐구활동을 통해 창의적이고 논리적인 사고력을 확인한다. 따라서 탐구활동을 단순한 과제가 아닌, 학습과 성장의 중요한 과정으로 인식하고 지속적으로 발전시켜야 한다. 역량 있는 학생이 되기 위해서는 단순히 학업 성취도를 높이는 것 이상으로, 자기주도적 학습 능력과 탐구 역량을 바탕으로 창의적 문제 해결력을 키우는 과정이 중요하다. 학생들은 자신의 관심 분야에서 스스로 연구를 기획하고, 새로운 아이디어를 탐색하며, 연구 결과를 논리적으로 정리하는 경험을 통해 성장할 수 있다. 대학은 이러한 과정에서 학생의 학습 태도와 탐구 능력을 평가하며, 이는 단순한 지식 습득을 넘어 실제 문제를 해결할 수 있는 능력을 갖춘 인재를 선발하는 중요한 기준이 된다. 탐구활동을 수행할 때는 단순히 결과를 나열하는 것이 아니라, 연구 과정에서의 도전과 실패, 그리고 이를 극복하는 과정을 기록하는 것이 중요하다. 이러한 경험은 대학에서 연구를 수행하거나 새로운 프로젝트를 기획할 때 큰 강점으로 작용한다. 다음 표는 '역량 있는 학생이 갖추어야 할 주요 특징'을 정리한 것이다.

필요 역량	내용
자기주도적 학습 역량	목표를 설정하고 지속적으로 학습하는 태도를 유지하는 능력
탐구 역량	논리적으로 사고하고 연구하는 능력
창의적 문제 해결 역량	새로운 아이디어를 도출하고 융합적인 사고를 활용하는 능력
협업 및 소통 역량	팀워크를 통해 공동 연구를 수행하고, 자신의 연구 결과를 발표하는 능력

결국 변화하는 대입제도 속에서 경쟁력을 갖춘 '역량 있는 학생'이 되기 위해서는 단순한 성적 관리에 그치는 것이 아니라, 탐구활동을 통해 학문적 사고를 확장하고 자기주도적 학습 태도를 기르는 것이 필수적이다. 탐구활동을 통해 학생들은 자신의 연구를 심화하고, 대학이 요구하는 핵심 역량을 갖춘 인재로 성장할 수 있다.

2028 대입제도 변화는 학생들에게 새로운 도전이 될 것이다. 그러나 올바른 전략과 준비를 통해 충분히 대응할 수 있다. 자기주도적 학습 태도, 탐구활동, 학생부 기록 전략을 통해 '역량 있는 학생'으로 성장하는 것이 중요하다. 변화하는 입시 환경 속에서 학생들은 단순한 성적 경쟁을 넘어 자신의 강점을 개발하고 적극적으로 학습 계획을 세워야 한다.

이제는 대학이 원하는 인재가 되기 위해 '준비된 탐구자'로 성장해야 할 때다.

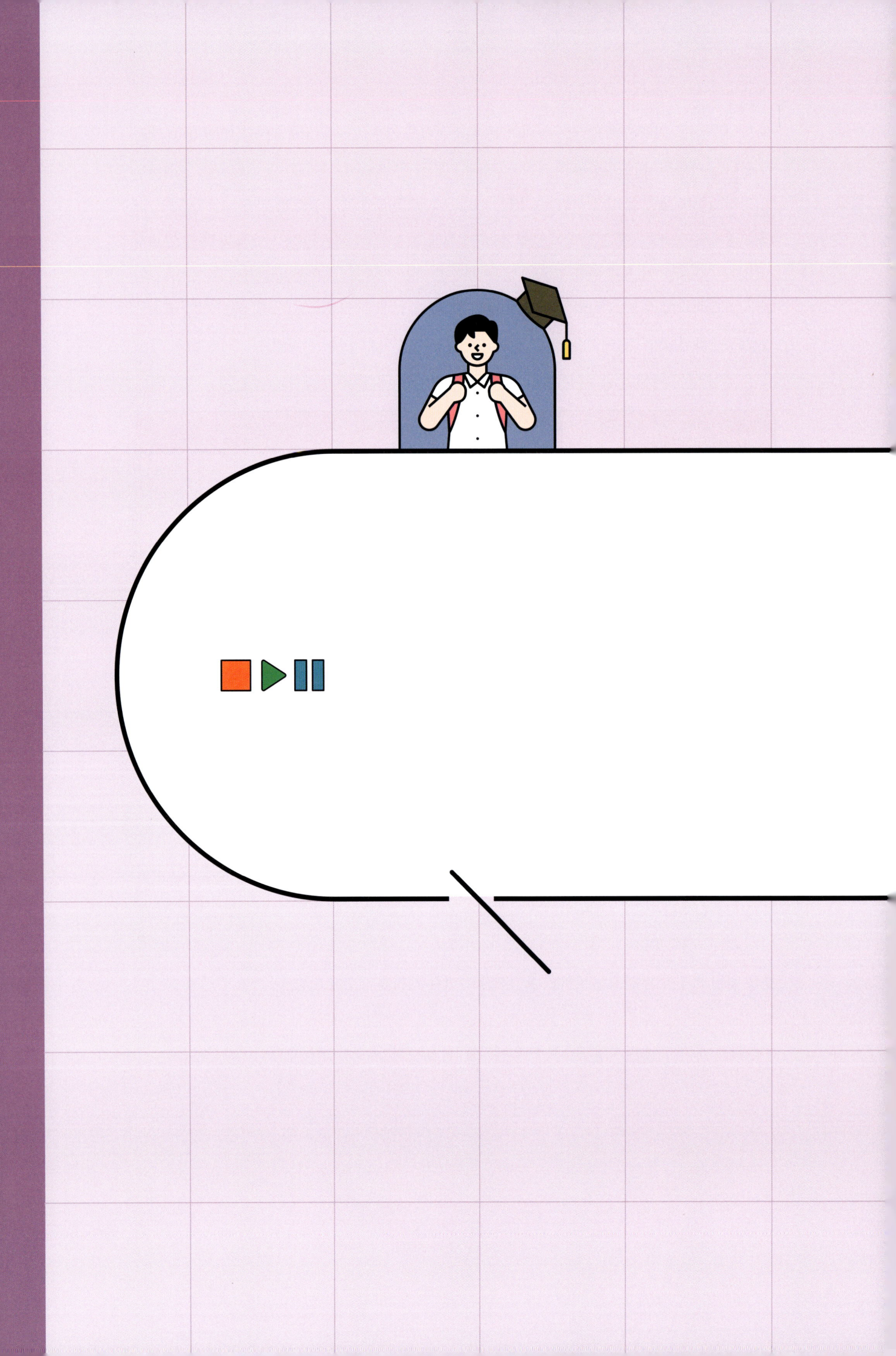

교과세특 탐구활동 솔루션
(공공데이터 활용 심화편)

001 2022 식품소비행태조사 기초분석보고서

내용 소개

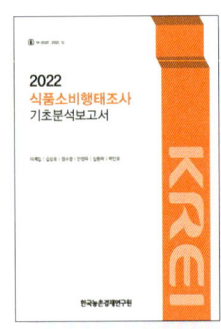

2020년부터 시작된 코로나19는 온라인 식품 시장의 확대, 편의성과 건강 지향 트렌드의 확대 등으로 식품소비행태에 큰 변화를 가져왔다. 이 보고서는 2022년 가구 내 식품 구입 및 소비행태뿐만 아니라 외식 행태, 라이프 스타일, 농식품 소비자 역량과 식품의 표시·안전성 등 식생활 전반에 관한 인식을 분석하고, 코로나19의 확산으로 인한 변화까지 다루고 있다.

핵심키워드: 식품소비, 외식소비, 식생활, 식품소비정책

출처 | 한국농촌경제연구원(2023)

탐구주제

- **탐구주제1** 식품 소비 효율성 증대를 위한 정책 방안 탐구
- **탐구주제2** 고등학생의 에너지 드링크 섭취가 건강에 미치는 영향에 대한 탐구

관련학과

식품자원경제학과, 가정교육과, 가정아동복지학과, 경영정보학과, 공공행정학과, 농업경제학과, 도시행정학과, 사회학과, 사회교육학과, 소비자학과, 식품생명공학과, 식품영양학과, 식품조리과학부, 외식산업학과, 체육학과

관련교과

세계시민과 지리, 사회와 문화, 현대사회와 윤리, 도시의 미래 탐구, 경제, 사회문제 탐구, 금융과 경제생활, 윤리문제 탐구, 기후변화와 지속가능한 세계, 기술·가정, 운동과 건강, 생활과학 탐구, 아동발달과 부모, 보건, 인간과 경제활동

추천도서

글로벌 푸드 한국사 (주영하, 휴머니스트, 2023)

한국인이 자연스럽게 먹고 마시는 글로벌 푸드 중 위스키, 아이스크림, 초콜릿, 피자, 커리, 우유, 빵, 차, 향신료의 한국사를 다룬 책이다. 이 책은 글로벌 푸드의 기원과 유래에서 시작해 한반도에 상륙하고 '한국화'되어가는 과정, 또 음식을 접한 당대 사람들의 반응과 사회적 영향 등을 풍부한 문헌 자료와 이미지를 기반으로 이야기하고 있다.

- **탐구주제3** 글로벌 푸드와 로컬 푸드의 장단점 비교 분석
- **탐구주제4** 문화 다양성에 기반한 글로벌 푸드 디자인 전략 조사

002 2022 이스포츠 실태조사

내용 소개

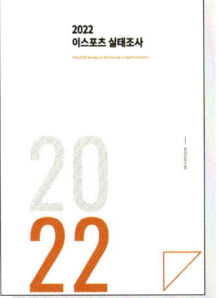

2022년 코로나19가 완화되면서 대면 경제 회복과 함께 이스포츠 오프라인 대회도 재개되었지만, 국내 이스포츠 산업은 아직 침체 상태에 있다. 이 보고서는 우리나라 이스포츠 산업의 규모 및 잠재력을 파악할 뿐만 아니라, 이스포츠 산업의 회복과 성장을 위한 중점 요소를 파악하고, 향후 발전 계획 및 정책 수립에 활용할 수 있는 자료를 제공하는 데 목적이 있다.

핵심키워드 컴퓨터 게임, 이스포츠, 게임단, 프로선수, 스포츠 마케팅, e스포츠 산업

출처 | 한국콘텐츠진흥원(2022)

탐구주제
- **탐구주제1** RPG 게임 기반 e스포츠 산업 혁신 사례 분석
- **탐구주제2** e스포츠 선수의 체력 단련 및 건강 관리 전략 탐구

관련학과
e스포츠학과, 경제학과, 게임공학과, 디지털콘텐츠공학과, 멀티미디어공학과, 모바일공학과, 문화콘텐츠학과, 산업경영공학과, e스포츠산업학과, 스포츠 과학과, 스포츠레저학과, 스포츠산업학과, 통계학과, 체육교육학과

관련교과
확률과 통계, 경제 수학, 수학과 문화, 실용 통계, 통합사회1, 통합사회2, 사회와 문화, 도시의 미래 탐구, 경제, 사회문제 탐구, 금융과 경제생활, 체육1, 체육2, 운동과 건강, 스포츠 문화, 스포츠 과학, 스포츠 생활1, 스포츠 생활2

추천도서

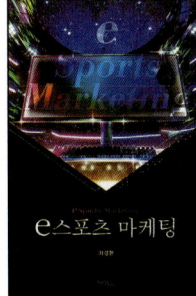

e스포츠 마케팅 (최경환, 박영사, 2023)

이 책은 e스포츠 산업 발전과 학문적 가치의 저변 확대를 위한 e스포츠 마케팅 이론을 다루는 교재로, e스포츠 현장에서 사용되고 있는 사례와 다른 분야(스포츠 및 문화)의 사례를 비교하여 설명하고, 스포츠 마케팅, 마케팅 이론을 적절하게 사용하여 미래의 e스포츠 마케터들에게 올바른 e스포츠 산업의 방향성과 비전을 제시하고 있다.

- **탐구주제3** e스포츠 산업 내 마케팅 전략의 효과성 분석
- **탐구주제4** e스포츠 경제적 파급 효과 및 미래 시장 예측에 관한 탐구

003 2022 저작권 보호 이슈 전망 보고서

내용 소개

이 보고서는 변화하는 디지털 환경 속에서 저작권 보호의 핵심 이슈들을 도출하여 미래 저작권 변화를 예측하고, 관련 사업과 정책의 기초자료로 활용하기 위한 목적으로 작성되었다. 2022년 저작권 보호 이슈는 메타버스, NFT 거래, OTT 서비스, K-콘텐츠, 인공지능 창작물, 1인 미디어, SNS, 빅데이터, VR·AR을 활용한 실감형 콘텐츠, 저작권료 정산 등이 선정되었다.

핵심키워드 디지털 시대, 지식재산권, 저작권, 인접권, 인공지능 저작권

출처 | 한국저작권보호원(2022)

탐구주제

- **탐구주제1** 칸트의 공리주의를 적용한 저작권의 이해 탐구
- **탐구주제2** 인공지능 기술 발전에 따른 저작권 이슈 및 대응 전략 조사

관련학과

법학과, 국어국문학과, 문예창작학과, 문헌정보학과, 통번역학부, 한국어학과, 철학과, 경찰행정학과, 공공행정학과, 문화콘텐츠학과, 미디어커뮤니케이션학과, 산업경영공학과, 산업공학과, 소프트웨어학과, 정보보안학과

관련교과

화법과 언어, 주제 탐구 독서, 직무 의사소통, 매체 의사소통, 언어생활 탐구, 사회와 문화, 현대사회와 윤리, 인문학과 윤리, 사회문제 탐구, 윤리문제 탐구, 정보, 지식 재산 일반, 진로와 직업, 논리와 사고, 인간과 경제활동, 논술

추천도서

재미있는 저작권 이야기 (계승균, 이지스퍼블리싱, 2023)

이 책은 창작자와 예비 창작자를 위한 저작권 기초지식을 사례 중심으로 재미있게 소개하고 있다. 실제 사례를 중심으로 구성되어 있어 법이론보다는 실무적인 내용이 많으며, 읽고 나면 저작권에 대한 이해도와 권리의식이 향상된다. 또한 인공지능 창작물의 권리주체 문제에 대해 논의하며, 창작행위의 존중과 창작자에 대한 정당한 대가 지급을 주장한다.

- **탐구주제3** 해외의 인공지능 저작권 관련 판례 동향 분석
- **탐구주제4** 저작권과 인접권의 개념과 보호 범위의 차이 탐구

004 2023 만화·웹툰 이용자 실태조사

내용 소개

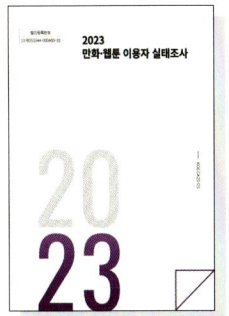

이 보고서는 2023년 만화·웹툰 이용자 통계자료를 바탕으로 만화·웹툰에 대한 인식, 매체별 이용 및 구매 현황 등의 패턴을 비교·분석하고 있다. 웹툰 이용은 감소했으나 포털 위주 웹툰과 인스타툰 이용은 증가하고 있고, 출판 만화 이용은 증가하고 있지만 국내 작품 선호는 감소하는 추세이다. 만화·웹툰 IP 확장은 영화, 드라마 애니메이션 순으로 나타났다.

핵심키워드: 만화, 웹툰, 콘텐츠, 저작권, 웹툰 플랫폼

출처 | 한국콘텐츠진흥원(2023)

탐구주제

- **탐구주제1** 반려동물을 소재로 한 웹툰의 성공 요인 분석
- **탐구주제2** 온라인 웹툰 플랫폼의 콘텐츠 다양성이 경쟁력에 미치는 영향 탐구

관련학과

만화애니메이션학과, 공업디자인학과, 산업디자인학과, 실내디자인학과, 연극영화과, 영상애니메이션학과, 환경디자인과, 아트앤웹툰학부, 애니웹툰학부, 웹툰과, 웹툰만화콘텐츠학과, 웹툰애니메이션학과, 웹툰영상학과

관련교과

화법과 언어, 독서와 작문, 문학, 주제 탐구 독서, 문학과 영상, 독서 토론과 글쓰기, 매체 의사소통, 언어생활 탐구, 영미 문학 읽기, 미디어 영어, 세계 문화와 영어, 사회와 문화, 미술, 미술 창작, 미술 감상과 비평, 미술과 매체

추천도서

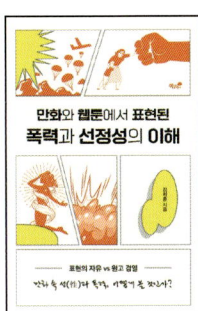

만화와 웹툰에서 표현된 폭력과 선정성의 이해 (김치훈, 책과나무, 2021)

이 책은 '웹툰 속 성과 폭력, 어떻게 볼 것인가?'를 주제로 한국 만화의 실체를 분석하며, 웹툰을 중심으로 한 대중문화 콘텐츠의 특성들을 살펴본다. 사회 현상이나 이슈를 대중적이고 자유로운 방식으로 표현하는 웹툰의 특성을 통해, 만화 속에 그려진 폭력과 선정성에 대해 이해할 수 있으며, 이를 통해 만화의 사회적 가치에 대해 고찰할 수 있다.

- **탐구주제3** 웹툰의 진화와 최신 웹툰 트렌드 조사
- **탐구주제4** 웹툰 플랫폼에서의 독자 참여를 증진시키기 위한 다양한 활성화 방안 연구

005 2023 바이오 미래유망기술

내용 소개

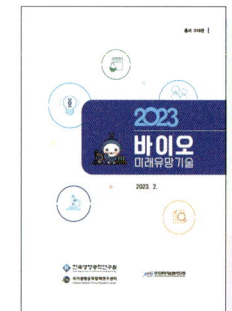

코로나19 팬데믹을 겪으며 바이오기술은 인류의 건강과 복지를 초월하여 안보, 통상, 공급망 관점에서 국가 생존에 중요한 전략적 역할을 갖게 되었다. 이 보고서는 글로벌 기술 경쟁에서 미래기술 선점을 위한 바이오 분야 미래유망기술을 플랫폼바이오(기초·기반), 레드바이오(보건의료), 그린바이오(바이오농업), 화이트바이오(바이오화학, 환경)로 나누어 제시하고 있다.

핵심키워드: 바이오 미래유망기술, 레드바이오, 화이트바이오, 그린바이오

출처 | 한국생명공학연구원(2023)

탐구주제
- 탐구주제1: DNA 손상을 예방하는 세포 역노화 방법 탐구
- 탐구주제2: 유전자 편집 기술을 이용한 유전질환 치료의 연구 결과와 활용 사례 조사

관련학과: 생명공학과, 간호학과, 농생물학과, 미래농업융합학부, 미생물분자생명과학과, 바이오나노학과, 생명과학과, 생명나노공학과, 생물학과, 생물환경화학과, 유전공학과, 의예과, 줄기세포재생공학과, 화학교육과, 환경공학과

관련교과: 확률과 통계, 경제 수학, 인공지능 수학, 직무 수학, 수학과 문화, 실용통계, 화학, 생명과학, 화학 반응의 세계, 세포와 물질대사, 생물의 유전, 과학의 역사와 문화, 환경생태, 융합과학 탐구, 운동과 건강, 기술·가정, 생태와 환경

추천도서

바이오 사이언스 2025 (요시모리 다모쓰, 이지북, 2021)

이 책은 생명과학의 기본이라 할 수 있는 세포에 대한 이해를 바탕으로, 세포 내부의 기능을 활용하는 오토파지에 대한 설명을 담고 있다. 저자는 DNA, 유전자, 게놈, 바이러스와 세균, 면역 등 생물학의 기본 개념을 이해하기 쉽게 풀어내며, 이를 바탕으로 2016년 노벨 생리학상 수상 주제인 '오토파지(자가포식)'에 대한 설명을 자연스럽게 이어나간다.

- 탐구주제3: DNA 조작 기술의 윤리적 쟁점 및 해결방안 탐구
- 탐구주제4: 유전자 편집 기술을 활용한 감염성 질환 예방 및 치료 사례 조사

006 2023 캐릭터 이용자 실태조사

내용 소개

이 보고서는 캐릭터를 미디어와 콘텐츠를 통해 등장하는 주요 인물의 디자인된 이미지로 정의하고, 실물 캐릭터 상품, 캐릭터 IP 활용 상품, 디지털 캐릭터 상품으로 구분하여 설명한다. 2023년 캐릭터 이용자 통계자료를 기반으로 캐릭터에 대한 인식, 각 유형별 이용 패턴과 유료 서비스 이용 행태 등을 비교 분석하며, 현재의 콘텐츠 환경 동향을 살펴보고 있다.

핵심 키워드 미디어, 콘텐츠, 캐릭터, 지속가능한 디자인, UX/UI 디자인

출처 | 한국콘텐츠진흥원(2023)

탐구주제
- **탐구주제1** 디지털 시대에 적합한 캐릭터 마케팅 전략 탐구
- **탐구주제2** 소셜미디어를 통한 캐릭터 디자인 공유의 장점과 효과적인 소통 방법 탐구

관련학과
산업디자인과, 공업디자인학과, 문화콘텐츠학과, 미디어커뮤니케이션학과, 만화애니메이션학과, 사회학과, 산업디자인학과, 영상애니메이션학과, 환경디자인과, 아트앤웹툰학부, 애니웹툰학부, 웹툰과, 웹툰만화콘텐츠학과

관련교과
화법과 언어, 독서와 작문, 주제 탐구 독서, 직무 의사소통, 매체 의사소통, 미디어 영어, 사회와 문화, 도시의 미래 탐구, 인문학과 윤리, 사회문제 탐구, 생활과학 탐구, 미술, 미술 창작, 미술 감상과 비평, 미술과 매체, 창의 공학 설계

추천도서

사실은 이것도 디자인입니다 (김성연, 한빛미디어, 2023)

이 책은 디자인이라고 인식하지 못했던 디자인에 관해 이야기한다. 모바일 앱, 디지털 프로덕트, 글로벌 브랜드 등 일상에 깊이 침투해 있는 디자인을 분석하며 기존에 알고 있던 디자인의 개념을 확장한다. 이 책을 통해 현대의 디자인과 디자이너가 우리의 삶에서 어떤 역할을 하는지 새롭게 인식하고, 일상에서 마주하는 디자인의 의도와 가치를 파악할 수 있다.

- **탐구주제3** 지속가능한 소비를 장려하는 제품 디자인 사례 분석
- **탐구주제4** 모바일 앱의 사용성과 집중도 개선을 위한 UX/UI 디자인 전략 탐구

007 2023 ESG 법제 중대재해처벌법

내용 소개

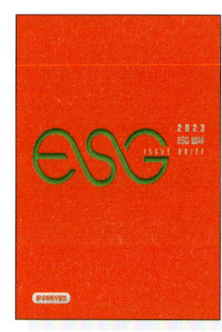

ESG 경영의 핵심인 '중대재해처벌법'은 기업이 사회적 책임을 다하도록 유도하는 법으로, 기업의 지속가능한 발전과 사회적 신뢰 향상에 필수적이다. 이 보고서는 '중대재해처벌법'이 가지는 입법 의의, 기존 '산업안전보건법' 체계와의 근본적인 차이점을 밝히는 과정에서 이 법의 제정 과정과 의의, 구체적인 법률의 형식과 내용, 그 법적 효력과 한계를 구체적으로 살펴보고 있다.

핵심 키워드: ESG 경영, 중대재해처벌법, 산업안전보건법, ESG 지표

출처 | 한국법제연구원(2023)

 **탐구주제**

- **탐구주제1** 산업안전보건법과 중대재해처벌법 비교 분석
- **탐구주제2** 기업의 ESG 경영과 중대재해처벌법의 상호작용에 관한 사례 조사

 **관련학과**

법학과, 경영정보학과, 경영학과, 경제학과, 경찰법학과, 공공행정학과, 공공인재법학과, 국제경영학과, 글로벌경영학과, 글로벌비즈니스학과, 기업융합법학과, 기술경영학과, 사회복지학과, 산업경영공학과, 산업공학과

 관련교과

대수, 확률과 통계, 경제 수학, 인공지능 수학, 직무 수학, 수학과 문화, 실용 통계, 사회와 문화, 법과 사회, 경제, 인문학과 윤리, 국제 관계의 이해, 사회문제 탐구, 금융과 경제생활, 기후변화와 지속가능한 세계, 인간과 경제활동

추천도서

한경무크 실전 중대재해처벌법 (강세영 외, 한국경제신문, 2023)

이 책은 변호사들이 중대재해처벌법 자문과 변론을 수행하면서 접한 기업들의 고민을 바탕으로 대응 방안을 제시하고, 2022년 발생한 중대재해 사고 사례를 중심으로 사건 개요와 시사점을 제시한다. 중대재해처벌법 현황과 주요 사고 사례, 질의응답으로 쉽게 풀어 쓴 중대재해처벌법 세션으로 구성되어 있어, 중대재해처벌법에 대한 전반적인 이해를 돕고 있다.

- **탐구주제3** ISO45001 인증과 중대재해처벌법 관련 탐구
- **탐구주제4** ESG 지표를 통한 중대재해처벌법 위반 기업의 위험도 분석

008 2024 지식재산권의 손쉬운 이용

내용 소개

지식재산권이란 인간의 창조적 활동 또는 경험 등에 의하여 창출되거나 발견된 지식재산에 관한 권리를 말하는 것으로써 산업재산권, 저작권, 신지식재산권을 포괄하는 무형적 권리를 뜻한다. 이 보고서는 지식재산권에 관한 법과 제도, 출원·등록절차, 각종 수수료 정보 및 특허청의 지원 사업 등 지식재산의 출원·등록 및 창출·보호·활용에 있어 꼭 필요한 정보를 담고 있다.

핵심키워드
지식재산권, 산업재산권, 특허권, 상표권, 저작권, NFT, 블록체인

출처 | **특허청(2024)**

탐구주제1 특허권, 상표권, 저작권 등의 지식재산권 주요 유형 비교 탐구
탐구주제2 디지털 시대에서의 지식재산권 보호와 관련된 법적, 윤리적 이슈 분석

지식재산융합학과, 경영정보학과, 공공인재학과, 경제학과, 경영학과, 디지털콘텐츠학과, 무역학과, 문화콘텐츠학과, 기술교육과, 법학과, 세무회계학과, 소비자학과, 응용통계학과, 벤처창업학과, 산업경영학과

화법과 언어, 독서와 작문, 주제 탐구 독서, 직무 의사소통, 매체 의사소통, 경제 수학, 직무 수학, 수학과 문화, 사회와 문화, 경제, 사회문제 탐구, 금융과 경제생활, 과학의 역사와 문화, 지식 재산 일반, 소프트웨어와 생활, 인간과 경제활동

추천도서

된다! NFT 메타버스 저작권 문제 해결 (오승종 외, 이지스퍼블리싱, 2022)

이 책은 NFT와 메타버스라는 디지털 시대의 중요한 주제와 그에 수반되는 지식재산권 문제에 대해 쉽게 설명한다. 저작권의 기본부터 심화 주제까지, 해당 분야 종사자나 관심 있는 독자들이 법적 문제에 대해 이해할 수 있도록 돕는다. 또한 94가지의 구체적 사례를 비롯해 NFT 아트, 메타버스를 통한 교육 등 최신 동향과 관련 판례를 상세히 다루고 있다.

탐구주제3 NFT 시장에서 발생하는 저작권 분쟁 사례 조사
탐구주제4 지식재산권 보호를 위한 블록체인 기술의 활용 탐구

009 3세대 신약 디지털 치료제의 투자 동향과 미래 전략

내용 소개

코로나19 팬데믹 이후 디지털 전환이 가속화되면서 의료계에서는 ICT 기술과 헬스케어의 결합인 '디지털 헬스케어'가 부상하고 있다. 이에 따라 비대면 진료·처방, 환자 맞춤형 의료 서비스, 실시간 환자 모니터링에 대한 수요가 증가하며 디지털 치료제 시장이 활성화되고 있다. 이 보고서는 디지털 치료제 시장의 현황과 기업 현황, 디지털 치료제 투자 동향을 살펴보고 있다.

핵심 키워드: 디지털 헬스케어, 디지털 치료제, 바이오 기술, 바이오 의약품, 바이오 산업

출처 | 삼정KPMG 경제연구원(2023)

탐구주제

- **탐구주제1** 국내외 디지털 치료제 개발 및 적용 사례 분석
- **탐구주제2** 환자 맞춤형 의료 서비스에서 디지털 치료제의 역할 탐구

관련학과

제약학과, 간호학과, 미생물학과, 분자생물학과, 생명과학과, 생명공학과, 생명나노공학과, 생물학과, 생물환경화학과, 수산생명의학과, 산업보건학과, 유전공학과, 약학과, 의예과, 의료공학과, 화학공학과, 제약공학과

관련교과

확률과 통계, 경제 수학, 실용 통계, 사회와 문화, 사회문제 탐구, 기후변화와 지속가능한 세계, 화학, 생명과학, 화학 반응의 세계, 세포와 물질대사, 생물의 유전, 기후변화와 환경생태, 운동과 건강, 생활과학 탐구, 생태와 환경

추천도서

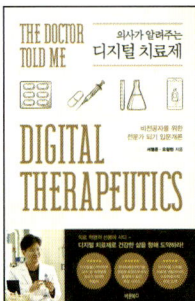

의사가 알려주는 디지털 치료제 (서영준 외, 바른북스(2023))

이 책은 디지털 기술을 활용한 새로운 치료법인 '디지털 치료제'에 대해 설명한다. 저자는 의학과 기술의 융합이 어떻게 환자의 치료 효과를 높이고 의료 패러다임을 변화시키는지 다룬다. 특히 정신건강, 만성질환, 재활 치료 등 다양한 분야에서 디지털 치료제가 적용되는 사례를 소개하고 있다.

- **탐구주제3** 디지털 치료제가 정신건강 치료에 미치는 효과와 한계에 관한 탐구
- **탐구주제4** 디지털 치료제 활용이 의료 접근성과 환자 맞춤 치료에 미치는 영향

010 감정노동 근로자에 대한 정신건강증진 방안 연구

내용 소개

이 보고서는 감정노동자의 사전예방적 정신건강 증진을 목표로 한다. 감정노동의 정의와 정신건강 영향, 보호 요인을 분석하고, 해외 정신건강 지침 및 정책을 통해 국내 적용 가능성을 탐색한다. 또한 현재 국내 정신건강 서비스와 정책의 문제점을 해외 사례와 비교하여 개선점을 도출한다. 이를 기반으로 국내 감정노동자의 통합적 정신건강증진 방안과 필요 정책을 제안한다.

핵심 키워드 감정노동자, 감정노동, 노동자 권리, 노동자 복지, 정신건강, 업무 자동화

출처 | 한국보건사회연구소(2022)

 **탐구주제**

- **탐구주제1** 감정노동 근로자를 위한 정신건강증진 프로그램 사례 조사
- **탐구주제2** 감정노동 근로자의 권리와 복지 정책 개선을 위한 법적 차원 탐구

 **관련학과**

상담심리학과, 경영정보학과, 경영학과, 공공인재학과, 공공행정학과, 사회복지학과, 사회복지상담심리학과, 사회학과, 산업경영공학과, 산업공학과, 산업시스템공학과, 상담학과, 심리학과, 의료경영학과, 사회교육과

 관련교과

화법과 언어, 독서와 작문, 독서 토론과 글쓰기, 주제 탐구 독서, 직무 의사소통, 매체 의사소통, 언어생활 탐구, 사회와 문화, 현대사회와 윤리, 인문학과 윤리, 사회문제 탐구, 금융과 경제생활, 인간과 경제활동, 윤리문제 탐구

추천도서

우리는 감정노동자입니다 (사람과평화 감정노동상담연구회, 학민사, 2023)

이 책은 일상 속에서 중요한 역할을 하는 감정노동자들의 삶을 조명하며, 그들이 겪는 고충과 이를 극복하는 과정을 이야기하고 있다. 또한 감정노동자들의 권리를 보호하고, 그들의 심리치유를 위한 상담 매뉴얼을 제공하며, 우리 모두가 감정노동자들의 아픔을 이해하고, 서로를 존중하며, 평등한 사회를 만들어가기 위한 메시지를 담고 있다.

- **탐구주제3** 감정노동 근로자의 업무 자동화에 대한 태도 변화 탐구
- **탐구주제4** 감정노동자의 심리적 피로와 직무만족의 관계에 대한 사회학적 분석

011 고등학교 정치·선거 교육의 실태

내용 소개

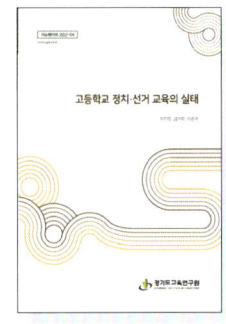

이 보고서는 선거법 개정으로 인한 선거 연령 하향 이후, 고등학생들은 학교의 정치·선거 교육에 대해 어떻게 인식하는지 고찰하기 위해 고등학교 전 학년을 대상으로 하는 설문조사를 실시한 후 분석한 내용을 담고 있다. 설문 분석 결과는 고등학생들의 정치·선거 관심, 정치·선거 교육 경험, 18세 유권자들의 선거 참여 현황, 정치·선거 교육의 필요성 인식으로 나누어 제시하고 있다.

핵심 키워드: 정치·선거 교육, 선거, 고등학생 유권자, 청소년 유권자, 선거구제 개편, 민주주의

출처 | 경기교육연구원(2022)

탐구주제

- **탐구주제1** 18세 유권자 시대 고등학교 정치·선거 교육의 중요성과 효과적인 방법 탐구
- **탐구주제2** 일본의 '의원내각제', 미국의 '상하원제' 등 외국의 정부 형태와 선거 제도 조사

관련학과

사회교육학과, 공공인재학과, 공공행정학과, 교육학과, 일반사회교육과, 사회학과, 사회복지학과, 정치·국제학과, 정치외교학과, 문화콘텐츠학과, 법학과, 법경찰학과, 법무정책학과, 지리학과, 통계학과, 행정학과, 초등교육과

관련교과

세계시민과 지리, 사회와 문화, 현대사회와 윤리, 도시의 미래 탐구, 정치, 법과 사회, 인문학과 윤리, 사회문제 탐구, 기후변화와 지속가능한 세계, 인간과 철학, 논리와 사고, 인간과 심리, 삶과 종교, 인간과 경제활동

추천도서

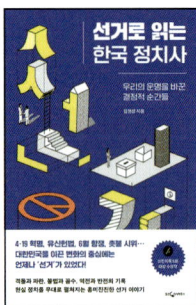

선거로 읽는 한국 정치사 (김현성, 웅진지식하우스, 2021)

이 책은 대한민국 정치사의 역동성을 담은 책이다. 50여 차례 치러진 선거가 나라의 운명을 어떻게 바꿨는지 생생하게 들려주며, 분단을 앞두고 실시한 최초의 선거부터 21세기의 선거까지를 다룬다. 민심을 반영하며 새로운 시대정신을 탄생시킨 선거, 이 책은 선거에 얽힌 다채로운 이야기와 함께 투표 상식 등을 담고 있다.

- **탐구주제3** 민주주의 '다수결' 방식의 단점과 개선안 탐구
- **탐구주제4** 우리나라 '선거구제 개편' 논의 배경과 소선거구제, 중·대선거구제의 장단점 분석

012 고령자 노동시장 현황 및 개선방안

내용 소개

이 보고서는 최근 빠른 속도로 진행되고 있는 고령화에 효과적으로 대응하기 위해 중·고령층(45세 이상)의 고용 현황과 실태를 분석하여 그 특징을 파악하고, 정책 대안을 모색하고 있다. 또한 고령층 노동시장을 파악할 수 있는 다양한 자료를 분석하는 데 초점을 두고, 각 자료에서 보여줄 수 있는 심층적인 주제를 찾아 연구 논문 형태로 보고서를 구성하였다.

핵심키워드 고령자, 노동시장, 고령화 사회, 고령자 고용, 정년제도

출처 | 한국고용정보원(2023)

탐구주제1 고령자를 위한 유연한 근로환경 조성 방안 탐구
탐구주제2 기업의 고령자 고용 촉진 정책의 현황과 효과 분석

관련학과 노인복지학과, 경영정보학과, 경영학과, 경제학과, 공공인재학과, 공공행정학과, 글로벌경영학과, 일반사회교육과, 사회복지학과, 사회학과, 소비자학과, 산업경영공학과, 문화콘텐츠학과, 법학과, 통계학과, 행정학과

관련교과 세계시민과 지리, 사회와 문화, 현대사회와 윤리, 도시의 미래 탐구, 정치, 법과 사회, 인문학과 윤리, 국제관계의 이해, 사회문제 탐구, 윤리문제 탐구, 기후변화와 지속가능한 세계, 진로와 직업, 생태와 환경, 인간과 경제활동

추천도서

초고령시대의 고령자대책 (정기룡, 전남대학교출판문화원, 2023)

이 책은 인구 고령화 문제에 대한 체계적 분석과 그 해결을 위한 제도 개혁 및 시스템 구축 논의를 통해 노인문화 구축 방향을 제시한다. 이미 고령화 사회로 진입한 일본의 고령자 사회정책, 생활보장시스템, 노후 소득보장과 공적연금제도, 노인복지서비스, 개호보험제도 등을 분석하여, 초고령사회의 사회문제에 대한 실질적인 해결 방안을 제시한다.

탐구주제3 한국과 일본의 고령자 및 정년 고용 정책 비교
탐구주제4 초고령화 사회에서 노인들의 사회 참여를 촉진하는 방안 탐구

013 고령자를 위한 건축과 도시공간

내용 소개

대한민국은 2025년 초고령화 사회에 진입할 예정이며, 이는 인구의 20% 이상이 65세 이상임을 의미한다. 이에 대비하여, 이 보고서는 고령사회 대응을 위한 건축·도시공간 조성의 필요성과 방향, 노인의 지역사회 거주를 위한 주거정책 과제, 고령친화 도시와 지역사회 조성 방향 등을 논의하고, 초고령화 사회를 맞이하기 위한 정책과 준비 자세에 대해 고찰한다.

핵심키워드: 초고령사회, 고령친화적 건축, 고령친화도시, 공공 공간 디자인

출처 | 건축공간연구원(2022)

 **탐구주제**
- **탐구주제1** 고령친화적 건축 설계의 실제 사례를 통한 효과 분석
- **탐구주제2** 고령자의 도시 이동성을 고려한 보행 환경 개선 방안 연구

 **관련학과**
건축학과, 건축공학과, 공공인재학과, 공공행정학과, 글로벌경영학과, 노인복지학과, 도시공학과, 일반사회교육과, 사회복지학과, 사회학과, 산업경영공학과, 산업디자인과, 시각디자인학과, 행정학과, 환경디자인학과

 관련교과
세계시민과 지리, 사회와 문화, 현대사회와 윤리, 도시의 미래 탐구, 정치, 법과 사회, 인문학과 윤리, 국제관계의 이해, 사회문제 탐구, 윤리문제 탐구, 기후변화와 지속가능한 세계, 기술·가정, 창의 공학 설계, 생애 설계와 자립, 진로와 직업

추천도서

할머니, 왜 집 놔두고 노인정에서 주무세요? (신승렬, 한울, 2021)

이 책은 서비스디자인을 적용한 세계 최초의 정책 집단인 국민디자인단을 중심으로 서비스디자인이 공공 부문에 어떤 기여를 할 수 있는지 다루었다. 저자는 사용자 경험, 디자인 싱킹, 넛지, 서비스디자인 등을 간결하고 명확하게 설명한다. 디자인에 뿌리를 둔 서비스디자인과 경제학에서 발원한 넛지가 사실상 같은 개념이라는 주장이 인상적이다.

- **탐구주제3** 스마트 기술을 활용한 고령자 건강 관리 시스템 탐구
- **탐구주제4** 노인을 위한 공공 공간 디자인에서의 사회적 상호작용 촉진 방안 연구

014 고용없는 저성장·초고령 시대의 복지체제 연구

내용 소개

고용 없는 저성장과 초고령사회의 도래가 지속됨에 따라 지속가능한 복지체제 구축에 대한 논의가 필요하지만, 이를 지원하기 위한 정책적 개선은 부족한 상태이다. 이 보고서는 국제 비교를 통해 복지체제의 변화를 살펴보고, 한국의 상황을 고려하여 고용 없는 저성장과 초고령 시대에 유연하게 대응할 수 있는 복지체제 설계 방안을 제시하는 데 목적이 있다.

핵심키워드: 고용, 저성장, 고령화, 인구구조변화, 복지체제, 사회적 기업, 지역사회 복지

출처 | 국회미래연구원(2022)

탐구주제1 인구 구조 변화에 따른 노인복지정책 발전 방향 탐구
탐구주제2 노인의 사회활동 참여 정도가 주관적 건강 인식에 미치는 영향 분석

관련학과: 사회복지학과, 건강관리학과, 노인복지학과, 경찰행정학과, 공공인재학과, 공공행정학과, 글로벌경영학과, 일반사회교육과, 사회학과, 소비자학과, 산업경영공학과, 법학과, 의료경영학과, 지리학과, 통계학과, 행정학과

관련교과: 세계시민과 지리, 사회와 문화, 현대사회와 윤리, 도시의 미래 탐구, 정치, 법과 사회, 인문학과 윤리, 국제관계의 이해, 사회문제 탐구, 윤리문제 탐구, 기후변화와 지속가능한 세계, 기술·가정, 창의 공학 설계, 생애 설계와 자립, 진로와 직업

추천도서

복지의 원리 (양재진, 한겨레출판, 2023)

이 책은 사회보장위원회 위원장을 역임한 복지 전문가 양재진의 저서이다. 한국의 복지 현실을 재조명하고, 작은 복지국가로 탄생한 한국이 추구해야 할 더 나은 복지국가의 비전을 제시한다. 소득보장정책과 노동시장정책을 펼치는 유럽의 '큰' 복지국가들과 비교하며, '작은' 복지국가 한국의 역사와 철학, 다양한 정책들, 그 작동 원리와 흐름을 설명한다.

탐구주제3 사회적 기업을 통한 지역사회 복지 증진 사례 탐구
탐구주제4 노인복지정책을 위한 지역사회 기반의 협력 모델 탐구

015 공간 컴퓨팅이 가져올 세상 변화

내용 소개

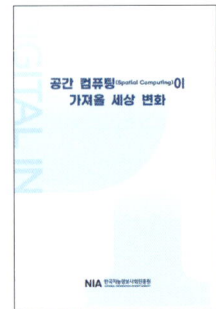

이 보고서는 공간 컴퓨팅이 사람과 사회에 가져올 변화에 대해 전망한다. 공간 컴퓨팅은 '물리적 공간과 디지털 공간의 구분을 없애 생성된 공간에서 사람들이 새롭게 상호작용하며 활동하도록 하는 컴퓨팅 환경'이라고 정의할 수 있다. 공간 컴퓨팅 확대는 물리적 공간과 디지털 공간을 연결하여 공간에 구애받지 않고 자유롭게 살아갈 수 있는 변화를 가져올 것으로 기대된다.

핵심 키워드 공간 컴퓨팅, XR, VR, AR, 슈퍼사이트, 공간혁신, 웨어러블 기기, 스마트안경

출처 | 한국지능정보사회진흥원(2022)

탐구주제1 VR과 AR을 결합한 혼합현실MR의 기술 동향 분석
탐구주제2 공간 컴퓨팅 기술을 활용한 미래 카메라의 기능 탐구

관련학과

멀티미디어공학과, 기계공학과, 응용물리학과, 로봇공학과, 멀티미디어학과, 메카트로닉스공학과, 모바일공학과, 산업공학과, 소프트웨어융합공학과, 시스템반도체공학과, 전기전자공학과, 정보통신공학과, 컴퓨터공학과

관련교과

인공지능 수학, 실용 통계, 수학과제 탐구, 물리학, 지구과학, 역학과 에너지, 전자기와 양자, 물질과 에너지, 융합과학 탐구, 기술·가정, 로봇과 공학세계, 생활과학 탐구, 정보, 인공지능 기초, 데이터 과학, 소프트웨어와 생활

추천도서

슈퍼사이트 (데이비드 로즈, 흐름출판, 2023)

이 책은 슈퍼사이트 기술의 발전과 사회적 영향을 포괄적으로 다루는 책으로, 기술의 긍정적인 활용과 함께 윤리적인 고민에 대해 생각할 거리를 제공하며, 미래의 기술과 사회에 대한 깊은 고찰을 하게 해준다. 인공지능, 공간 컴퓨팅, 컴퓨터비전의 결합에 의해 탄생한 스마트안경이 불러올 산업, 사회, 인간의 미래에 대한 궁금증을 가진 학생들에게 추천한다.

탐구주제3 가상 현실VR을 활용한 스마트 홈 디자인 탐구
탐구주제4 웨어러블 기기를 활용한 개인 맞춤형 운동 동기부여 방안 탐구

016 공공기관 지방이전이 지역경제에 미치는 파급효과

내용 소개

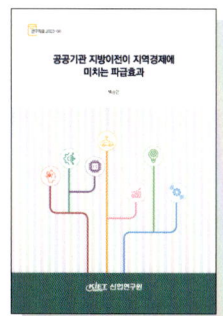

공공기관 지방이전이나 혁신도시 조성과 같은 대규모 장소기반정책은 혁신도시뿐만 아니라 다른 지역의 경제환경에도 변화를 유발하므로 파급효과를 고려해야 한다. 이 보고서는 공간적 일반균형모형을 활용해 공공기관 지방이전 및 혁신도시 조성의 공간적 파급 효과를 분석하고, 이를 통해 혁신도시 관련 정책 논의에 활용될 수 있는 기초 자료와 정책 시사점을 제시한다.

핵심키워드: 지역정책, 균형발전, 공공기관, 지방이전, 인구소멸, 수도권 쏠림, 로컬리즘

출처 | 산업연구원(2023)

탐구주제
- 탐구주제1: 기회 특구 감세 정책의 효과와 문제점 분석
- 탐구주제2: 공공기관 이전 효과 극대화를 위한 지방 정주요건 개선 방안 탐구

관련학과
공공행정학과, 공공인재학과, 글로벌경영학과, 노인복지학과, 도시공학과, 도시행정학과, 문화콘텐츠학과, 법학과, 부동산학과, 사회복지학과, 사회학과, 산업경영공학과, 일반사회교육과, 지리학과, 행정학과

관련교과
세계시민과 지리, 사회와 문화, 현대사회와 윤리, 한국지리 탐구, 도시의 미래 탐구, 정치, 법과 사회, 경제, 인문학과 윤리, 사회문제 탐구, 윤리문제 탐구, 기후변화와 지속가능한 세계, 생태와 환경, 인간과 경제활동

추천도서

인구소멸과 로컬리즘 (전영수, 라의눈, 2023)

이 책은 생사의 기로에 선 대한민국 지방도시를 위한 다양한 전략과 아이디어로 채워졌다. 최신 이론과 선진 사례를 살펴보며 대한민국이 직면한 인구소멸 문제를 혁신적인 로컬리즘 제안으로 바꿀 수 있는 가능성을 보여준다. 도농격차와 인구절벽의 원인 분석, 로컬 복원의 주체 점검과 재설정 지역자원의 발굴로 지역 스타일 만들기 등을 제안한다.

- 탐구주제3: 인구 감소로 인한 로컬리즘 현상과 대응 방안 탐구
- 탐구주제4: 수도권 쏠림 현상으로 인해 발생하는 사회 및 경제적 문제 탐구

017 공공의료법제 개선방안 연구

내용 소개

공공의료는 국민의 보편적인 의료 이용을 보장하기 위한 활동으로, 공공보건의료에 관한 법률로 규정되어 있다. 이 보고서는 공공의료기관을 중심으로 공공의료법제의 개선을 위한 방안을 모색한다. 이를 위해 법제도적인 차원에서 공공의료의 문제를 분석하고, 의료보장과 의료형평을 포괄하는 공공의료의 목표를 실현하기 위한 적절한 법제 개선 방안을 제안하고 있다.

핵심키워드: 공공의료, 의료접근권, 필수의료, 공공의료기관, 의료공정성, 의대 정원 확대

출처 | 한국법제연구원(2021)

탐구주제
- **탐구주제1** 공공의료기반 중심 법제의 한계와 개선 방안 탐구
- **탐구주제2** 장애인 건강권 보장을 위한 의료접근성 확대 방안 탐구

관련학과
법학과, 간호학과, 공공행정학과, 공공인재학과, 사회복지학과, 사회학과, 보건행정학과, 보건경영학과, 보건의료경영학과, 보건의료정보학과, 건강관리학과, 공중보건학과, 의예과, 의료복지학과, 의료재활학과

관련교과
세계시민과 지리, 사회와 문화, 현대사회와 윤리, 한국지리 탐구, 도시의 미래 탐구, 정치, 법과 사회, 경제, 인문학과 윤리, 사회문제 탐구, 윤리문제 탐구, 기후변화와 지속가능한 세계, 생활과학 탐구, 생태와 환경, 보건, 인간과 경제활동

추천도서

의대가 죽어야 나라가 산다 3 (윤인모, 미래플랫폼, 2023)

이 책은 의대 증원과 미래지향 의료제도에 대한 사회적 합의를 모색하는 그린페이퍼로, 국민의 목소리를 반영하고 있으며 총 3장으로 구성되어 있다. 1장은 의료제도에 대한 국민의 여론을 담았으며, 2장은 국민의 여론에 대한 저자의 의견을 정리하였으며, 3장은 미래 의료를 위해 국민, 정부, 의료인이 받아들여 주었으면 하는 저자의 바람을 기술하였다.

- **탐구주제3** 비대면 의료서비스를 통한 의료서비스 접근성 개선
- **탐구주제4** 의대 정원 확대로 개선될 수 있는 문제와 해결 방안에 대한 연구

018 공교육에 적용되는 인공지능 알고리즘의 공공성 확보방안 연구

내용 소개

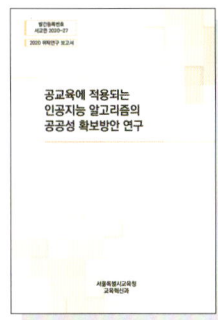

이 보고서는 공교육에 적용되는 인공지능 알고리즘에 설명가능성, 투명성, 책무성, 책임성 등의 원칙을 적용하기 위한 정책을 모색한다. 이를 위하여 인공지능 알고리즘 관련 국내외 일반 규범을 검토하고, 해외 인공지능 알고리즘 등급 관련 규범을 살펴보고 있다. 더불어 인공지능 영향평가, 정보공개, 정보주체 권리 보장 등 해외 인공지능 모범 정책도 소개한다.

핵심 키워드: AI, 인공지능, 공공기관, 윤리, 개인정보, 알고리즘

출처 | 정보인권연구소(2021)

탐구주제

- **탐구주제1** 해외 인공지능 알고리즘 등급 관련 규범 분석
- **탐구주제2** 공교육 적용 인공지능(AI)의 윤리적 문제 해결 방안 탐구

관련학과

인공지능공학과, AI소프트웨어학과, AI융합학과, AI응용학과, IT인공지능학부, 교육공학과, 데이터사이언스학과, 디스플레이학과, 모바일공학과, 사회교육학과, 정보보안학과, 정보통신공학과, 컴퓨터공학과, 컴퓨터교육학과

관련교과

인공지능 수학, 실용통계, 수학과제 탐구, 물리학, 지구과학, 역학과 에너지, 전자기와 양자, 물질과 에너지, 융합과학 탐구, 기술·가정, 로봇과 공학세계, 생활과학 탐구, 정보, 인공지능 기초, 데이터 과학, 소프트웨어와 생활, 인간과 경제활동

추천도서

AI 리터러시: 인공지능 필수 지식부터 완벽 활용까지
(김용성, 프리렉, 2024)

이 책은 인공지능(AI)의 원리와 개념을 설명하며, 다양한 생성형 AI 서비스 활용법을 소개하고 있다. AI 리터러시는 필수 역량으로, 데이터를 이해하고 프롬프트 엔지니어링 기술을 익히는 것이 중요함을 강조하고 있다. 또한, AI 활용 능력과 윤리적 문제에 대한 비판적 사고력을 기르는 것이 필요하다고 설명하고 있다.

- **탐구주제3** AI 기술의 오용 사례와 윤리적 규제 필요성(예: 딥페이크)
- **탐구주제4** AI 윤리 문제와 개인정보 보호 방안 탐구

019 관광특구의 지정효과 분석
-지역경제에 미친 영향을 중심으로-

내용 소개

우리나라는 외국인 관광객 유치를 위해 관광여건을 조성하고 기업 및 상인들에게 다양한 특례를 제공하는 관광특구를 도입하여 운영하고 있다. 관광특구는 '관광진흥법'에 근거한 규제완화 및 특례지원, 정부지원을 통해 외국인 관광객을 유치하기 위한 지역기반 경제정책이다. 이 보고서는 관광특구가 지역경제에 어떤 영향을 주는지를 분석하고, 정책을 제안하고 있다.

핵심키워드: 관광특구, 관광트렌드, 지속가능한 관광, 워케이션, 유네스코, K-컬쳐 관광

출처 | 한국문화관광연구원(2023)

 **탐구주제**

- **탐구주제1**: 관광특구 지정 기준의 개선 방안 탐구
- **탐구주제2**: 워케이션 활성화를 통한 지방소멸 대응방안 탐구

 **관련학과**

관광학과, 관광개발학과, 관광경영학과, 관광컨벤션학과, 공공인재학과, 공공행정학과, 국제관광학과, 건축공학과, 글로벌항공서비스학과, 도시공학과, 문화관광경영학과, 문화관광학과, 스마트관광학과, 지리학과, 행정학과

 관련교과

세계시민과 지리, 사회와 문화, 현대사회와 윤리, 한국지리 탐구, 도시의 미래 탐구, 정치, 법과 사회, 경제, 인문학과 윤리, 사회문제 탐구, 윤리문제 탐구, 기후변화와 지속가능한 세계, 기후변화와 환경생태, 생태와 환경, 인간과 경제활동

추천도서

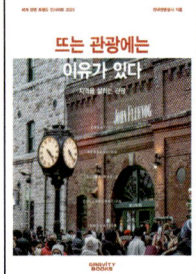

뜨는 관광에는 이유가 있다 (한국관광공사, 그래비티북스, 2023)

이 책은 한국관광공사 주도로 기획된 관광 및 여행서다. 올해는 '지역 소멸'을 주제로 관광을 통해 지역 소멸을 성공적으로 극복한 각국의 사례를 모았다. 일반적인 여행 안내서와 달리 세계 관광 산업의 트렌드를 짚어보는 데 초점을 맞춘 도서로써, 관광업을 통해 지역 경제 활성화를 도모하는 지방자치단체 및 기업, 지역 주민들에게 유용한 정보를 제공한다.

- **탐구주제3**: 지속가능한 관광을 위한 관광분야 SDGs 사례 조사
- **탐구주제4**: 유네스코 인류무형문화유산과 연계한 K-컬쳐 관광 프로그램 개발

020 교육 격차 해소를 위한 디지털 기술 적용 방안 연구

내용 소개

이 보고서는 디지털 교육 관련 선행 연구, 정책, 적용 사례 등에 대한 분석을 토대로 디지털 기술이 교육 격차 해소에 이바지할 수 있는 효과 영역을 도출하고 있다. 또한 교육 격차 발생의 주 대상인 소외계층, 취약 계층, 학습 부진아, 다문화 배경 학습자 등의 특성과 요구에 효과적으로 대응할 수 있는 디지털 기술 적용 방안에 관한 장단기 로드맵과 국가적 정책 과제를 제시하고 있다.

핵심 키워드: 교육 격차, 디지털 교육, 에듀테크, 온라인 학습 플랫폼, 디지털 리터러시

출처 | 한국교육학술정보원(2022)

탐구주제

- **탐구주제1** 사회적 취약 계층을 위한 디지털 리터러시 교육의 중요성과 효과 탐구
- **탐구주제2** 디지털 기술을 활용한 교육 격차 해소를 위한 온라인 학습 플랫폼 조사

관련학과: 교육공학과, AI소프트웨어학과, AI융합학과, AI응용학과, IT인공지능학부, 모바일공학과, 사회교육학과, 사회복지학과, 아동복지학과, 산업공학과, 정보보안학과, 정보통신공학과, 컴퓨터공학과, 컴퓨터교육학과, 초등교육과

관련교과: 인공지능 수학, 수학과제 탐구, 세계시민과 지리, 사회와 문화, 사회문제 탐구, 기후변화와 지속가능한 세계, 융합과학 탐구, 기술·가정, 로봇과 공학세계, 생활과학 탐구, 정보, 인공지능 기초, 데이터 과학, 소프트웨어와 생활, 인간과 경제활동

추천도서

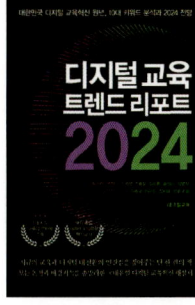

디지털 교육 트렌드 리포트 2024 (박기현 외, 테크빌교육, 2023)

이 책은 에듀테크 주요 요소 간 관계를 해설하여 디지털 교육 이슈를 바라보는 구조적 관점을 길러주고, 디지털 교육 10대 핵심 키워드를 제시하며 미래 전망을 보여준다. 또한 세계 디지털 교육 박람회인 ISTE(미국), Bett show(영국)에 대한 최신 현황, 시사점을 제공하여 앞으로 디지털 교육이 어떤 모습으로 구현될 것인지를 가늠해 볼 수 있도록 한다.

- **탐구주제3** 인터랙티브 콘텐츠를 활용한 학습 효과성 분석
- **탐구주제4** 디지털 교육을 효과적으로 활용하기 위한 교사 역량 강화 방안 탐구

021 국내 패션산업의 경쟁력 강화를 위한 디지털 전환 전략

내용 소개

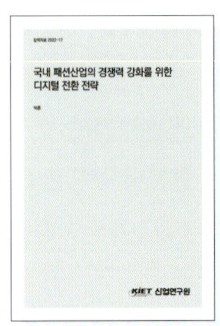

이 보고서는 국내 패션기업의 디지털 전환에 대한 인식, 디지털 전환 추진 및 활용 계획, 디지털 전환 추진 목적, 디지털 전환에 따른 영향 등을 조사하고, 이를 토대로 정부의 디지털 전환 정책 방향과 과제를 도출하고 있다. 이를 통해 국내 패션기업들이 국제경쟁력 강화와 함께 새로운 성장동력을 확충하고 새로운 시장을 개척하기 위한 디지털 전환 전략을 제시한다.

핵심 키워드: 국내 패션산업, 디지털 전환, 디지털 경영, 경영혁신, 슈퍼컴퓨터, 클라우드 컴퓨팅

출처 | 산업연구원(2022)

탐구주제

- **탐구주제1** 소셜 미디어를 활용한 패션 브랜드의 성공적인 디지털 마케팅 전략 연구
- **탐구주제2** 글로벌 패션기업들이 메타버스를 활용하여 소비자와 상호작용하는 방법에 대한 탐구

관련학과

의류학과, 경영학과, 광고홍보학과, 글로벌비즈니스학과, 멀티미디어공학과, 문화콘텐츠학과, 미디어커뮤니케이션학과, 의류패션학과, 의류환경학과, 의상학과, 소비자학과, 소프트웨어학과, 컴퓨터공학과, 패션디자인학과

관련교과

주제 탐구 독서, 매체 의사소통, 사회와 문화, 도시의 미래 탐구, 인문학과 윤리, 사회문제 탐구, 윤리문제 탐구, 기후변화와 지속가능한 세계, 기술·가정, 생활과학 탐구, 창의 공학 설계, 생애 설계와 자립, 생태와 환경, 인간과 경제활동

추천도서

디지털 초격차 코드 나인 (이상호, 좋은습관연구소, 2024)

이 책은 디지털 전환을 위한 경영 혁신의 과정을 담은 책이다. 디지털 전환은 사람과 기술을 돈으로 사오는 과정이 아니라 위에서부터 아래까지 뼈를 깎는 '경영 혁신의 과정'이라고 주장한다. 이 책에서는 디지털 기업으로 전환하는 데 필요한 9개의 코드(3I, 3D, F3)를 소개하며, 전통 기업들이 놓치기 쉬운 디지털 경제와 프로덕트의 특징을 알려준다.

- **탐구주제3** 슈퍼컴퓨터를 통한 정보산업의 혁신 사례 조사
- **탐구주제4** 클라우드 컴퓨팅을 활용한 기업의 비용 절감 방안 연구

022 국제사회의 ESG 대응과 한국의 과제

내용 소개

국제적으로 ESG를 고려하는 경제활동이 강화되고, ESG 관련 보고 및 정보 공시의 중요성이 강조되고 있다. 이 보고서는 국제사회의 ESG 대응과 주요 쟁점을 살펴보고, 주요국 기업의 ESG 점수 특성, 기업 고용 및 생산성에 미치는 영향을 분석하였다. 이를 바탕으로 국제사회 ESG 논의 확산에 따른 한국의 정책적 대응 방안을 4가지로 구분하여 제시한다.

핵심키워드: 경제발전, 환경정책, ESG 경영, ESG 평가, ESG 논의, 기업의 사회적 책임

출처 | 대외경제정책연구원(2022)

탐구주제

- **탐구주제1** ESG 평가와 기업의 경제적 성과 분석
- **탐구주제2** 주요 국가의 ESG 정책 및 ESG 논의의 쟁점 탐구

관련학과

경영학과, 경영정보학과, 경제학과, 국제경영학과, 국제물류학과, 국제통상학과, 국제학부, 글로벌경영학과, 글로벌비즈니스학과, 기술경영학과, 사회학과, 소비자학과, 지리학과, 사회교육학과, 산업경영공학과, 산업공학과

관련교과

대수, 확률과 통계, 경제 수학, 인공지능 수학, 직무 수학, 수학과 문화, 실용 통계, 사회와 문화, 법과 사회, 경제, 인문학과 윤리, 국제 관계의 이해, 사회문제 탐구, 금융과 경제생활, 기후변화와 지속가능한 세계, 인간과 경제활동

추천도서

자본주의 대전환 (리베카 헨더슨, 어크로스, 2021)

이 책은 하버드 비즈니스스쿨에서 강의로도 인기가 많은 리베카 헨더슨의 책으로, 자본주의가 지속가능한 형태로 전환하는 방법을 제시한다. '이해관계자 자본주의'와 'ESG 경영' 등이 중요한 키워드로 소개되며, 자유 시장의 문제와 생태적, 사회적 비용 문제에 대한 해결 방법을 제시한다. 저자는 기업, 투자자, 정부 등 전방위적 차원에서 혁신 전략을 제안하고 있다.

- **탐구주제3** 기업의 사회적 책임 인식과 ESG 포괄성 탐구
- **탐구주제4** ESG 경영을 성공적으로 수행한 기업 사례 조사

023 글로벌 불평등 시대의 난민과 이민자

내용 소개

이 보고서는 난민 위기의 특징, 난민 보호를 위한 글로벌 난민 레짐의 문제점과 변화를 개괄하고 있다. 난민 위기는 난민 발생이 특정 지역에 집중되어 다른 국가와의 국제협력을 어렵게 만들고, 글로벌 난민 레짐은 협력 강제성이 부족하여 난민 보호를 위한 책임 분담에 한계가 있다. 이에 따라 장기화된 현재의 난민 상황, 인도주의 연계에 대한 필요성이 요구된다.

핵심키워드: 글로벌 불평등, 난민, 이민, 난민 레짐, 난민제도, 난민 문제, 난민의 이주와 정착

출처 | 경제·인문사회연구회(2023)

탐구주제

- 탐구주제1: 글로벌 난민 정책의 역사와 현황에 대한 비교 탐구
- 탐구주제2: 난민 수용정책이 사회경제에 미치는 영향과 대응 방안 탐구

관련학과

지리학과, 경영학과, 경제학과, 공공인재학과, 공공행정학과, 국제경영학과, 국제학과, 국제통상학과, 군사학과, 글로벌경영학과, 글로벌비즈니스학과, 문화콘텐츠학과, 사회복지학과, 사회학과, 정치외교학과, 행정학과

관련교과

세계 문화와 영어, 세계시민과 지리, 사회와 문화, 현대사회와 윤리, 도시의 미래 탐구, 정치, 법과 사회, 윤리와 사상, 인문학과 윤리, 국제 관계의 이해, 역사로 탐구하는 현대 세계, 윤리문제 탐구, 기후변화와 지속가능한 세계

추천도서

왜 지금 난민 (김진선 외, 온샘, 2021)

이 책은 1부에서는 한국 사회의 난민 인식 문제, 다문화 사회의 정체성 트러블, 제주의 쿰다 문화와 난민 대응의 철학적 문제, 현대사회의 공포와 불안, 그리고 혐오에 대해 다룬다. 2부에서는 삼국시대부터 조선 전기의 난민 발생 배경과 동향, 고려 시대의 발해 난민 수용과 주변국의 동화정책, 그리고 문명 전환기의 유민 혹은 난민을 다루고 있다.

- 탐구주제3: 난민 문제에 대한 인권적 접근과 윤리적 고찰
- 탐구주제4: 난민의 이주와 정착에 대한 역사적 실증 탐구

024 글로벌 시장변화 속, 새로운 기회가 열리는 유망 틈새품목 40선

내용 소개

이 보고서는 KOTRA 해외무역관이 주재국에서의 수출 기회 발굴을 위해 현지 시장 변화를 모니터링해서 수출 유망 틈새품목으로 선정한 40가지에 대한 내용을 담고 있다. 이는 각종 규제, 인구 변화, 로봇 일상화, 치안 불안, 셀프 헬스케어, 실속 소비, 공급 차질 등 다양한 요인에 의해 발생하는데, 이를 정확히 분석하는 과정을 통해 새로운 비즈니스 기회를 찾을 수 있을 것으로 전망된다.

핵심 키워드 틈새품목, 무역투자, 글로벌 시장, 국제비지니스, 문화적 다양성

출처 | 대한무역진흥공사(2023)

탐구주제1 소비자 다양성을 고려한 제품 디자인 전략 분석
탐구주제2 인구 변화를 반영한 글로벌 틈새 비즈니스 아이디어 탐구

국제통상학과, 경영학과, 경제학과, 국제경영학과, 국제학과, 국제통상학과, 군사학과, 글로벌경영학과, 글로벌비즈니스학과, 기술경영학과, 무역학과, 문화콘텐츠학과, 사회복지학과, 사회학과, 식품자원경제학과, 소비자학과

세계 문화와 영어, 세계시민과 지리, 도시의 미래 탐구, 정치, 경제, 국제 관계의 이해, 사회문제 탐구, 금융과 경제생활, 윤리문제 탐구, 기후변화와 지속가능한 세계, 기술·가정, 생활과학 탐구, 정보, 데이터 과학, 인간과 경제활동

추천도서

대한민국이 열광할 시니어 트렌드
(고려대학교 고령사회연구원 외, 비즈니스북스, 2025)

이 책은 초고령사회에서 '디지털 시니어'의 등장을 조명하고 있다. 기술에 익숙한 이들은 적극적인 소비자로 자리 잡고 있으며, 기존의 노년층 인식과 다르게 자신의 라이프스타일을 즐긴다. 저자는 이들의 변화하는 욕구와 기업의 대응 방향을 분석하며, 미래 시장에서 디지털 시니어가 중요한 소비층이 될 것임을 강조한다.

탐구주제3 초고령사회에서 미래기술이 노년층의 삶에 미치는 영향 탐구
탐구주제4 디지털 시니어의 등장과 기업의 마케팅 전략 변화 분석

025 글로벌 OTT가 국내 광고시장에 미치는 영향

내용 소개

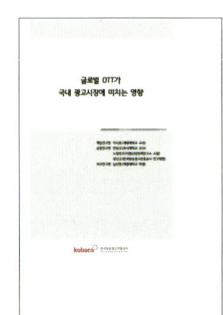

넷플릭스의 광고요금제 도입은 국내 미디어 산업계 입장에서 OTT 시장뿐 아니라 레거시 방송미디어에까지 종합적으로 영향을 미치고 있다. 이 보고서는 국내 및 해외 OTT 사업자의 광고기반 서비스 확대에 따른 방송시장 전반과 방송광고시장에 미치는 영향에 대해 종합적으로 살펴보고, 방송광고시장 규제 완화의 필요성을 제언한다.

핵심키워드: OTT, 국내 광고시장, 콘텐츠 플랫폼, OTT PPL 광고, OTT 콘텐츠

출처 | 한국방송광고진흥공사(2023)

탐구주제

- **탐구주제1** OTT PPL 광고가 시청자의 인식과 반응에 미치는 영향 탐구
- **탐구주제2** 콘텐츠 플랫폼의 성장이 언론 자율성에 미치는 영향과 이슈 분석

관련학과

미디어커뮤니케이션학과, 경영학과, 경영정보학과, 경제학과, 국제경영학과, 국제물류학과, 국제통상학과, 국제학부, 글로벌경영학과, 글로벌비즈니스학과, 무역학과, 문화콘텐츠학과, 언론정보학과, 사회학과, 소비자학과

관련교과

화법과 언어, 독서와 작문, 주제 탐구 독서, 직무 의사소통, 매체 의사소통, 미디어 영어, 사회와 문화, 도시의 미래 탐구, 인문학과 윤리, 사회문제 탐구, 생활과학 탐구, 미술, 미술 창작, 미술 감상과 비평, 미술과 매체, 창의 공학 설계

추천도서

OTT로 쉽게 배우는 경제 수업 (박병률, 메이트북스, 2023)

이 책은 OTT 콘텐츠 속 인물과 장면을 통해 경제에 대한 이야기를 술술 풀어내며, 우리가 사는 세상을 경제적 관점에서 바라보고 이해하게끔 도와준다. 저자는 영화, 드라마 등 OTT 콘텐츠야말로 경제의 보고라고 말한다. 어렵게만 느껴지는 경제학 용어들을 쉽고 재미있게 이해할 수 있도록 OTT 콘텐츠라는 흥미로운 코드를 끌어들인다.

- **탐구주제3** 경제법칙이 반영된 OTT 드라마와 영화 탐구
- **탐구주제4** 검색량 분석을 통한 인기 콘텐츠 주제 동향과 이용자 선호도 예측 조사

026 금융업의 인공지능 활용과 정책과제

내용 소개

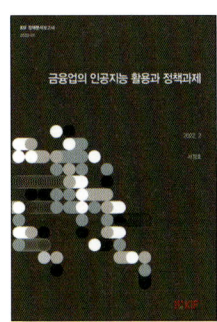

이 보고서는 최근 정부와 금융당국이 추진해 온 인공지능 관련 정책을 평가해 보고, 은행 대상 설문조사와 인터뷰를 토대로 금융 분야에서 추진해야 할 정책과제를 도출하고 있다. 국내외 금융업의 인공지능의 활용현황, 인공지능 규제 관련 선행연구 및 주요국의 인공지능 정책 동향을 살펴본 후, 인공지능 정책에 대한 평가 및 금융 부문의 정책과제 등을 제안한다.

핵심키워드

인공지능, 디지털 금융, 핀테크, 가상화폐, 가상화폐 규제

출처 | 한국금융연구원(2022)

탐구주제

- **탐구주제1** 인공지능 기반 주요 서비스의 금융권 활용 사례 탐구
- **탐구주제2** 인공지능을 활용한 금융상품 및 서비스의 현재와 미래 전망에 대한 탐구

관련학과

금융공학과, IT금융경영학과, 글로벌금융학과, 금융경제학과, 금융학과, 금융투자학과, 디지털금융경영학과, 디지털금융학과, 인공지능학과, 세무학과, 세무회계학과, 수리금융학과, 재무금융학과, 창업금융학과, 회계학과

관련교과

사회와 문화, 경제, 사회문제 탐구, 금융과 경제생활, 기후변화와 지속가능한 세계, 기후변화와 환경생태, 융합과학 탐구, 기술·가정, 로봇과 공학세계, 생활과학 탐구, 창의 공학 설계, 정보, 인공지능 기초, 데이터 과학, 소프트웨어와 생활

추천도서

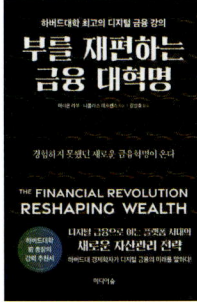

부를 재편하는 금융 대혁명 (마리온 라부 외, 미디어숲, 2022)

이 책은 핀테크에 대한 종합적인 이해를 돕기 위해 다양한 내용을 다루고 있어, 핀테크의 발전과 변화에 관심이 있는 독자에게 유익한 자료이다. 핀테크 기술의 등장 배경부터 활용사례, 금융 포용과 경제 성장의 문제, 공공행정에 미칠 영향, 그리고 금융혁신 트렌드의 최첨단에 서 있는 '가상화폐'에 대한 세계 각국의 규제 동향을 다루고 있다.

- **탐구주제3** 가상화폐 시장의 규제 논란에 대한 법적 쟁점 탐구
- **탐구주제4** 핀테크 시대의 금융혁신 동향에 대한 법·정책의 영향 탐구

027 금융연구 - 가계부채가 자산 불평등에 미치는 영향

내용 소개

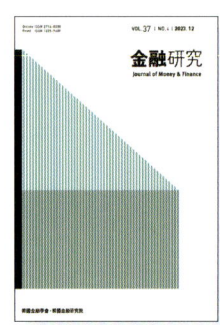

이 보고서는 우리나라에서 가계부채가 자산 불평등에 미치는 영향을 분석하였다. 이를 위해 조정 영향함수(Recentered Influence Function) 방법론을 활용하고 한국노동패널조사 자료를 이용하였다. 우리나라에서 주택 등 자산매입을 위한 가계부채 증가는 자산 불평등을 감소시키는 반면, 그렇지 않은 가계부채의 증가는 자산 불평등을 심화시키는 것으로 나타났다.

핵심키워드

가계부채, 자산 불평등, 인플레이션, 경제 성장률, 가계대출, DS 비율

출처 | 한국금융연구원(2023)

탐구주제

- **탐구주제1** 자영업자 부채의 사회적 영향과 대응 방안 탐구
- **탐구주제2** 코로나 이후 가계부채의 증가와 경제 위험도 분석

관련학과

금융학과, 금융공학과, 글로벌금융경영학부, 글로벌금융학과, 금융경제학과, 금융투자학과, 경제학과, 디지털금융경영학과, 디지털금융학과, 세무학과, 세무회계학과, 수리금융학과, 재무금융학과, 창업금융학과, 회계학과

관련교과

사회와 문화, 경제, 사회문제 탐구, 금융과 경제생활, 기후변화와 지속가능한 세계, 기후변화와 환경생태, 융합과학 탐구, 기술·가정, 로봇과 공학세계, 생활과학 탐구 창의 공학 설계, 정보, 인공지능 기초, 데이터 과학, 소프트웨어와 생활

추천도서

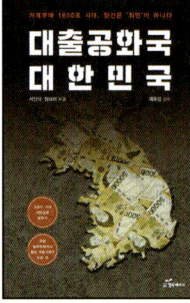

대출공화국 대한민국 (서인석 외, 행복에너지, 2023)

저자들은 이 책을 통해 대한민국에서 '신용'과 '대출'이라는 시스템이 얼마나 금융사의 편의와 이득만을 수호하는 불공평한 시스템으로 자리 잡고 있는지를 파헤친다. 또한 금융사들은 물론 심지어 국가에 소속된 공기업들이 이러한 불공평한 시스템을 활용해 개인에게 얼마나 약탈적인 '대출 장사'를 행하고 있는지를 오랜 실무 경험을 통해 적나라하게 고발한다.

- **탐구주제3** 인플레이션과 경제 성장률 간의 상관관계 분석
- **탐구주제4** 가계대출의 증가와 DS 비율의 경제적 영향에 대한 탐구

028 기로에 선 보험산업, 무엇을 준비해야 할까

내용 소개

국내 보험산업은 최근 높은 실적을 기록하였으나, 중장기적인 성장을 보장하기 어려운 상황을 맞이하였다. 이에 국내 인구 구조 변화와 IFRS17 도입 등 보험산업의 환경변화에 대응해야 한다. 이 보고서는 국내 보험산업이 보험업계의 경영환경 변화를 도약 기회로 받아들여 대세적 흐름과 새로운 기회요인에 맞춰 보험사의 경쟁력을 재정의하고, 지속적으로 대응방안을 모색해야 함을 시사한다.

핵심 키워드: 보험산업, 디지털 기술, 인슈어테크, 증권시장, 금융산업

출처 | 삼정KPMG 경제연구원(2023)

탐구주제

- **탐구주제1** 디지털 기술의 발전이 보험산업에 미치는 영향 분석
- **탐구주제2** 보험 기업들의 디지털 전환과 인슈어테크의 혁신 탐구

관련학과

금융보험학과, IT금융경영학과, 금융공학과, 글로벌금융경영학부, 글로벌금융학과, 금융학과, 금융경제학과, 금융투자학과, 경제학과, 디지털금융경영학과, 디지털금융학과, 세무학과, 세무회계학과, 창업금융학과, 회계학과

관련교과

사회와 문화, 경제, 사회문제 탐구, 금융과 경제생활, 기후변화와 지속가능한 세계, 기후변화와 환경생태, 융합과학 탐구, 기술·가정, 로봇과 공학세계, 생활과학 탐구 창의 공학 설계, 정보, 인공지능 기초, 데이터 과학, 소프트웨어와 생활

추천도서

보험, 금융을 디자인하다 (류근옥, 교보문고, 2020)

이 책은 보험의 역사와 발전을 살펴보며, 현재의 보험의 역할과 미래를 전전망한다. 보험은 노후 설계와 사고 대비를 넘어 금융의 전반적인 그림을 설계하는 데 중요한 역할을 한다. 따라서 금융을 제대로 이해하려면 먼저 보험과 보험의 원리를 파악해야 한다. 이 책은 보험을 꼼꼼하게 따져보고 가입하는 방법을 알려주며, 보험의 중요성을 강조한다.

- **탐구주제3** 보험의 사회적 가치와 역할에 대한 탐구
- **탐구주제4** 증권시장과 보험의 융합이 금융산업에 미치는 영향 탐구

029 기회의 땅 메타버스 : 비전, 기술, 전략 대해부

내용 소개

이 보고서는 기업의 메타버스 전략을 수립하기 위해 선결해야 할 핵심 질문들에 대한 명확한 해답을 제시한다. 기업들은 거대한 잠재력을 가지고 부상하는 메타버스 시대에 대비하기 위해 적극적인 학습, 선점자 우위 확보, 메타버스를 첨단 디지털 전환으로 간주, 핵심 경쟁력에 기반을 둔 사업 모델 혁신에 집중, 생태계 구축, 사전에 위험 예측 등의 전략에 따라야 한다.

핵심 키워드 메타버스, 기업전략, 핵심기술, 생성형 AI, 가상 협업 학습, 메타버스 콘텐츠

출처 | 딜로이트(2022)

| 탐구주제1 | 메타버스에서의 가상 통화의 경제적 가치와 영향 분석 |
| 탐구주제2 | 메타버스의 확장성과 성장 가능성을 위한 핵심 기술 동향 탐구 |

관련학과
소프트웨어학과, AI소프트웨어학과, AI융합학과, AI응용학과, IT인공지능학부, 금융공학과, 모바일공학과, 반도체공학과, 소프트웨어공학과, 산업공학과, 정보보안학과, 정보통신공학과, 컴퓨터공학과, 컴퓨터교육학과

관련교과
인공지능 수학, 실용통계, 수학과제 탐구, 물리학, 지구과학, 역학과 에너지, 전자기와 양자, 물질과 에너지, 융합과학 탐구, 기술·가정, 로봇과 공학세계, 생활과학 탐구, 정보, 인공지능 기초, 데이터 과학, 소프트웨어와 생활, 인간과 경제활동

추천도서

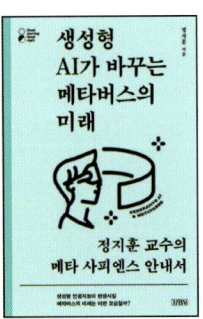

생성형 AI가 바꾸는 메타버스의 미래 (정지훈, 김영사, 2023)

이 책의 저자인 IT 전문가 정지훈 교수는 이미 일상적으로 사용되는 생성형 AI와 메타버스가 만들어낼 미래 사회를 예측하고 있다. 또한 챗GPT를 비롯한 인공지능 기술의 발전과 크리에이터 중심의 경제 시스템 등 미래를 대비하는 데 필요한 정보를 제공한다. 이 책을 읽으면서 인공지능과 메타버스가 미래 사회에서 어떤 역할을 할지에 대해 생각해 볼 수 있다.

| 탐구주제3 | 메타버스를 활용한 가상 협업 학습의 효과적인 방법 탐구 |
| 탐구주제4 | 생성형 AI를 활용한 메타버스 콘텐츠의 사용자 참여 방안 탐구 |

030 기후기술과 수소경제의 미래

내용 소개

이상기후 대응, 탄소저감 필요성, 에너지 공급 리스크 완화 등으로 수소경제가 주목받고 있다. 올해 전 세계 43개국에서 수소경제 실현을 위해 약 600건 이상의 프로젝트를 진행하고 있으며, 투자 규모는 2,400억 달러에 달한다. 이 보고서는 주요국의 수소 기술 혁신 및 개발 현황, 지원 정책 및 실증사업을 분석하고, 수소경제 선점과 활성화를 위한 정책 방향을 제시한다.

핵심 키워드: 수소경제, 수소에너지, 그린수소, 탄소중립, 넷제로, 수전해

출처 | 딜로이트(2022)

탐구주제
- 탐구주제1: 수소 연료 자동차의 경제성 비교 분석
- 탐구주제2: 수소경제의 국내외 동향 및 전망에 대한 탐구

관련학과: 에너지공학과, 기계공학과, 물리학과, 로봇공학과, 메카트로닉스공학과, 미래자동차공학과, 미래에너지공학과, 신소재공학과, 융합소재공학과, 스마트모빌리티공학과, 전기전자공학과, 자동차공학과, 재료공학과, 화학공학과

관련교과: 물리학, 역학과 에너지, 전자기와 양자, 물질과 에너지, 기후변화와 환경생태, 융합과학 탐구, 기술·가정, 생활과학 탐구, 창의 공학 설계, 지식 재산 일반, 정보, 인공지능 기초, 데이터 과학, 소프트웨어와 생활, 생태와 환경, 인간과 경제활동

추천도서

수소 자원 혁명 (마르코 알베라, 미래의창, 2023)

이 책은 수소가 미래 에너지원으로 주목받는 이유와 경제·권력 구조 변화에 미칠 영향을 설명하고 있다. 저자는 수소의 친환경성과 경제적 이점을 강조하며, 자동차, 산업, 물류 등 다양한 분야에서 활용될 것임을 제시한다. 또한 탈탄소화 흐름 속에서 수소 경제를 선점하는 국가가 에너지 패권을 차지할 것이라 전망한다.

- 탐구주제3: 화석연료 대체 에너지원으로서 수소의 경제성과 지속가능성 탐구
- 탐구주제4: 전기차 vs. 수소차: 미래 친환경 자동차 시장 전망 분석

031 기후변화와 북한인권 : 실태 및 협력방안

내용 소개

국제사회는 기후변화가 인권에 끼치는 영향에 주목하며, 이에 대응하기 위한 다양한 노력을 기울이고 있다. 이 보고서는 기후변화 문제가 북한 인권에 미치는 영향과 남북 협력 방안을 탐구하고 있다. 기후변화 문제에 대한 북한의 인식, 기후변화의 영향과 북한인권 실태, 기후변화 공동대응을 위한 산림환경협력 및 재생에너지협력을 다루고 있다.

핵심 키워드: 기후변화, 북한인권, 기후변화 공동대응, 지속가능발전목표, 남북인권협력

출처 | 통일연구원(2022)

탐구주제
- **탐구주제1** 기후변화가 북한 인권에 미치는 영향 분석
- **탐구주제2** 기후변화 공동대응을 위한 남북한 협력 방안 탐구

관련학과
국제관계학과, 공공인재학과, 공공행정학과, 국제경영학과, 군사학과, 글로벌경영학과, 글로벌비즈니스학과, 북한학과, 사회학과, 정치외교학과, 지리학과, 사회교육과, 일반사회교육과, 지구시스템과학과, 지구환경과학과

관련교과
세계시민과 지리, 사회와 문화, 현대사회와 윤리, 도시의 미래 탐구, 동아시아 역사 기행, 정치, 법과 사회, 국제 관계의 이해, 역사로 탐구하는 현대 세계, 사회문제 탐구, 윤리문제 탐구, 기후변화와 지속가능한 세계, 기후변화와 환경 생태

추천도서

기후 위기와 감염병으로 읽는 남북한 교류 협력 이야기
(엄주현, 열린책들, 2023)

지금은 남북 관계가 잠시 멈춘 상태이지만, 향후 남북이 기후 위기에 함께 대응하기 위한 준비 차원에서 북한의 기후 위기와 감염병에 대한 인식을 확인하고자 연구를 시작했다. 대북협력민간단체협의회의 연구를 통해 북한이 기후 위기와 감염병 해결을 위해 어떤 활동을 추진했는지, 자체적으로 추진한 대응 방법은 무엇이었는지 살펴보았다.

- **탐구주제3** 북한의 기후 위기에 대한 인식과 대응 분석
- **탐구주제4** 북한의 기후 위기와 감염병 대응을 위한 남북 교류 협력 방안 탐구

032 기후위기 시대, 우리 식량은 괜찮은가?

내용 소개

이 보고서는 기후위기 시대에 우리나라의 현재 식량정책과 식량 문제를 종합적으로 분석하고 안정적 식량 확보와 수급을 위한 정책 방안을 제안하고 있다. 심각한 우리나라 식량안보의 현실을 살펴보고, 우리나라 식량정책의 문제점, 생명공학작물 개발 현황과 이슈, 전문가 집단의 노력과 한계, 주변국 일본과 중국의 식량정책 등을 다루고 있다.

핵심키워드 기후위기, 식량안보, 식량정책, 기후변화, 스마트농업, 탄소발자국

출처 | 한국과학기술한림원(2023)

탐구주제
- 탐구주제1: 우리나라 주변국의 식량안보 강화 정책 분석
- 탐구주제2: 기후변화가 우리나라 식량안보에 미치는 영향 및 대응 전략 탐구

관련학과
식량자원과학과, 국제관계학과, 국제경영학과, 군사학과, 국방시스템공학과, 국방정보공학과, 동북아국제통상학부, 동아시아학과, 미래농업융합학부, 북한학과, 사회교육과, 사회학과, 식품생명공학과, 정치외교학과, 지리학과

관련교과
세계시민과 지리, 사회와 문화, 현대사회와 윤리, 도시의 미래 탐구, 동아시아 역사 기행, 정치, 법과 사회, 국제 관계의 이해, 역사로 탐구하는 현대 세계, 사회문제 탐구, 윤리문제 탐구, 기후변화와 지속가능한 세계, 기후변화와 환경 생태

추천도서

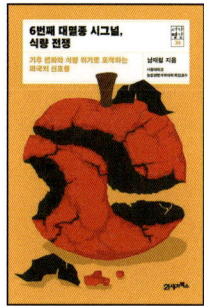

6번째 대멸종 시그널, 식량 전쟁 (남재철, 21세기북스, 2023)

이 책은 국내 최고의 식량기후전문가인 남재철 교수가 쓴 책으로, 기후변화가 초래하는 식량 위기, 즉 미래 식량 전쟁에서 살아남는 방법에 대해 구체적으로 다루고 있다. 저자는 풍부한 경험과 전문성을 바탕으로 대한민국의 가장 시급한 문제는 기후변화가 가져올 식량 위기라고 밝혔으며, 식량 위기에 대응할 다양한 실질 전략을 제시하고 있다.

- 탐구주제3: 기후변화 대응을 위한 스마트농업 기술 탐구
- 탐구주제4: 유기농 식품 소비의 증가와 탄소발자국 감소의 관계 분석

033 기후인문학의 도래: 기후정의를 위한 인문학의 역할 및 정책연구

내용 소개

이 보고서는 기후변화 시기의 인문학의 역할에 대해 고찰하며, 인문학의 역할을 높이기 위한 정책을 제안한다. 기후변화에 대한 현재 인문학의 응답, 기후변화 담론에서의 인문학, 기후변화에 대한 인문학의 역할, 인문학의 역할 증진 방법 등을 살펴본다. 이를 토대로 기후인문학의 학문화 기반이 조성되어야 하고, 융합인문학 전담기관 설립 및 운영이 이루어져야 함을 제언한다.

핵심키워드: 기후변화, 기후인문학, 인문학의 역할, 기후정의, 인류세, 인문학

출처 | 경제·인문사회연구회(2022)

탐구주제
- **탐구주제1** 기후변화와 문학의 상호작용에 대한 비교 분석
- **탐구주제2** 기후변화 대응을 위한 인문학적 접근과 정책 탐구

관련학과
철학과, 국제학과, 국제관계학과, 국제경영학과, 글로벌문화학부, 문화인류학과, 문화콘텐츠학과, 미디어커뮤니케이션학과, 언어학과, 인류학과, 인문콘텐츠학부, 종교학과, 사회교육과, 사회학과, 정치외교학과, 지리학과

관련교과
세계시민과 지리, 사회와 문화, 현대사회와 윤리, 도시의 미래 탐구, 동아시아 역사 기행, 정치, 법과 사회, 국제 관계의 이해, 역사로 탐구하는 현대 세계, 사회문제 탐구, 윤리문제 탐구, 기후변화와 지속가능한 세계, 기후변화와 환경 생태, 심화 영어

추천도서

인류세의 인문학 (캐럴린 머천트, 동아시아, 2022)

이 책은 인류세라는 시대적 위기에 대한 대처방안을 인문학적 측면에서 살펴본다. 기후변화로 인한 파괴적인 결과를 예견하고 있었던 인문학은 과학, 문학, 예술, 철학, 종교, 윤리 등의 분야에서 세계관, 관점, 가치의 전환을 이끌어 냈다. 이 책은 인류세가 도래한 이유와 이것에서 벗어나기 위해 필요한 과정을 분석하며, 새로운 세계관, 관점, 가치의 중요성을 강조한다.

- **탐구주제3** 인류세 도래에 따른 전 지구적 공존 방안 탐구
- **탐구주제4** 인문학적 관점에서 본 기후변화의 영향과 해결 방안에 대한 탐구

034 내일의 도시 : 또 한번의 진화를 앞둔 스마트시티

내용 소개

인구 증가, 교통 체증, 자원 관리의 어려움, 에너지 효율성 등 도시에서 발생하는 다양한 문제를 해결하기 위해 전 세계적으로 스마트시티 개념이 도입되고 있다. 이 보고서는 도시를 이루는 세 가지 주요 측면인 물리적 구조, 상호작용, 사회에서의 스마트시티 발전 방향을 분석하고, 더욱 지속가능하고 활기찬 스마트시티를 구축하기 위한 정책 방안을 제언한다.

핵심 키워드: 스마트시티, 지속가능한 발전, 4차 산업혁명, 교통 문제, 자율주행차

출처 | 삼정KPMG 경제연구원(2023)

탐구주제

- **탐구주제1**: 스마트시티의 역할과 가치에 대한 탐구
- **탐구주제2**: 세계의 도시들이 스마트시티를 구축하는 과정에서 집중하는 주요 요소 분석

관련학과: 도시공학과, 건축IT융합전공, 건설시스템공학과, 건설환경공학과, 건축공학과, 공간정보공학과, 건설환경도시교통공학부, 그린스마트시티학과, 기계시스템공학과, 드론교통공학과, 산업시스템공학과, 스마트시스템공학과

관련교과: 도시의 미래 탐구, 기후변화와 지속가능한 세계, 물리학, 화학, 지구과학, 역학과 에너지, 전자기와 양자, 물질과 에너지, 지구시스템과학, 과학의 역사와 문화, 기후변화와 환경생태, 융합과학 탐구, 기술·가정, 창의 공학 세계, 생태와 환경

추천도서

스마트시티 에볼루션 (박찬호 외, 북바이북, 2022)

이 책은 스마트시티에 대한 지난 10년간의 연구, 정책, 실행에 참여한 필자들의 연구를 종합적으로 정리한 책으로, 지속가능한 스마트시티 발전을 위한 지침을 제공한다. 스마트시티의 역사와 정의, 관련 정책, 구현 사례, 관련 산업과 기술, 미래 등을 살펴봄으로써, 스마트시티가 4차 산업혁명 사회의 허상인지 아니면 새로운 문명의 시작인지 생각해볼 수 있다.

- **탐구주제3**: 우리나라 주요 신도시의 스마트시티 사업의 효과 분석
- **탐구주제4**: 미래 스마트시티의 교통 문제 해결을 위한 자율주행차 기술 탐구

035 넷제로(Net Zero)로 가는 길, 에너지 안보와 새로운 에너지 믹스

내용 소개

글로벌 탄소배출량이 2021년 사상 최고치를 기록하여 기후위기 대응이 시급해진 가운데, 러-우 전쟁으로 '에너지 안보'가 더욱 중요해지고 있다. 기업들이 탄소배출에 대하여 비용을 부담하는 것은 당장에 처한 현실이지만, 신재생에너지 상용화에는 시간이 걸리는 상황에서 이 보고서는 천연가스와 원자력의 적극적인 활용을 강조하고 이에 대한 국내 기업의 대응 전략을 제시한다.

핵심키워드: 에너지 대전환, 에너지 믹스, 탄소중립, 넷제로, 신재생에너지, 태양광

출처 | 삼정KPMG 경제연구원(2022)

탐구주제
- **탐구주제1** 신재생 에너지 기술이 국가 안보에 미치는 영향 탐구
- **탐구주제2** 넷제로를 이루기 위한 CCPU(이산화탄소포집·활용·저장) 기술 탐구

관련학과
에너지시스템공학과, 공업화학과, 그린화학공학과, 글로벌신재생에너지학과, 기후에너지시스템공학과, 나노에너지공학과, 미래에너지공학과, 신소재공학과, 에너지공학과, 화학공학과, 환경공학과, 환경에너지공학과

관련교과
기후변화와 지속가능한 세계, 사회문제 탐구, 물리학, 화학, 지구과학, 역학과 에너지, 물질과 에너지, 화학 반응의 세계, 지구시스템과학, 기후변화와 환경생태, 융합과학 탐구, 기술·가정, 생활과학 탐구, 생태와 환경, 인간과 경제활동

추천도서

넷제로 에너지 전쟁 (정철균 외, 한스미디어, 2022)

코로나19 이후 친환경 정책 확대로 석탄과 석유 에너지원 투자가 축소되었고, 이로 인해 공급망 불안정과 에너지 가격 상승이 발생했다. 이에 대한 해결책으로 대체 에너지원을 찾아야 하지만 현재 생산량이 부족한 상황이다. 이 책은 에너지 부족 사태로 인한 피해는 국가적인 문제일 수밖에 없다는 것을 강조하며, 우리가 지금 해야 할 일을 알려준다.

- **탐구주제3** 신재생 에너지 기술의 비용 절감 방안 탐구
- **탐구주제4** 태양광 발전 시스템의 효율성 향상을 위한 기술 동향 분석

036 녹색전환과 환경갈등 기획연구

내용 소개

이 보고서는 녹색전환 과정을 방해하는 환경갈등의 개념을 정의하고 그 갈등을 해결하는 시나리오를 제시하여 궁극적으로 우리나라의 녹색전환 성과를 높이는 전략을 도출하는 데 목적을 두었다. 이를 위해 우리나라와 해외 주요국의 녹색전환 성과를 비교하고, 환경갈등의 유형 및 갈등 해결 시나리오를 분석하였으며, 녹색전환-환경갈등 통합모델을 제시한다.

핵심키워드 녹색전환, 환경갈등, 기후위기, 녹색전환 전략, 탄소중립

출처 | 국회미래연구원(2022)

탐구주제
- **탐구주제1** 국가별 녹색전환 정책의 효과적인 구현 방안 탐구
- **탐구주제2** 녹색전환과 관련된 환경갈등 유형 및 해결방안 탐구

관련학과
환경학과, ICT환경융합학과, 건설환경공학과, 공간환경학부, 농생물학과, 대기환경과학과, 미생물·분자생명과학과, 바이오환경과학과, 산림환경과학과, 산림환경시스템학과, 생명공학과, 생명과학과, 생물학과, 환경공학과

관련교과
도시의 미래 탐구, 기후변화와 지속가능한 세계, 화학, 생명과학, 지구과학, 세포와 물질대사, 생물의 유전, 지구시스템과학, 과학의 역사와 문화, 기후변화와 환경생태, 융합과학 탐구, 기술·가정, 창의 공학 세계, 생태와 환경

추천도서

녹색전환 (환경부, 한울, 2020)

이 책은 기후위기 시대가 도래하면서 환경 분야에만 맞춰져 있던 관심을 사회 각 분야로 확대하는 녹색 가치를 통해 '녹색전환'을 어떻게 정립하여 이루어갈 것인지에 대한 다양한 생각을 담은 책이다. 녹색전환의 개념과 이론, 다른 나라와의 비교 연구 등을 소개하고, 사회 각 영역에서의 녹색전환을 위한 전략을 제안하며, 녹색 국가 대한민국의 미래상을 제시한다.

- **탐구주제3** 탄소중립·녹색성장 비전과 추진전략 분석
- **탐구주제4** 녹색전환의 사회적, 경제적, 환경적 의의와 목표에 대한 탐구

037 뉴노멀시대 헌정제도와 법제

내용 소개

이 보고서는 대전환기의 사회변화에 적절하게 대응하기 위해 필요한 법제의 방향성 및 법제의 새로운 기준을 설정하는 것을 목적으로 한다. 구체적으로 한 국가의 최고법인 '헌법'이 법제 기준을 선도한다는 것을 전제로, 사회변화에 대응한 법제의 방향성을 검토하고, 새로운 기본권을 논의하며, 새로운 사회에 대응하기 위해 필요한 현행 '헌법' 및 법제의 방향성을 설정한다.

핵심키워드
뉴노멀, 대전환시대, 헌법적 과제, 공법적 과제, 헌법, 한정위헌, 인권 기본권

출처 | 한국법제연구원(2021)

탐구주제

- **탐구주제1** 뉴노멀 시대를 맞이한 헌정제도의 변화에 대한 탐구
- **탐구주제2** 디지털 시대에서의 개인정보 보호를 위한 법제도 개선 방향 탐구

관련학과

법학과, 경찰법학과, 공공인재법학과, 공공인재법무학과, 공공행정학과, 공무원·공기업학과, 국제법무학과, 기업융합법학과, 법·경찰학과, 법무행정학과, 사회안전학과, 사회복지학과, 사회학과, 해사법학부, 행정학과

관련교과

사회와 문화, 현대사회와 윤리, 도시의 미래 탐구, 정치, 법과 사회, 윤리와 사상, 인문학과 윤리, 국제 관계의 이해, 역사로 탐구하는 현대 세계, 사회문제 탐구, 윤리문제 탐구, 기후변화와 지속가능한 세계, 인간과 철학, 논리와 사고, 논술

추천도서

우리에게는 헌법이 있다 (이효원, 21세기북스, 2020)

이 책은 서울대학교 법학전문대학원 교수이자 대한민국을 대표하는 헌법 및 통일법 권위자 이효원 교수의 헌법 강의를 바탕으로 쓰였다. 대한민국 헌법에 담겨 있는 '국민주권', '법치국가', '자유민주주의', '평화와 통일'이라는 핵심 가치를 들여다보며, 그것을 거울삼아 대한민국의 현실을 읽고 우리가 어디를 향해 나아가야 할지 생각해보게 한다.

- **탐구주제3** 한정위헌과 인권의 충돌에 대한 법적 해결 방안 탐구
- **탐구주제4** 기본권 보장의 사각지대와 헌법 개정 논의를 위한 법적 사고 방법 탐구

038 다가오는 폐기물 업스트림 시장을 준비하라

내용 소개

지난 몇 년간 국내 폐기물 시장에서는 소각·매립 등 다운스트림 산업이 주를 이루어 왔다. 그러나 최근에는 업스트림 산업인 재활용 산업이 주목받으며 새로운 패러다임 전환이 예상된다. 이 보고서는 국내 폐기물 시장의 최근 동향을 살펴보고, 미국과 일본의 선진 재활용 사례를 분석한 후 국내 기업이 국내외 시장 환경변화에 맞추어 갖추어야 할 미래 전략을 제안한다.

핵심키워드: 폐기물, 다운스트림, 재활용, 업스트림, 분리수거, 친환경, 마이크플라스틱

출처 | 삼정KPMG 경제연구원(2022)

탐구주제1 미국과 일본의 폐기물 처리 방법 및 시장 동향 탐구
탐구주제2 국내 폐기물 처리 시설의 현재 상황과 미래 전망에 대한 탐구

관련학과: 환경공학과, ICT환경융합학과, 건설환경공학과, 공간환경학부, 농생물학과, 대기환경과학과, 미생물·분자생명과학과, 바이오환경과학과, 산림환경과학과, 산림환경시스템학과, 생명공학과, 생명과학과, 생물학과, 환경학과

관련교과: 기후변화와 지속가능한 세계, 화학, 생명과학, 지구과학, 화학 반응의 세계, 세포와 물질대사, 생물의 유전, 기후변화와 환경생태, 융합과학 탐구, 기술·가정, 생활과학 탐구, 창의 공학 설계, 생애 설계와 자립, 생태와 환경, 인간과 경제활동

추천도서

당신의 쓰레기는 재활용되지 않았다 (미카엘라 르 피르, 풀빛, 2022)

이 책은 환경 문제에 대한 인식을 높이고, 쓰레기 문제, 특히 재활용에 얽힌 '불편한 진실'을 설명한다. 분리수거를 해도 실제로 재활용되는 쓰레기는 매우 적다는 사실을 알리며, 재활용 산업의 문제점과 쓰레기 식민주의로 인한 불평등을 지적한다. 쓰레기를 버리는 것만으로는 문제를 해결할 수 없으며, 우리 모두 환경 문제에 대해 책임지고 행동해야 한다고 주장한다.

탐구주제3 재활용 산업의 문제점과 해결 방안 탐구
탐구주제4 마이크플라스틱이 생태계에 미치는 영향과 대책 탐구

039 다시 시작된 엘니뇨, 뜨거워지는 지구

내용 소개

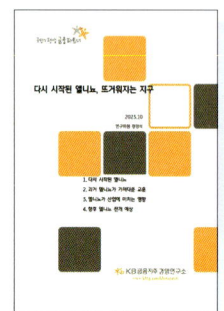

이 보고서는 엘니뇨 발생 과정, 과거 엘니뇨가 가져다준 교훈, 엘니뇨가 산업에 미치는 영향, 향후 엘니뇨 전개 예상 등으로 구성되어 있다. 또한 엘니뇨가 가져올 다양한 2차적 영향과 이에 대비한 전망을 제시한다. 예를 들어 슈퍼 엘니뇨 확대 시 슈거가격 상승(슈거플레이션) 문제와 라니냐 현상에 따른 곡물 가격 상승 압력(애그플레이션) 등을 분석하고 있다.

핵심 키워드: 엘니뇨, 라니냐, 기후 위기, 기후변화, 지구 온난화, 지속가능한 농업

출처 | KB금융지주 경영연구소(2023)

탐구주제

- **탐구주제1** 엘니뇨 현상의 2차적 영향과 대응 방안 탐구
- **탐구주제2** 엘니뇨 현상이 농업 산업에 미치는 영향 분석

관련학과

지구환경공학과, ICT환경융합학과, 공간환경학부, 농생물학과, 대기환경과학과, 미생물·분자생명과학과, 바이오환경과학과, 지구시스템과학과, 지질환경과학과, 산림환경과학과, 산림환경시스템학과, 환경학과, 환경공학과

관련교과

기후변화와 지속가능한 세계, 화학, 생명과학, 지구과학, 화학 반응의 세계, 지구시스템과학, 기후변화와 환경생태, 융합과학 탐구, 기술·가정, 생활과학 탐구, 창의공학 설계, 생애 설계와 자립, 생태와 환경, 인간과 경제활동

추천도서

반드시 다가올 미래 (남성현, 포르체, 2022)

이 책은 최근에 구글 검색어 1위를 차지한 '기후변화'에 대한 이해를 넓힐 수 있는 책이다. 우리나라 최고의 기후과학자인 저자가 기후변화에 대한 기초 용어부터 실제 영향까지 이해하기 쉽게 설명한다. 이 책을 읽은 독자들은 기후변화가 우리의 일상과 밀접히 연결되어 있다는 사실을 더 명확하게 인식할 수 있고 기후 위기에 대한 이해를 높일 수 있다.

- **탐구주제3** 기후변화로 인한 지구 온난화의 영향 탐구
- **탐구주제4** 지속가능한 농업 기술 발전을 통한 기후 위기 대응 방안 탐구

040 데이터로 본 건축물 재난사고 현황과 대응 방향

내용 소개

사용 중인 건축물에 재난 사고가 발생할 시, 인명·재산 피해가 막대하므로 예방이 중요하다. 그러나 현행 안전 규제가 건축물의 개별 특성을 충분히 반영하지 못해 실효성에 대한 지적이 있어왔다. 이 보고서는 이에 대한 해결책으로 데이터 기반의 건축물 안전 연구의 성과들을 살펴보며, 재난 사고로부터 안전한 건축물과 공간환경을 조성하기 위한 대응 방안을 제안한다.

핵심키워드
재난, 건축물 재난, 데이터 기반의 건축물 안전 연구, 데이터 분석

출처 | 건축공간연구원(2023)

탐구주제

- **탐구주제1** 도시화재 발생 건축물의 화재 안전성 분석과 개선 방안 탐구
- **탐구주제2** 건축물 안전 관리를 위한 실시간 데이터 수집 및 분석 기술 탐구

관련학과
건축공학과, 건축IT융합전공, 건설시스템공학과, 건설환경공학과, 건축학과, 공간정보공학과, 건설환경도시교통공학부, 그린스마트시티학과, 기계시스템공학과, 드론교통공학과, 산업시스템공학과, 도시공학과, 환경공학과

관련교과
도시의 미래 탐구, 기후변화와 지속가능한 세계, 화학, 생명과학, 지구과학, 세포와 물질대사, 생물의 유전, 지구시스템과학, 과학의 역사와 문화, 기후변화와 환경생태, 융합과학 탐구, 기술·가정, 창의 공학 세계, 생태와 환경

추천도서

지속가능한 건축과 도시 디자인 원리 101
(Huw Heywood, 기문당, 2022)

이 책은 자연과 건축이 어떻게 상생할 수 있는지 소개하고, 지속가능한 건축과 도시 디자인 방법을 101가지로 제시한다. 건축 재료의 화학 및 생태, 소리풍경에 관한 연구, 올빼미의 습관, 생체 모방학, 사회 정의 및 형평성, 지구과학, 인간 생리학, 건축 물리학, 도시기후학, 수문학, 건강, 설계 및 도시 농업 과정 등 다양한 분야를 접할 수 있다.

- **탐구주제3** 도시 생태계 보전을 위한 탄소 중립 도시 디자인 탐구
- **탐구주제4** 친환경 건축 재료를 활용한 에너지 효율적인 건물 디자인 사례 조사

041 도시 빌딩숲을 푸르게 : 글로벌 녹색건축물 사례연구

내용 소개

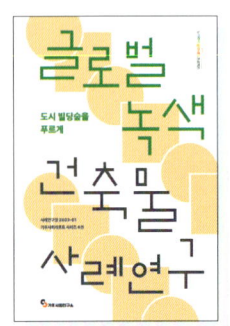

온실가스 감축과 기후변화 대응이 우수한 해외 녹색건축 10개 사례를 분석하여 사례 연구집을 제시했다. 국내에 노후 건축물이 많다는 점을 고려하여 신축과 리모델링 사례를 골고루 다루었다. 에너지 절감과 효율화 및 기후변화 적응 측면 모두 반영하고자 했다. 주거, 교육, 종교 등 용도를 다양화하고 국가와 지역도 폭넓게 선정하여 국내 적용성을 높였다.

핵심키워드: 건축부문 온실가스, 녹색건축물, 지속가능한 빌딩, 그린리모델링, 제로에너지빌딩

출처 | 기후사회연구소(2023)

탐구주제
- **탐구주제1** 저탄소 녹색건축 기술 동향 및 미래 전망 탐구
- **탐구주제2** 지속가능한 건축물의 해외 우수 사례 분석 – 국내 적용을 위한 시사점 도출

관련학과: 건축도시시스템공학과, 건축IT융합전공, 건설시스템공학과, 건설환경공학과, 건축학과, 공간정보공학과, 건설환경도시교통공학부, 그린스마트시티학과, 지구시스템과학과, 사회복지학과, 심리학과, 도시환경공학과, 환경공학과

관련교과: 도시의 미래 탐구, 기후변화와 지속가능한 세계, 화학, 생명과학, 지구과학, 세포와 물질대사, 생물의 유전, 지구시스템과학, 과학의 역사와 문화, 기후변화와 환경생태, 융합과학 탐구, 기술·가정, 창의 공학 세계, 생태와 환경

추천도서

건축, 모두의 미래를 짓다 (김광현, 21세기북스, 2021)

이 책은 우리나라 건축계를 오랫동안 이끌어온 김광현 명예교수가 쓴 책으로, 건축의 지속적 가치와 본질을 찾기 위한 그의 40년 성찰이 담겨있다. '사회'를 직시할 때 비로소 건축의 미래가 달라질 수 있다고 역설하며, 건축 뒤에서 건축을 조종하고 통제하는 '사회'의 면면을 파헤친다. 건축과 철학을 넘나들며 '공동성' 회복을 위한 방향성을 제시한다.

- **탐구주제3** 도시재생을 통한 사회적 통합 방안 탐구
- **탐구주제4** 젠트리피케이션의 사회적 현실과 해결방법 탐구

042 등굣길 아침 운동은 학교의 오아시스가 될 수 있을까?

내용 소개

이 보고서는 경기도교육청에서 실시하고 있는 등굣길 아침 운동이 학생들의 신체적 건강과 체력 향상 이외에 학교생활 전반에 걸쳐 어떤 영향을 미치는지 확인한다. 또한 학생들의 몸을 깨우고 감정을 풍부하게 해주는 체육교과만이 가진 특성을 통해 사회·정서 역량 함양과 함께 윤리교육에 대한 가능성까지 고찰해 본다. '오아시스'는 '오늘 아침 시작은 스포츠활동'의 줄임말이다.

핵심 키워드: 아침 운동, 체육교육, 감정교육, 스포츠 리터러시, 스포츠 파이데이아

출처 | 경기도교육연구원(2023)

탐구주제

- **탐구주제1** 학생의 아침 운동이 건강에 미치는 다양한 효과 탐구
- **탐구주제2** 청소년 시기 운동 습관 개선을 위한 스마트기기 활용 방안 탐구

관련학과

체육교육학과, 건강스포츠학과, 건강운동관리학과, 경호학과, 교육학과, 레저스포츠학과, 문화콘텐츠학과, 미디어학부, 아동가족학과, 아동복지학과, 아동학과, 사회학과, 사회체육학과, 상담학과, 심리학과, 생활체육학과

관련교과

세계시민과 지리, 사회와 문화, 현대사회와 윤리, 한국지리 탐구, 도시의 미래 탐구, 윤리와 사상, 인문학과 윤리, 사회문제 탐구, 체육1, 체육2, 운동과 건강, 스포츠 문화, 스포츠 과학 스포츠 생활1, 스포츠 생활2, 생애 설계와 자립

추천도서

스포츠 리터러시 교육론 (최의창, 레인보우북스, 2023)

이 책은 스포츠 교육의 내용, 방법, 목적에 대해 질문하고 답변하는 형식으로 구성되어 있다. 내용은 스포츠 리터러시의 개념을 먼저 소개하고, 실천 전통으로서의 호울 스포츠, 직접 교수와 간접 교수의 퍼스닉, 그리고 목적으로는 신체활동 즐기기를 설명한다. 마지막으로 스포츠 교육의 최고 이상으로서의 스포츠 파이데이아의 아이디어를 소개한다.

- **탐구주제3** 스포츠 리터러시 개념과 필요성 분석
- **탐구주제4** 스포츠 파이데이아의 영향력과 가능성에 대한 탐구

043 디지털 금융소비자 보호 이슈 및 과제

내용 소개

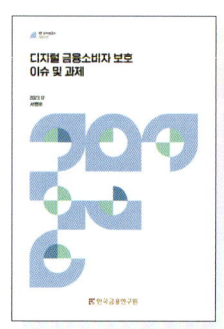

디지털화된 금융 세계에서는 온라인 채널을 통한 금융소비자 보호가 중요한 이슈로 떠오른다. 이 보고서는 금융소비자보호법의 판매원칙이 온라인 채널에 제대로 적용되지 않는 문제, 행태편향을 활용한 부당 마케팅, 핀테크 사업자의 폐업 시 이용자 보호의 어려움 등의 이슈에 대한 해결책을 제시함으로써 디지털 금융 시장에서의 소비자 보호를 강조한다.

핵심키워드
예금자 및 소비자 보호, 디지털 금융, 금융거래 플랫폼, 암호화폐, 로보어드바이저

출처 | 한국금융연구원(2023)

탐구주제

- **탐구주제1** 국내 디지털 금융소비자 보호 이슈 분석
- **탐구주제2** 온라인 금융소비자 보호 이슈에 관한 국내외 문헌 조사

관련학과

디지털금융학과, IT금융경영학과, 금융공학과, 글로벌금융경영학부, 글로벌금융학과, 금융학과, 금융경제학과, 금융투자학과, 경영정보학과, 경제학과, 디지털금융경영학과, 세무학과, 세무회계학과, 창업금융학과, 회계학과

관련교과

확률과 통계, 경제 수학, 인공지능 수학, 직무 수학, 수학과 문화, 실용 통계, 사회와 문화, 경제, 금융과 경제생활, 기술·가정, 생활과학 탐구, 지식 재산 일반, 정보, 인공지능 기초, 데이터 과학, 소프트웨어와 생활, 인간과 경제활동

추천도서

금융 IT와 디지털 대전환 (황명수 외, 광문각, 2022)

이 책은 현재 금융업계에서 추진하고 있는 디지털 대전환의 상황에서 금융 IT와 디지털 대전환에 대한 이해도를 높일 수 있게 해주며, 새로운 금융 서비스 개발에 도움을 제공한다. 금융업계 종사자, 일반인, 학생들이 쉽게 이해할 수 있도록 구성되어 있으며, 금융 IT와 디지털 대전환에 대한 전반적인 내용과 세부적인 기술적인 내용들을 다루고 있다.

- **탐구주제3** 로보어드바이저 활용 투자의 장점과 한계 분석
- **탐구주제4** 블록체인과 암호화폐의 관계와 상호작용 방식 탐구

044 디지털 전환에 따른 산업안전디자인의 이해

내용 소개

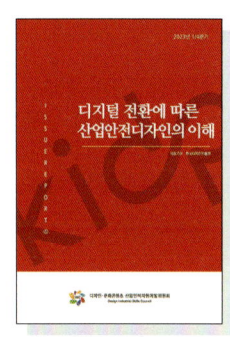

이 보고서는 산업안전디자인이 기존의 물리적 환경 기반의 작업환경/공간, 안전사인, 작업시설/설비의 범위를 넘어 스마트팩토리 기반의 디지털화된 다양한 접점을 대상으로 활용범위가 확장되고 있음을 설명한다. 산업안전디지털 전환의 핵심 의제는 인간으로서의 작업자 중심 가치를 최우선으로 한 서비스디자인 및 UX 디자인 활성화와 사업화 역량 강화임을 시사한다.

핵심키워드 산업디자인, 사용자경험(UX)디자인, 서비스디자인

출처 | 한국디자인진흥원(2023)

탐구주제
- 탐구주제1: 디지털 전환에 따른 산업안전디자인 이슈 분석
- 탐구주제2: 작업자 중심 안전 사고 유형에 따른 안전디자인 개선 사례 탐구

관련학과
산업디자인학과, 광고홍보학과, 문화콘텐츠학과, 시각디자인학과, 융합디자인학과, 디자인공학과, 조형예술학과, 조소과, 미술학과, 건축학과, 도시행정학과, 공업디자인학과, 환경디자인학과, 공공행정학과, 환경안전공학과

관련교과
화법과 언어, 매체 의사소통, 언어생활 탐구, 도시의 미래 탐구, 사회와 문화, 미술, 미술 창작, 미술 감상과 비평, 미술과 매체, 창의 공학 설계, 인간과 심리

추천도서

사용자 중심의 유니버설 디자인 방법과 사례 (고영준, 이담북스, 2022)

이 책은 유니버설 디자인이라는 용어가 점차 일반화되고 그 필요성을 느끼는 사람들의 수도 늘어나고 있지만 막상 유니버설 디자인을 적용하려고 하면 생기는 질문들에 답하고자 하였다. 이에 유니버설 디자인의 기본 이론, 연구개발의 대상인 다양한 사용자의 특성, 사용자 중심 유니버설 디자인을 전개하기 위한 프로세스와 방법 그리고 적용사례를 다룬다.

- 탐구주제3: 기업의 유니버설 디자인UD 추진 사례 탐구
- 탐구주제4: 지자체의 유니버설 디자인UD 추진 사례 탐구

045 디지털 치료제 현황과 전망

내용 소개

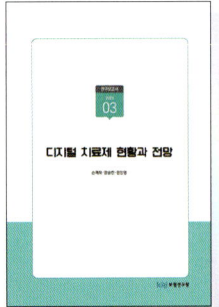

건강한 삶에 대한 요구 및 디지털 기술의 발달로 디지털 치료제의 활용에 대한 관심이 증가하고 있으나, 국내 보험산업에서는 이에 대한 이해가 부족한 실정이다. 이 보고서는 다양한 사례조사를 통해 디지털 치료제에 대한 명확한 이해와 더불어 국내외 디지털 치료제 시장 현황을 살펴봄으로써 보험회사가 디지털 치료제를 어떻게 활용할 수 있는지에 대한 방안을 제언한다.

핵심 키워드: 디지털 치료제, 보험회사, 디지털 치료제 동향, 바이오산업, 개인정보 보호

출처 | 보험연구원(2023)

탐구주제1 디지털 치료제의 현황 분석 및 발전 방향 탐구
탐구주제2 디지털 치료제 활용을 위한 보험회사의 역할 탐구

관련학과: 의예과, 경영학과, 게이미피케이션학과, 디지털헬스학과, 소프트웨어학과, 물리치료학과, 보험학과, 산업보건학과, 약학과, 생명공학과, 의료공학과, 의료정보학과, 의료IT공학과, 임상병리학과, 제약공학과, 화학공학과

관련교과: 확률과 통계, 경제 수학, 인공지능 수학, 직무 수학, 수학과 문화, 실용통계, 화학, 생명과학, 화학 반응의 세계, 세포와 물질대사, 생물의 유전, 과학의 역사와 문화, 기후변화와 환경생태, 융합과학 탐구, 운동과 건강, 기술·가정, 생태와 환경

추천도서

디지털 치료제 혁명 (하성욱 외, 클라우드나인, 2022)

이 책은 디지털 기술을 이용한 새로운 의료분야인 디지털 치료제를 소개한다. '1부 디지털 치료제가 온다'에서는 실제적인 관점에서 디지털 치료제의 정의, 분류, 예시와 기업들, 그리고 만드는 방법과 전제조건을 다루고 있다. '2부 디지털 치료제 생태계가 커진다'에서는 거시적 관점에서 바이오산업 내 디지털 치료제의 위치와 기회를 정리하고 있다.

탐구주제3 디지털 치료제 활용 사례 탐구
탐구주제4 디지털 치료제의 개인정보 보호 문제에 대한 윤리적·법적 쟁점 분석

046 디지털전환 기반 서비스 비즈니스모델 혁신 경쟁력 분석 및 시사점
: 기술공간모형을 중심으로

내용 소개

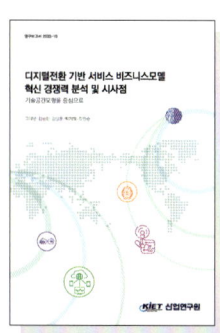

디지털전환 기반 서비스 비즈니스모델 혁신은 서비스산업 고부가가치화와 국가경쟁력 제고에 기여한다. 그러나 이와 관련한 정책지원은 미흡한 실정이다. 이는 디지털전환 기반 서비스 비즈니스모델 혁신 경쟁력 분석의 부재가 한 가지 원인이다. 이 보고서는 비즈니스 방법 특허를 기반으로 디지털전환 기반 서비스 비즈니스모델 혁신의 경쟁력을 특허지표분석법으로 분석한다.

핵심키워드 특허지표분석법, 비즈니스 방법 특허, 디지털전환, 서비스 비즈니스모델

출처 | 산업연구원(2022)

탐구주제
- **탐구주제1** 디지털전환 기반 서비스 비즈니스 모델 개념 및 사례 분석
- **탐구주제2** 디지털전환에 따른 서비스 비즈니스 모델 혁신 경쟁력 국제 비교

관련학과 경영학과, e-비즈니스학과, 경제학과, 글로벌경영학과, 글로벌비즈니스학과, 글로벌디지털비즈니스전공, 기술경영학과, 디지털경영학과, 디지털마케팅학과, 디지털미디어학과, 비즈니스컨설팅학과, 스마트비즈니스학과

관련교과 대수, 확률과 통계, 경제 수학, 인공지능 수학, 직무 수학, 수학과 문화, 실용 통계, 사회와 문화, 법과 사회, 경제, 인문학과 윤리, 국제 관계의 이해, 사회문제 탐구, 금융과 경제생활, 기후변화와 지속가능한 세계, 인간과 경제활동

추천도서

마지막 생존 코드, 디지털 트랜스포메이션 (유병준, 21세기북스, 2023)

이 책은 디지털을 통한 플랫폼 비즈니스로의 필수적이고 필연적인 전환의 방법과 여정을 짚어냈다. 저자는 다수의 기업과 함께 진행해온 데이터 기반의 시스템 연구를 바탕으로, 한국 기업이 앞으로 나아가야 할 방향을 선명히 제시한다. 책에서는 다양한 사례와 솔루션을 제시하는데, 이를 통해 플랫폼 비즈니스 시대에 맞춘 변화의 발걸음을 함께할 용기를 얻을 수 있다.

- **탐구주제3** 글로벌 리딩 기업의 디지털 전환 전략 성공 사례 분석
- **탐구주제4** 플랫폼 기반의 온디맨드 서비스 모델의 확장 가능성과 한계에 대한 탐구

047 마약 예방 법교육 콘텐츠 개발 연구

내용 소개

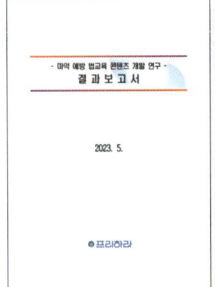

청소년 대상 마약 관련 예방 교육은 7대 안전교육의 하나로 의무적으로 시행되고 있으나, 실제로 대부분의 학교에서는 교육부가 배포한 자료를 바탕으로 진행하고 있다. 이 보고서는 학생·청소년 대상 체계적 마약 예방 교육 본격 추진에 맞춰, 현재 실시 중인 마약 예방 교육 콘텐츠의 장단점을 분석한 후 교육 효과를 향상할 수 있는 스토리텔링형 콘텐츠 개발을 제안한다.

핵심키워드: 마약 예방 법교육, 청소년 마약 중독, 약물 오남용, 윤리적 문제

출처 | 법무부, 프리하라(2023)

탐구주제
- 탐구주제1: 국가별 마약 예방법과 교육 방법 비교
- 탐구주제2: 마약 예방 청소년 법교육 현황 및 효과 분석

관련학과
일반사회교육학과, 공공행정학과, 공공인재학과, 건강관리학과, 경찰법학과, 보건관리학과, 법·경찰학과, 법무행정학과, 아동복지학과, 사회학과, 사회복지학과, 사회안전학과, 산업보건학과, 응급구조학과, 초등교육과

관련교과
사회와 문화, 현대사회와 윤리, 정치, 법과 사회, 윤리와 사상, 인문학과 윤리, 사회문제 탐구, 윤리문제 탐구, 운동과 건강, 생애 설계와 자립, 아동발달과 부모, 진로와 직업, 생태와 환경, 인간과 철학, 인간과 심리, 교육의 이해, 보건

추천도서

마약 하는 마음, 마약 파는 사회 (양성관, 히포크라테스, 2023)

이 책은 의사가 쓴 최초의 마약 해설서로, 마약을 소비하는 개인적 측면(1부)과 생산-유통-판매로 이어지는 사회시스템 측면(2부) 모두를 면밀하게 분석한다. 특히 저자는 마약 관련 이슈에서 대중이 가장 궁금해하는 문제를 환자를 진료한 의사로서의 경험과 각종 통계 지표 및 정량적 연구 자료, 관련 역사 기술을 통해 다채롭게 설명한다.

- 탐구주제3: 마약 중독의 생물학적 기전 탐구
- 탐구주제4: 약물 오남용의 사회적 영향과 윤리적 문제 탐구

048 멀티모달 뇌영상 기술 동향

내용 소개

fMRI 기반 뇌신경영상 해독 기술은 기계학습과 최신 딥러닝을 적용하여 뇌의 정보처리 과정을 이해 및 해독할 수 있다. 이를 통해 개인의 의식적 뇌회로 조절이 가능한 뉴로피드백 시스템 구현, 뇌-기계 인터페이스 구현 등이 가능해질 것이다. 이 보고서는 이러한 뇌신경영상 기반 뇌 해독 기술과 응용 분야를 소개하고, 뇌 해독 분야의 고유한 실질적 유용성을 살펴본다.

핵심 키워드: 멀티모달 뇌영상 기술, fMRI, 뇌 해독, 뇌신경과학, 기억, 뉴럴 피스트

출처 | 한국뇌연구원(2021)

탐구주제

- **탐구주제1** 뇌연구를 위한 생체영상 기술 동향 분석
- **탐구주제2** 뇌신경과학에 적용되는 뇌신경영상 해석 기술 탐구

관련학과

뇌공학과, 글로벌바이오메디컬공학과, 동물생명공학과, 바이오메티컬화학공학과, 바이오생명공학과, 바이오제약공학과, 뇌인지과학과, 생명공학과, 생명나노공학과, 유전생명공학과, 의료생명공학과, 제약생명공학과

관련교과

물리학, 화학, 생명공학, 역학과 에너지, 전자기와 양자, 화학 반응의 세계, 세포와 물질대사, 생물의 유전, 과학의 역사와 문화, 기후변화와 환경생태, 융합과학 탐구, 기술·가정, 로봇과 공학세계, 생물과학 탐구, 창의 공학 설계, 생태와 환경

추천도서

기억하는 뇌, 망각하는 뇌 (이인아, 21세기북스, 2022)

이 책은 뇌인지과학 분야의 저서로, 뇌가 학습하고 기억하는 원리에 대해 다룬다. 뇌에서 기억을 관장하는 '해마'를 통해 기억이 어떻게 형성되는지, 그리고 뇌의 핵심 기능인 '기억'이란 무엇인지 등을 알려준다. 이에 더해 '기억'이란 키워드를 바탕으로 인간적인 것이란 무엇이며 AI와의 차별성은 무엇인지 뇌인지과학자의 시선으로 분석한다.

- **탐구주제3** 뇌 속 기억이 형성되는 메커니즘에 대한 탐구
- **탐구주제4** 뇌신경과학의 최신 연구 동향 탐구: 뉴럴 피스트의 역할과 의미

049 모빌리티 서비스 시장의 미래 : M.I.L.E

내용 소개

현재 진행 중인 4차 모빌리티 혁명은 1900년대 초 포드가 일으켰던 자동차 혁명에 버금갈 또 하나의 대변혁으로, 자동차뿐 아니라 산업 전 분야에 거대한 나비효과를 일으켜 기존 산업의 패러다임을 바꿔놓을 것이다. 이 보고서는 새로운 기술들의 등장으로 글로벌 모빌리티 산업이 어떻게 변화되고 있는지를 분석하고, 모빌리티 서비스 시장 선점 방안을 모색하고 있다.

핵심 키워드 모빌리티, 모빌리티 서비스 시장, 지속가능한 모빌리티, 지속가능한 도시 교통

출처 | 삼일PwC경영연구원(2023)

탐구주제

- **탐구주제1** 모빌리티 서비스 시장의 미래 전망 탐구
- **탐구주제2** 스마트 모빌리티 서비스 현황 및 발전방안 탐구

관련학과

스마트모빌리티공학과, AI모빌리티공학과, 기계설계공학과, 드론교통공학과, 멀티미디어공학과, 미래모빌리티공학과, 산업공학과, 자동차공학과, 지능형모빌리티공학과, 지능형모빌리티융합학과, 항공모빌리티학과

관련교과

기후변화와 지속가능한 세계, 물리학, 화학, 지구과학, 역학과 에너지, 전자기와 양자, 지구시스템과학, 기후변화와 환경생태, 융합과학 탐구, 기술·가정, 로봇과 공학 세계, 생물과학 탐구, 창의 공학 설계, 생애 설계와 자립, 생태와 환경

추천도서

모빌리티 이노베이션 (마상문, 박영사, 2024)

이 책은 현재 모빌리티 분야에서 일어나는 변화와 혁신을 다루고 있다. 자동차 산업의 변혁이 필수적인 시대에서 기업들이 막연한 기대로 신규 사업 발굴에만 몰두하는 것은 금물이라고 강조한다. 전동화(EV)를 중심으로 파괴적 혁신이 현실화되고 있는 변혁에 대한 스톡데일 패러독스의 관점을 갖고 비즈니스 모델을 혁신해 나가야 한다는 메시지를 담고 있다.

- **탐구주제3** 지속가능한 도시 교통 시스템 사례탐구
- **탐구주제4** 모빌리티 서비스 이용의 불평등과 사회적 공정성 탐구

050 모빌리티 혁명을 설계하는 소프트웨어 중심 자동차

내용 소개

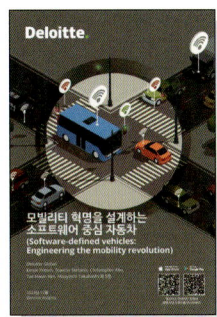

글로벌 자동차 산업은 소프트웨어 중심 생태계로의 변화로 전례 없는 전환기를 맞이하고 있다. 소프트웨어 탑재 비중이 급증하여 2029년에는 연간 자동차 생산량의 90% 이상이 소프트웨어 중심 자동차(SDV)일 것으로 예상된다. 이 보고서는 새로운 SDV가 자동차 산업을 어떻게 변화시키는지와 관련 기업들이 어떤 전략을 세워야 하는지에 대해 심층적으로 탐구한다.

핵심 키워드: 모빌리티, 자동차 산업, 소프트웨어 중심 자동차, SDV, 자율주행 자동차

출처 | 딜로이트(2022)

탐구주제
- 탐구주제1: 소프트웨어 중심 자동차SDV의 기술 동향과 혁신적인 개발 전략 탐구
- 탐구주제2: 자율주행 소프트웨어를 통한 안전한 소프트웨어 중심 자동차SDV 구현 방법 탐구

관련학과: 미래자동차공학과, 스마트모빌리티공학과, AI모빌리티공학과, 기계설계공학과, 드론교통공학과, 멀티미디어공학과, 미래모빌리티공학과, 반도체공학과, 산업공학과, 자동차공학과, 지능형모빌리티공학과, 항공모빌리티학과

관련교과: 기후변화와 지속가능한 세계, 물리학, 화학, 지구과학, 역학과 에너지, 전자기와 양자, 지구시스템과학, 기후변화와 환경생태, 융합과학 탐구, 기술·가정, 로봇과 공학세계, 생물과학 탐구, 창의 공학 설계, 생애 설계와 자립, 생태와 환경

추천도서

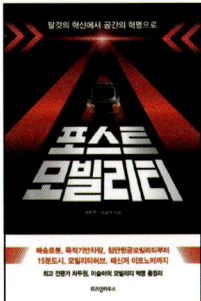

포스트모빌리티 (차두원 외, 위즈덤하우스, 2022)

이 책은 모빌리티 산업의 새로운 분야인 이동 디바이스 혁신에 대한 관심이 높아지면서 이동공간에서 혁명적인 변화가 일어나고 있다는 내용을 다룬다. 모빌리티 분야의 최고 전문가 차두원 저자와 신진 연구자 이슬아 저자는 모빌리티 기술의 발전, 주변 환경의 변화, 탈것의 미래를 포함하여 모빌리티의 과거와 현재, 미래 전망을 보여준다.

- 탐구주제3: 국내외 모빌리티 기업의 혁신 기술 사례 탐구
- 탐구주제4: 자율주행 자동차의 개발과 미래 모빌리티에 대한 탐구

051 무인항공기 과학·기술·산업 분석

내용 소개

이 보고서는 무인항공기(드론) 산업 현황과 활용 분야, 정부의 지원 정책, 보안 규제, 기술 동향, 시장 전망 등을 다루고 있다. 무인항공기는 첨단 기술이 융합된 산업으로 성장 잠재력이 큰 분야이다. 현재 시장점유율이 높은 주요 플레이어(미국, 중국, 유럽 등)를 중심으로 무인항공기 산업 생태계와 국가 정책을 분석하여 국내 무인항공기 산업의 발전 방향을 제시하고 있다.

핵심키워드
무인항공기, 드론, 국토교통 7대 신산업, 시장점유율

출처 | 한국과학기술정보연구원(2022)

탐구주제
- **탐구주제1** 무인항공기 기술을 활용한 교통 첨단화 방안 탐구
- **탐구주제2** 무인항공기 산업에 대한 국내외 시장의 수요 분석 및 규제 혁신 방안 모색

관련학과
교통공학과, 무인항공기기학과, 무인항공기계학과, 드론응용학과, 해운항공·드론물류학과, 드론로봇공학과, 로봇드론공학과, 드론공간정보공학과, 사이버드론봇군사학과, 스마트드론공학과, 항공드론학과

관련교과
기하, 대수, 미적분Ⅰ, 미적분Ⅱ, 수학과제 탐구, 인공지능 수학, 경제, 법과 사회, 물리학, 역학과 에너지, 지구시스템과학, 전자기와 양자, 행성우주과학, 융합과학 탐구, 로봇과 공학세계, 창의 공학 설계, 정보, 인공지능 기초, 데이터 과학

추천도서

드론공학 (박현철 외, 성안당, 2023)

이 책은 항공공학의 전통 이론 체계를 바탕으로 드론에 적용되는 제반 응용 학문을 다루고 있다. 드론의 구성 요소, 제작과 운용에 필요한 공학적 원리(공기역학)와 개념, 드론 제어, 통신 체계, 드론의 활용 분야, 무인항공기 관련 법규 등을 두루 포함하고 있어 드론에 대해 융합 및 체계 기술의 산물로 접근할 수 있는 안목과 기본 역량을 갖게 한다.

- **탐구주제3** 드론 비행 규제와 공중 안전성 확보 방안 탐구
- **탐구주제4** 드론과 신기술(전동화, 지능화, 초연결화)의 융합에 따른 새로운 가능성 탐구

052 미국 반도체 산업 육성 정책 동향 및 시사점

내용 소개

이 보고서는 미국의 대내외 반도체 산업 육성 정책을 분석하고 있다. 반도체가 미·중 경쟁 핵심 산업으로 부상함에 따라 미국은 중국의 기술 굴기를 저지하고자 가드레일 조항, 산업보조금 경쟁, 대중 수출 규제 협력 요청, 외국인 투자 제한 등을 통해 미국 중심의 반도체 공급망을 강화할 것으로 보고, 향후 전개될 산업 위기에 대응하기 위한 대외 전략의 방향을 시사한다.

핵심키워드: 반도체 공급망 재편, 반도체 과학법(CHIPS Act), 탈동조화(Decoupling)

출처 | KOTRA 대한무역투자진흥공사(2022)

탐구주제

- **탐구주제1** 미국 반도체 산업 육성 정책이 우리나라 반도체 산업에 미치는 영향 탐구
- **탐구주제2** 글로벌 경제의 디커플링(탈동조화) 사례 및 디리스킹(위험 제거) 전략 탐구

관련학과

반도체공학과, 나노반도체공학과, 반도체신소재공학과, 반도체과학기술학과, 반도체산업융합학과, 반도체시스템공학과, 반도체설계학과, 반도체전자공학과, 지능형반도체공학과, 반도체물리학과, 국제통상학과, 정치외교학과

관련교과

기하, 경제 수학, 대수, 미적분Ⅰ, 미적분Ⅱ, 수학과제 탐구, 확률과 통계, 경제, 국제 관계의 이해, 사회문제 탐구, 물리학, 화학, 물질과 에너지, 전자기와 양자, 융합과학 탐구, 생활과학 탐구, 기술·가정, 데이터 과학, 정보, 창의 공학 설계

추천도서

칩워, 누가 반도체 전쟁의 최후 승자가 될 것인가
(Chris Miller, 부키, 2023)

이 책은 반도체 산업의 태동부터 미국과 중국 간의 반도체 패권 대결, 한국과 대만, 일본, 실리콘밸리의 치열한 기술 경쟁과 미래 전략까지, 반도체 산업의 70년 역사를 담고 있다. 반도체가 현대 디지털 기술의 근간이자 지정학적 경쟁의 핵심 분야임을 철저히 미국의 전략적 관점에서 제시하고 있으므로, 우리 반도체 산업의 상대적 전략을 모색할 수 있다.

- **탐구주제3** 시스템반도체의 기술 변화 트렌드 분석
- **탐구주제4** 한국의 차세대 반도체 산업 육성 전략 탐구

053 미국 IRA 시행지침이 우리나라 배터리 공급망에 미칠 영향

내용 소개

이 보고서는 미국이 '지속가능성'에 기반한 제조업 부활과 중국의 광물 패권 저지, 미국 중심 공급망 구축을 목적으로 시행한 인플레이션 감축법(IRA)이 우리나라 배터리 공급망에 미칠 영향에 대해 분석하고 있다. 한국산 양극재가 미국의 '세제 혜택' 적용으로 반사 이익을 누리고 있으나 유동적 상황을 고려한 핵심 광물의 수입 다변화 등 대비가 필요함을 제시하고 있다.

핵심 키워드: IRA(인플레이션감축법), 배터리 공급망, 양극재 배터리

출처 | 한국무역협회(2023)

탐구주제

- **탐구주제1**: 자동차 배터리의 화학적 원리와 성능 향상 방안
- **탐구주제2**: 미국의 인플레이션 감축법IRA에 따른 우리나라 배터리 산업의 대응 전략 탐구

관련학과

화학공학과, 배터리공학과, 배터리융합공학과, 전기·배터리공학과, 전기화학과, 전기에너지공학과, 전기전자공학과, 전기재료공학과, 전기에너지시스템공학과, 환경에너지공학과, 첨단에너지공학과, 첨단소재공학과

관련교과

기하, 경제 수학, 대수, 미적분Ⅰ, 미적분Ⅱ, 수학과제 탐구, 확률과 통계, 경제, 국제 관계의 이해, 사회문제 탐구, 물리학, 화학, 역학과 에너지, 물질과 에너지, 전자기와 양자, 융합과학 탐구, 생활과학 탐구, 데이터 과학, 창의 공학 설계

추천도서

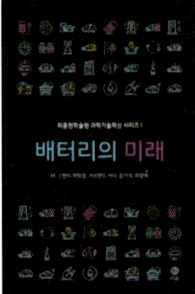

배터리의 미래 (M. 스탠리 위팅엄 외, 이음, 2021)

이 책은 리튬이온 배터리 연구로 2019년 노벨화학상을 수상한 M.스탠리 위팅엄 교수를 비롯해 핵심 테크놀로지 분야의 세계적 석학들의 최신 연구 동향을 소개하고 미래 전망을 토론한 최종현학술원의 과학혁신 국제 심포지엄의 강연 내용을 한 권으로 엮은 것이다. 21세기의 지속가능한 미래를 활주할 수 있는 기술은 배터리에 있음을 제시하고 있다.

- **탐구주제3**: 리튬이온 배터리 대체 신소재 개발 현황 탐구
- **탐구주제4**: 친환경 배터리 재활용 기술과 지속가능한 배터리 생산 방안 탐구

054 미디어를 활용한 청소년 사회 참여 방안

내용 소개

이 보고서는 미디어를 활용한 중·고등학생의 사회 참여 실태 및 사회 참여에 영향을 미치는 요인을 분석하여 청소년의 사회 참여 활성화 방안을 모색하는 것을 목적으로 한다. 조사 결과, 청소년은 미디어 교육 경험이 있을수록, 사회 참여 활동을 높게 평가할수록, 여성일수록, 고등학생일수록, 지역사회의 지원을 인식할수록 사회 참여 활동에 적극적인 것으로 나타났다.

핵심키워드 미디어, 청소년 사회 참여, 교육과 민주주의

출처 | 경기교육연구원(2022)

탐구주제

- 탐구주제1: 미디어를 활용한 청소년의 사회 참여 실태 분석
- 탐구주제2: 새로운 환경변화에 따른 청소년 사회 참여 활동의 발전 과제 탐구

관련학과

교육학과, 사회교육과, 윤리교육과, 아동청소년학과, 청소년문화·상담학과, 미디어커뮤니케이션학과, 문화미디어학과, 행정·언론미디어학부, 사회복지학과, 공공정책학과, 공공행정학과

관련교과

문학과 영상, 매체 의사소통, 미디어 영어, 사회와 문화, 정치, 현대사회와 윤리, 윤리와 사상, 사회문제탐구, 윤리문제 탐구, 인문학과 윤리, 음악과 미디어, 미술과 매체, 기술·가정, 생애 설계와 자립, 아동발달과 부모, 소프트웨어와 생활

추천도서

이 장면, 나만 불편한가요? (태지원, 자음과 모음, 2021)

이 책은 현직 사회 교사가 미디어에 등장하는 불편한 표현들에 대해 그런 표현들이 어떻게 사용되고 있는지, 어디서부터 시작되었는지, 우리가 이를 왜 주의해야 하며 무분별하게 사용해선 안 되는지를 짚고 있다. 기회의 불평등, 젠더, 사회적 소수자, 빈부 격차, 외모 차별에 이르기까지 우리 사회에 존재하는 차별과 혐오를 세심히 들여다보며 문제의식을 일깨운다.

- 탐구주제3: 청소년의 사회 문제에 대한 관심도 분석
- 탐구주제4: 미디어로 확산되는 혐오와 차별이 청소년의 정신 건강에 미치는 영향 탐구

055 미래의 건설산업, 디지털로 준비하라

내용 소개

이 보고서는 건설 산업계에 일어나는 디지털 트랜스포메이션 트렌드를 살펴보고, 글로벌 시장에서 주목받고 있는 글로벌 콘테크 기업들의 사례를 정리한다. 이를 토대로 IoT 기술과 인공지능을 활용하여 건설 생산성을 보다 향상시키고, 가상현실과 블록체인 등의 디지털 기술을 적극 도입하여 건설 프로세스를 최적화함으로써 경쟁력을 높일 수 있는 건설 혁신을 강조한다.

핵심 키워드: 건설 혁신, 콘테크(Con-Tech), 디지털 트랜스포메이션

출처 | 삼정KPMG 경제연구원(2021)

탐구주제

- **탐구주제1** 건설산업의 디지털 트랜스포메이션 동향 분석
- **탐구주제2** 글로벌 콘테크Con-Tech 기업의 사례 분석을 통한 한국 건설산업의 발전 방향 모색

관련학과

건설시스템공학과, 건설공학과, 건설환경공학과, 건설환경융합공학과, 건축공학과, 그린스마트건축공학과, 디지털도시건설학과, 사회기반시스템공학과, 사회인프라공학과, 설비공학과, 스마트건설·환경공학부, 스마트건축공학과

관련교과

인공지능 수학, 도시의 미래 탐구, 기후변화와 지속가능한 세계, 물리학, 화학, 지구과학, 역학과 에너지, 전자기와 양자, 물질과 에너지, 지구시스템과학, 과학의 역사와 문화, 기후변화와 환경생태, 융합과학 탐구, 기술·가정, 정보, 창의 공학 세계

추천도서

살아남는 것들의 비밀 (윤정원, 라곰, 2022)

이 책은 생존하는 기업의 디지털 트랜스포메이션 전략을 소개한다. 앞으로 전 세계를 무대로 무한경쟁이 펼쳐지는 시대에서 도태되지 않고 살아남기 위해서는 디지털 트랜스포메이션에 '시장의 확장'과 '새로운 가치'를 담아야 하는데, 이는 단순히 아날로그를 디지털로 바꾸는 것이 아닌 디지털 기술로 새로운 비즈니스 생태계를 구축해야 함을 사례를 통해 설명한다.

- **탐구주제3** 스마트건설 관련 기술과 제도의 주요 이슈 탐구
- **탐구주제4** 상품, 서비스, 프로세스 혁신을 시도한 디지털 트랜스포메이션DX 기업 사례 분석

056 미래전략산업 브리프 제34호

내용 소개

이 보고서는 인공지능, 빅데이터, 사물인터넷 등의 최신 기술과 이에 따른 산업 변화에 대해 다루고 있다. 특히 4차 산업혁명 시대에 대한 이해와 미래전략산업의 중요성을 강조하며, 기업들이 새로운 기술과 전략을 적용하여 성장해 나갈 것을 시사한다. 또한, 인공지능과 빅데이터가 혁신적인 변화를 가져올 것이며, 이를 활용하는 기업들은 경쟁 우위를 확보할 수 있다는 점도 강조하고 있다.

핵심 키워드 글로벌 신산업, 생성형 AI, 자율주행, 전기차

출처 | 산업연구원(2023)

탐구주제
- **탐구주제1** 주요 신산업의 최근 동향 및 성장률 전망 분석
- **탐구주제2** 자율주행 및 전기차 분야에서의 국내·외 기업 경쟁력 비교

관련학과
산업공학과, 멀티미디어공학과, 기계공학과, 응용물리학과, 로봇공학과, 멀티미디어학과, 메카트로닉스공학과, 모바일공학과, 소프트웨어융합공학과, 시스템반도체공학과, AI모빌리티공학과, 정보통신공학과, 컴퓨터공학과

관련교과
기하, 미적분, 인공지능 수학, 실용 통계, 수학과제 탐구, 물리학, 지구과학, 역학과 에너지, 전자기와 양자, 물질과 에너지, 융합과학 탐구, 기술·가정, 로봇과 공학세계, 생활과학 탐구, 정보, 인공지능 기초, 데이터 과학, 소프트웨어와 생활

추천도서

다가오는 미래, UAM 사업 시나리오 (이정원, 슬로미디어, 2024)

이 책은 도심 항공 모빌리티(UAM) 기본 개요, 사업 전략과 운영 모델, 사업 확대 방안과 전망을 담고 있다. 특히 UAM 사업의 실현 가능성과 사업의 성공에 필요한 핵심 역량, 기존 사업과의 융합 가능성, UAM 사업을 준비하고 있는 핵심 기업, UAM 항공기 개발업체와 인프라 개발업체 그리고 국내 주요 기업의 현황을 두루 소개하였다.

- **탐구주제3** UAM 시대를 준비하는 기업 사례 탐구
- **탐구주제4** UAM의 실현 및 상용화를 위해 해결할 과제 탐구

057 미리 보는 EU 탄소국경조정제도 시범 시행 기간 주요 내용 및 시사점

내용 소개

이 보고서는 EU의 탄소국경조정제도 시범 시행에 따른 시사점을 제시한다. 이는 탄소배출 감축을 위한 새로운 기회를 제공할 것이며, 유럽 경제 활동의 모든 부문에 적용되어 온실가스 배출권 발행 및 거래 시장을 구축하게 될 것으로 전망한다. 이는 유럽 내 기업뿐만 아니라 유럽과 무역을 하는 해외 기업에도 영향을 미칠 것이므로 적절히 대응해야 함을 강조한다.

핵심키워드
EU, 탄소국경조정제도(CBAM), K-ETS(배출권거래제), 온실가스 배출

출처 | 한국무역협회(2023)

탐구주제

- **탐구주제1** 우리나라 CBAM 대상품목 수출 기업의 영향 및 대응방안 탐구
- **탐구주제2** EU의 탄소국경조정제도 CBAM 시행에 관한 제3국의 입장 분석

관련학과

기후에너지시스템공학과, 기후환경에너지학과, 기후변화융합학부, 미래에너지공학과, 에너지공학과, 에너지과학부, 대기과학과, 대기환경과학과, 환경공학과, 지구환경과학과, 글로벌무역학과, 경제통상학과, 무역유통학과

관련교과

미적분Ⅰ, 미적분Ⅱ, 인공지능 수학, 수학과제 탐구, 경제, 세계시민과 지리, 한국지리 탐구, 도시의 미래 탐구, 기후변화와 지속가능한 세계, 지구시스템과학, 기후변화와 환경생태, 융합과학 탐구, 기술·가정, 정보, 생태와 환경, 영어 발표와 토론

추천도서

탄소버블 (박진수, 루아크, 2023)

이 책은 2050년까지 '넷제로' 목표를 달성하기 위해 인류가 경제적으로 어떤 위험을 감수하고 변화의 과정을 거쳐야 하는지에 대해 누구나 이해하기 쉽게 설명한다. 이를 위해 기후위기의 도래와 우리 삶의 변화, 탄소가격정책의 이론적 근거, 기후변화 대응에 필요한 금융의 다양한 역할, 앞으로 글로벌 사회의 탈탄소 바람이 각 산업에 미칠 영향까지 두루 분석한다.

- **탐구주제3** 기후문제 해결을 위한 기후공학적 접근법 탐구
- **탐구주제4** 금융시스템을 활용한 기후 문제 해결 방안 탐구

058 미세먼지 저감기술 및 정책 동향

내용 소개

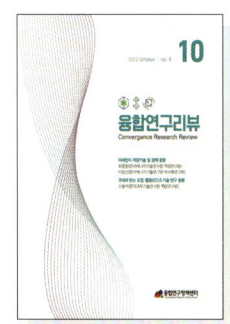

이 보고서는 현재까지의 미세먼지 저감 정책과 기술 현황에 대해 분석하였다. 연구 결과, 정책적인 면에서는 '미세먼지 배출권' 제도의 시행을 제안하였다. 기술적으로는 1차 생성 미세먼지와 2차 생성 미세먼지를 독립적으로 저감시키기 위한 기술을 진보시켜 두 가지 종류의 미세먼지를 실질적으로 저감시키는 기술의 국산화 및 철저한 기술 평가가 필요함을 제언한다.

핵심 키워드: 1차/2차 생성 미세먼지, 미세먼지 저감기술(집진기술, 탈질기술, 탈황기술)

출처 | 융합연구정책센터(2022)

탐구주제
- 탐구주제1: 미세먼지 저감기술 및 정책 동향 분석
- 탐구주제2: 국내·외 탄소 포집·활용CCU 기술의 연구 동향 조사

관련학과
환경공학과, 환경학과, 화학생명과학과, 응용화학과, 농생명화학과, 나노에너지화학과, 공간환경학부, 농생물학과, 대기환경과학과, 미생물·분자생명과학과, 바이오환경과학과, 산림환경과학과, 생명공학과, 생명과학과

관련교과
도시의 미래 탐구, 기후변화와 지속가능한 세계, 화학, 생명과학, 지구과학, 세포와 물질대사, 생물의 유전, 지구시스템과학, 과학의 역사와 문화, 기후변화와 환경생태, 융합과학 탐구, 기술·가정, 창의 공학 세계, 생태와 환경

추천도서

과학을 기반으로 살펴보는 초미세먼지, 기후변화 그리고 탄소중립
(송철한, 씨아이알, 2024)

이 책은 에너지 대전환, 탄소중립 그리고 초미세먼지 문제를 동시에 해결할 수 있는 에너지-환경 정책을 고찰한다. 저자는 이를 '초미세먼지-기후변화-에너지 정책 연계'라고 부르고, 이 연계에 대해 보다 과학적으로 생각해 보자고 제안한다. 저자는 이 문제에 과도한 걱정이나 공포를 가지는 것은 물론, 중요한 문제를 너무 경시하는 태도 또한 경계할 것을 강조한다.

- 탐구주제3: 과학적 검토를 통한 우리나라 에너지 대전환 정책의 문제점 및 대안 탐구
- 탐구주제4: 휘발성 유기화학물질의 위험성 분석 및 저감 대책 모색

059 밈(meme) 현상 확산에 따른 저작권 쟁점 연구

내용 소개

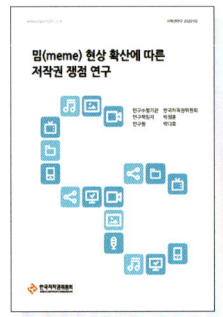

이 보고서는 새로운 유형의 콘텐츠인 인터넷 밈(meme)과 관련된 국내외 사례들을 살펴보고, 이용자의 입장과 권리자의 입장에서 모두 수긍할 수 있는 규율 및 기준들을 모색하고 있다. 더불어 현재 밈의 주요 확산 채널인 각 온라인 플랫폼들의 약관규정을 비교·검토하여 플랫폼 이용자의 측면에서 가장 유효하고 적절한 소통 및 온라인 문화 향유의 방안에 대해 시사한다.

핵심키워드: 밈(meme), NFT, 문화적 확산, 온라인 플랫폼, 저작권 쟁점

출처 | 한국저작권위원회(2022)

탐구주제

- **탐구주제1** 밈 마케팅의 경제적 효과와 사회적 쟁점 분석
- **탐구주제2** 밈 관련 국내외 주요 판례 및 입법례 현황 조사

관련학과

문화콘텐츠학과, 법학과, 디지털콘텐츠학과, AI미디어콘텐츠학과, K-콘텐츠제작학과, 미디어콘텐츠학과, 미디어광고콘텐츠학과, 스마트콘텐츠학과, 역사문화콘텐츠학과, 한국문화콘텐츠학과, 디지털영상마케팅학과, 경제학과

관련교과

인공지능 수학, 수학과 문화, 수학과제 탐구, 법과 사회, 경제, 사회와 문화, 사회문제 탐구, 물리학, 역학과 에너지, 전자기와 양자, 과학의 역사와 문화, 융합과학 탐구, 지식 재산 일반, 정보, 인공지능 기초, 데이터 과학, 소프트웨어와 생활

추천도서

창작자를 위한 챗GPT 저작권 가이드 (정경민, 포르체, 2023)

이 책은 인공지능 저작권 관련 법이 만들어지지 않은 현재 상황에서, 인공지능 시대에 새롭게 생겨날 창작물에 대한 저작권 상식과 자신의 콘텐츠를 지킬 수 있는 가이드를 제시하고 있다. 저자는 현직 변리사이자 공학 교수로서 새로운 기술인 챗GPT를 창작에 활용하기 위해, 자신의 창작물을 인공지능의 무분별한 데이터 마이닝에서 지키는 방법을 알려준다.

- **탐구주제3** 인공지능 저작권 관련 소송 사례 조사
- **탐구주제4** 챗GPT 창작물의 저작권 관련법 개정의 필요성 탐구

060 바이오플라스틱

내용 소개

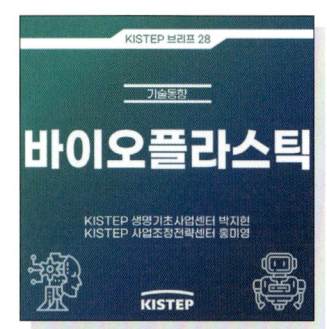

이 보고서는 환경친화적인 솔루션으로 주목받고 있는 바이오플라스틱(Bioplastics)의 개발을 위한 연구 결과를 담고 있다. 연구를 통해 바이오플라스틱 관련 기술·산업동향과 국가별 정책·투자 동향을 정리하여 온실가스 감축 목표와 2050 탄소중립 정책목표 달성에 기여할 수 있도록 향후 정부 R&D 투자방향 설정 시 주요 고려사항과 정책적 시사점을 제시한다.

핵심키워드: 바이오플라스틱, 생분해성 플라스틱, 바이오베이스 플라스틱

출처 | 한국과학기술기획평가원(2023)

탐구주제

- 탐구주제1: 플라스틱 쓰레기 오염 실태 분석 및 대체제 탐구
- 탐구주제2: 친환경 바이오플라스틱 소재의 상용화 현황 분석

관련학과: 유기재료공학과, 화학공학과, 화학공학교육과, 화학공학부, 고분자화학과, 생명화학공학과, 응용화학과, 응용화학공학과, 에너지화학공학과, 환경공학과, 고분자공학과, 신소재공학과, 융합에너지공학과, 환경에너지공학과

관련교과: 미적분Ⅰ, 미적분Ⅱ, 기하, 수학과제 탐구, 기후변화와 지속가능한 세계, 물리학, 화학, 역학과 에너지, 전자기와 양자, 물질과 에너지, 화학 반응의 세계, 기후변화와 환경생태, 융합과학 탐구, 기술·가정, 창의 공학 설계, 생태와 환경

추천도서

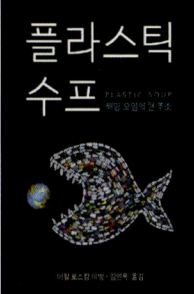

플라스틱 수프 (미힐 로스캄 아빙, 양철북, 2020)

이 책은 바다를 점령해가는 플라스틱 오염 실태와 환경운동가, 예술가, 기업가와 국제기구들의 문제 해결을 위한 다양한 시도를 소개하며 실효성 있고 바람직한 대안을 모색한다. 지금 추세라면 2050년에는 바다의 물고기 총 무게보다 더 많은 무게의 플라스틱이 쌓인다는 표지의 경고와 같이 되지 않기 위해 오염의 거센 물결을 바꾸기를 제안하고 있다.

- 탐구주제3: 미세플라스틱 성분 및 검출 방법 탐구
- 탐구주제4: 미세플라스틱으로 인한 해양오염 실태 및 위험성 탐구

061 반도체 과학·기술·산업 분석

내용 소개

이 보고서는 글로벌 반도체 산업이 공급망 교란을 겪은 이후, 반도체를 핵심 안보자산으로 인식하면서 기업 간 경쟁의 장에서 국가 간 외교의 장으로 변화하였으며 기술패권주의에 의해 반도체 산업의 패러다임이 전환되었음을 보여준다. 이에 공급망 '단일 실패점 리스트'를 극복하고 설계, 파운드리, 소재, 장비 등 반도체 전 공정에서 경쟁력 있는 K-반도체 전략이 필요함을 시사한다.

핵심키워드 단일 실패점 리스크, 기술패권주의, 정부 R&D투자 전략맵

출처 | 한국과학기술정보연구원(2022)

탐구주제
- **탐구주제1** 반도체 품목별 수출입 우위 분석
- **탐구주제2** 반도체 산업의 정치·경제·사회·기술·환경 이슈 탐구

관련학과
반도체공학과, 반도체물리학과, 반도체디스플레이학과, 반도체신소재공학과, 반도체과학기술학과, 반도체산업융합학과, 반도체설계학과, 반도체시스템공학과, 반도체전자공학과, 나노반도체공학과, 지능형반도체공학과

관련교과
기하, 대수, 미적분Ⅰ, 미적분Ⅱ, 인공지능 수학, 수학과제 탐구, 확률과 통계, 경제, 국제 관계의 이해, 물리학, 전자기와 양자, 융합과학 탐구, 기술·가정, 로봇과 공학세계, 창의 공학 설계, 정보, 인공지능 기초, 데이터 과학, 소프트웨어와 생활

추천도서

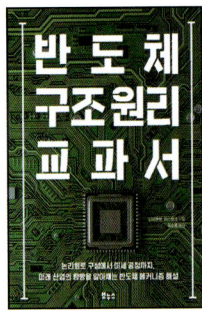

반도체 구조 원리 교과서 (니시쿠보 야스히코, 보누스, 2023)

이 책은 엔지니어가 직접 해설한 반도체 메커니즘 책이다. IC와 LSI 등의 반도체 소자에 대한 설명에서 출발해, 반도체의 구조, 원리, 제조 공정을 폭넓게 다루며, 핵심 개념들을 도해와 그래프를 활용해 쉽고 명확히 설명한다. 반도체 산업은 모든 산업의 기저이자 차세대 핵심 산업 분야로서 이의 기본 구조를 비롯한 핵심 메커니즘에 대해 이해할 수 있도록 돕는다.

- **탐구주제3** 미분방정식을 통한 반도체 회로의 전압 위상각 분포 탐구
- **탐구주제4** AI, HPC(고성능컴퓨팅) 산업의 발달로 인한 반도체 기술 동향 분석

062 변화와 위기의 인문학 연구와 교육의 역할에 대한 연구

내용 소개

이 보고서는 어문학, 역사학, 철학 분야의 국내 대학을 중심으로 인문학 위기 현상의 원인과 실태를 분석하고 이를 타개하기 위한 해결 방안을 모색하고자 한다. 연구 결과, 다전공 활성화 등 인문학 교육의 혁신을 통한 대학 교육의 인문학 입지 강화, 융합 연구 및 융합 교육의 활성화, 인문학 분야의 학문 후속세대 양성을 위한 기초 재정 지원 강화를 주요 해법으로 제안하였다.

핵심키워드 인문학, 어문학, 역사학, 철학, TA 제도, RA 제도, BK21사업

출처 | 한국연구재단(2022)

탐구주제
- **탐구주제1** 인문학 분야 위기 극복을 위한 방안 탐구
- **탐구주제2** 국내 인문학 관련 전공 학과 수 및 학생 수의 변동 추이 분석

관련학과
융합인문사회과학부, 인문문화학부, 인문융합공공인재학부, 인문학부, 어문학부, 역사학과, 역사문화학과, 고고인류학과, 고고미술사학과, 국사학과, 글로벌한국학과, 철학과, 유학·동양학과, 문화인류학과, 고고학과, 언어학과

관련교과
문학, 독서와 작문, 주제 탐구 독서, 언어생활 탐구, 영어Ⅰ, 영어Ⅱ, 한문, 영어 독해와 작문, 세계사, 윤리와 사상, 인문학과 윤리, 인간과 철학, 중국 문화, 일본 문화, 독일어권 문화, 프랑스어권 문화, 러시아 문화, 베트남 문화, 스페인어권 문화

추천도서

집단 착각 (토드 로즈, 21세기북스, 2023)

이 책은 '평균의 종말' 저자이기도 한 토드 로즈가 다른 이의 생각과 시선에 따라 행태를 바꾸며 자신이 실제로 좋아하지 않지만, 다수가 좋다고 하면 괜찮은 듯한 착각이 들거나, 모두가 '그렇다'고 말할 때 '아니오'라고 답을 하지 못하는 '순응 편향(Conformity Bias)' 현상을 다룬다. 저자는 이를 '집단착각'이라 명명하며 이를 경계하고 대응하도록 안내한다.

- **탐구주제3** 인문학의 위기 타개를 위한 혁신 방안 모색
- **탐구주제4** 인문계열 입학정원 감소가 사회에 미치는 영향 탐구

063 북한 무인기 도발 대응능력 향상방안

내용 소개

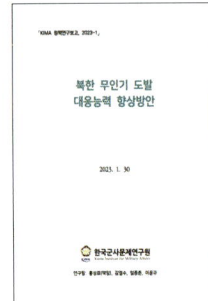

이 보고서는 북한 무인기 종류와 운용 전략을 비롯해 미국·영국 등 군사 선진국들의 무인기 대응체계 개발·운영 현황을 소개하고 있다. 특히 북한 무인기 도발 대응능력의 향상 방안으로는 물리적(하드킬)·비물리적(소프트킬) 무기 개발 전력화와 더불어 민·관·군의 드론대응 협력을 통해 우리 군의 무인기 운용 능력을 강화할 것과 대북심리전을 적극 활용할 것을 제시하였다.

핵심 키워드 군사 선진국의 무인기 운용, 북한 무인기, 무인기 대응체계

출처 | 한국군사문제연구원(2023)

탐구주제
- **탐구주제1** 북한 무인기 도발 실태 및 현재 대응체계의 한계 분석
- **탐구주제2** 국내외 군사용 무인기 개발 현황 및 향후 국가 안보 전략 탐구

관련학과
군사학과, 항공보안학과, 사이버국방학과, 국방기술학과, 정보통신군사학과, 무인항공기기학과, 무인항공기계학과, 드론응용학과, 드론로봇공학과, 로봇드론공학과, 드론공간정보공학과, 사이버드론봇군사학과

관련교과
대수, 미적분Ⅰ, 미적분Ⅱ, 기하, 수학과제 탐구, 법과 사회, 국제 관계의 이해, 물리학, 지구과학, 역학과 에너지, 전자기와 양자, 지구시스템과학, 행성우주과학, 융합과학 탐구, 기술·가정, 창의 공학 설계, 지식 재산 일반, 정보, 데이터 과학

추천도서

드론이 여는 미래의 전쟁 (김현종, 좋은땅, 2023)

이 책은 청와대 국가안보실, 국방부, 육군본부 등 군 관련 요직을 두루 거친 저자가 세계 각국의 전쟁에서 드론이 이미 게임체인저로 기능하고 있음을 보여준다. 현대 전쟁의 핵심 요소가 된 세계 각국의 드론 개발 현황, 실제 전투에서 드론이 투입된 사례들을 통해 드론의 위력을 설명하고, 대한민국 또한 이러한 시류에 발맞춰 나가야 함을 역설한다.

- **탐구주제3** 우크라이나전쟁의 무인기 운용 현황 분석
- **탐구주제4** 무력 분쟁에서 드론의 활용 사례 탐구

064 분야별 재정지출의 경제적 효과와 정책시사점

내용 소개

이 보고서는 분야별 재정지출에 따른 경제적 효과를 분석하였다. 그 결과, 정부소비 비중이 높은 공공질서 및 안전, 국방 분야는 중기적으로 봤을 때 경제적 효과가 점점 감소하였고, 정부투자 비중이 높은 교통 및 물류, 환경 분야는 중기적으로 경제적 효과가 상승하는 것으로 나타났다. 이에 따라 경기둔화 시 한정된 예산에서 효율적으로 재정을 운영하는 방안을 시사하고 있다.

핵심 키워드 총액배분 자율편성 예산제도, 재정승수, 재정지출, DSGE모형

출처 | 한국개발연구원(2022)

탐구주제

- **탐구주제1** 경제 성장 모델에 대한 수학적 탐구
- **탐구주제2** 수학 함수를 활용한 재정지출의 효과 분석

관련학과

행정학과, 융합행정학과, 도시행정학과, 공공행정학과, 행정·공기업학과, 정치행정학과, 자치행정학과, 행정복지학과, 공공정책학과, 경제학과, 통계학과, 경제통계학부, 응용통계학과, 수학통계학과, 빅데이터응용통계학과

관련교과

확률과 통계, 미적분Ⅰ, 미적분Ⅱ, 경제 수학, 수학과제 탐구, 실용 통계, 세계시민과 지리, 동아시아 역사 기행, 법과 사회, 경제, 국제 관계의 이해, 여행지리, 사회문제 탐구, 정보, 인공지능 기초, 데이터 과학

추천도서

통계로 미리 보는 핵심 키워드 7 (뉴시스 경제부, 원앤원북스, 2024)

이 책은 세종시의 경제부처를 담당하는 뉴시스 경제부 기자들이 경제 현안이나 사회적 관심사, 국제 정세, 평범한 이들의 먹고사는 문제에 이르기까지 통계를 통해 현상을 바르게 분석하여 다가올 미래를 예측하고자 매주 연재했던 기사들을 7개 키워드로 정리해 엮은 것이다. 정치·사회, 산업·기업, 세계, 교육 등 다양한 영역에서 시사점을 제공한다.

- **탐구주제3** 공공요금 인상의 경제적 효과에 대한 통계적 분석
- **탐구주제4** 경제예측을 위한 DSGE모형의 한계에 관한 수학적 분석

065 불공정거래 행위자 정보공개 및 거래제한 제도 : 해외사례를 중심으로

 내용 소개

국내 자본시장에서는 양적 성장이 이루어지고 있지만, 불공정거래 행위는 다양하고 복잡해지면서 근절되지 않고 있다. 이는 불공정거래 행위에 대한 제재 부족이 그 원인으로 지적되고 있다. 이 보고서에서는 불공정거래 행위자의 정보공개 및 거래제한 제도를 해외 사례를 중심으로 살펴보고, 불공정거래 제재 방안으로 불공정거래 행위자에 대한 정보공개와 거래제한을 제안한다.

핵심키워드 불공정거래, 정보공개제도, 거래제한제도, 디지털플랫폼, 경쟁법, 자사우대

출처 | 자본시장연구원(2023)

 **탐구주제**

- **탐구주제1** 공정거래법상 불공정거래행위의 개념 및 유형 탐구
- **탐구주제2** 불공정거래 행위자 정보공개 및 거래제한 제도 해외 사례 분석

 **관련학과**

IT금융경영학과, IT금융학과, IT파이낸스학과, 경영학과, 경제금융학과, 경제학과, 국제금융학과, 글로벌금융학과, 금융경제학과, 금융공학과, 금융보험학과, 금융투자학과, 디지털금융경영학과, 세무학과

 **관련교과**

세계시민과 지리, 세계사, 사회와 문화, 현대사회와 윤리, 정치, 법과 사회, 경제, 사회문제 탐구, 금융과 경제생활, 윤리문제 탐구, 기후변화와 지속가능한 세계, 정보, 인공지능 기초, 데이터 과학, 소프트웨어와 생활, 인간과 경제활동

추천도서

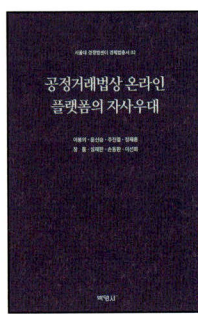

공정거래법상 온라인 플랫폼의 자사우대 (이봉의 외, 박영사, 2023)

이 책은 온라인 플랫폼에서 자사상품의 노출 우선권 등을 이용하는 자사우대 문제를 다룬다. 서울대학교 경쟁법센터에서 개최한 세미나에서 자사우대를 공정거래법상 시장지배적 지위남용과 불공정거래행위로 분류하고 토론을 진행한 결과물을 바탕으로 출간되었다. 자사우대 문제에 대한 연구성과가 부족한 상황에서, 학계 및 실무계에서 널리 활용될 수 있을 것으로 보인다.

- **탐구주제3** 온라인 플랫폼의 자사우대와 불공정거래행위 규제 탐구
- **탐구주제4** 디지털플랫폼의 자사 서비스 우선에 대한 경쟁법의 쟁점 탐구

066 블록체인산업 활성화가 고용에 미치는 영향

내용 소개

이 보고서는 암호화폐 관련 산업을 제외한 블록체인 사업을 영위하는 기업들의 향후 정책 유형에 따른 예상 고용효과 등을 분석하여, 향후 고용 친화적인 정책으로 보완될 수 있도록 시사점 및 정책제언을 제시하고 있다. 특히 기존의 중개자를 필요로 하는 업무가 줄어들어 일부 직종은 사라지지만, 블록체인 기술을 활용한 새로운 서비스와 산업이 더욱 활성화될 것으로 전망한다.

핵심키워드: 블록체인, 암호화폐, 고용영향평가, 고용연계성

출처 | 한국노동연구원(2022)

탐구주제1 블록체인 기술 전면 도입 7대 분야의 고용 영향 분석
탐구주제2 블록체인산업의 노동시장 특성 및 전문인력 양성 방안 탐구

정보보안학과, 정보보호학부, 정보보호학전공, 컴퓨터정보공학부, AI정보보안학과, 정보보안공학과, 정보보안전공, 컴퓨터정보보안학과, 컴퓨터공학과, 소프트웨어공학과, 정보통신공학과, 컴퓨터교육과

미적분Ⅰ, 미적분Ⅱ, 인공지능 수학, 수학과제 탐구, 정치, 법과 사회, 윤리문제 탐구, 물리학, 전자기와 양자, 융합과학 탐구, 기술·가정, 로봇과 공학세계, 생활과학 탐구, 지식 재산 일반, 정보, 인공지능 기초, 데이터 과학, 소프트웨어와 생활

추천도서

크립토 시대 돈은 어떻게 진화하는가? (세실 존, 비전코리아, 2023)

이 책의 저자는 정보기술회사의 최고경영자이자 세계 최초로 블록체인 디지털 워크플레이스를 발명한 세실 존이다. 저자는 책을 통해 비트코인, 암호화폐(Crypto), 블록체인, 대체 불가능 토큰(NFT), 분산형 금융(Defi), 메타버스 등이 우리의 미래에 어떤 의미를 지니는지, 이로 인해 우리의 직업과 비즈니스가 어떻게 달라지게 될 것인지에 대해 생각하게 한다.

탐구주제3 해외 주요국의 블록체인 관련 동향 조사
탐구주제4 암호화폐의 리스크관리를 위한 수학적 방법 탐구

067 블루푸드테크 전문기관의 도입 필요성에 대한 연구

내용 소개

식품산업은 푸드테크 기술을 도입으로 식품시스템의 패러다임 전환을 추구하고 있다. 반면 수산식품산업은 영세성과 경직성으로 인한 변화수용의 어려움은 있으나, 지속가능성 제고를 위해 블루푸드를 주목하고 있다. 이 보고서는 블루푸드에 대한 국내외 논의 동향을 살펴보고, 푸드테크 산업 트렌드 및 현황을 분석하며, 국내 블루푸트테크 관련 전문기관 도입의 필요성을 제안한다.

핵심키워드: 메디푸드, 고령친화식품, 푸드테크, 블루푸드테크, 개인맞춤형 식품, 배양육

출처 | 한국해양수산개발원(2023)

탐구주제

- **탐구주제1** 지속가능한 수산산업을 위한 푸드테크 기술 탐구
- **탐구주제2** 수산식품산업 푸드테크 시장 동향 및 향후 트렌드 분석

관련학과

식품공학과, 농식품경영학과, 바이오식품공학과, 식품가공학과, 식품과학과, 식품산업관리학과, 식품생명공학과, 식품생명화학공학과, 식품영양학과, 식품자원경제학과, 식품조리학과, 외식상품학과, 축산식품생명공학과

관련교과

화학, 생명과학, 화학 반응의 세계, 세포와 물질대사, 생물의 유전, 과학의 역사와 문화, 기후변화와 환경생태, 융합과학 탐구, 기술·가정, 생활과학 탐구, 생애 설계와 자립, 생태와 환경, 인간과 경제활동

추천도서

식품 산업의 新혁명 푸드테크 (정환묵, 스마트산업연구소, 2024)

이 책은 식품산업에서 4차 산업 핵심기술을 이해하고자 하는 독자를 위해 쓰였다. 저자인 정환묵은 한국의 푸드테크(K-FT)가 세계를 선도할 수 있는 가능성이 있다고 주장하며, 향후 다양한 푸드테크 부문에 새로운 기술을 지속적으로 개발해 국제 경쟁력을 높이고, 생산기술과 시스템까지 수출함으로써 혁신성장의 동력으로 발전시켜야 함을 강조한다.

- **탐구주제3** 배양육 기술이 축산업 및 환경에 미치는 영향 탐구
- **탐구주제4** 개인맞춤형 식품 개발을 위한 기술 및 연구 동향 분석

068 비대면 의료서비스의 특성에 따른 적용 필요분야 탐색 연구

내용 소개

이 보고서는 비대면 의료서비스가 필요한 대상과 대상별 필요한 서비스 및 구현 가능한 서비스 등에 대한 연구 결과를 다루고 있다. 이는 향후 비대면 의료서비스 관련 사업 추진을 위한 정책 근거자료 제시를 목적으로 한 것이다. 감염병으로 인한 진료 생태계 변화에 빠르게 대처하고 초고령화 사회에 적합한 비대면 의료서비스 플랫폼을 제안함으로써 국민의 건강한 삶의 질 향상을 도모하고 있다.

핵심 키워드: 비대면 의료서비스, 탐색 연구, 디지털 헬스케어, 원격의료

출처 | 한국보건의료연구원(2022)

탐구주제
- 탐구주제1: 해외 비대면 의료서비스 현황 및 관련 정책 조사
- 탐구주제2: 국내 비대면 의료서비스 필요 대상별 서비스 영역 탐구

관련학과
의료정보학과, 보건행정학과, 간호학과, 공공행정학과, 사회복지학과, 보건경영학과, 보건의료경영학과, 보건의료정보학과, 건강관리학과, 공중보건학과, 산업환경보건학과, 안전보건학과, 의예과

관련교과
확률과 통계, 경제 수학, 실용 통계, 사회와 문화, 사회문제 탐구, 기후변화와 지속가능한 세계, 화학, 생명과학, 화학 반응의 세계, 세포와 물질대사, 생물의 유전, 기후변화와 환경생태, 운동과 건강, 생활과학 탐구, 생태와 환경, 보건

추천도서

국내외 원격의료 산업분석보고서 (비피기술거래 외, 비티타임즈, 2023)

이 책은 의료진과 환자 간의 원격진료에 대해 그 필요성과 실현 가능성을 제시한다. 비대면 의료와 원격의료의 정의, 원격의료의 쟁점과 발전 방향을 살펴보고, 해외 원격진료 현황, 시장 및 기술 동향을 비교하면서 원격의료 산업의 동향을 구체적으로 분석하였다. 그리고 기술혁신과 더불어 사회적 합의, 법·제도 마련, 안정성 검증 또한 필요함을 강조한다.

- 탐구주제3: 국가별 원격의료산업 동향 및 관련 제도 비교
- 탐구주제4: 비대면 의료서비스의 한계점 분석 및 대안 모색

069 비만 및 노화

내용 소개

이 보고서는 전 세계 성인의 40%가 과체중 및 비만에 해당하며, 이와 관련된 대사성질환 및 노화 관련 퇴행성 질환은 인류의 건강을 위협하는 중요 공중보건 문제라는 점에서부터 출발한다. 이 연구는 '생물학적 노령화' 외 '세포노화'에 의한 비만 및 대사성질환과의 연관성을 규명하고 대사성질환의 치료법 개발을 위한 새로운 패러다임을 제시하고자 하였다.

핵심키워드: 비만, 노화, 세포노화, 대사성질환

출처 | 한국연구재단(2023)

탐구주제

- **탐구주제1** 비만이 노화에 미치는 영향 탐구
- **탐구주제2** 한국인의 비만율과 대사성질환의 변화 추이 조사

관련학과

생명과학과, 유전공학과, 간호학과, 나노화학생명공학과, 바이오메디컬학과, 바이오생명공학과, 바이오의약학과, 생명공학과, 생명나노공학과, 생명시스템과학과, 생물학과, 시스템생명공학과, 의예과, 식품생명공학과, 화학과

관련교과

화학, 생명과학, 화학 반응의 세계, 세포와 물질대사, 생물의 유전, 기후변화와 환경생태, 융합과학 탐구, 기술·가정, 생활과학 탐구, 창의 공학 설계, 지식 재산 일반, 정보, 인공지능 기초, 데이터 과학, 소프트웨어와 생활, 생태와 환경, 보건

추천도서

아무도 늙지 않는 세상 (라정찬, 쌤앤파커스, 2023)

이 책은 세계 최초로 '성체줄기세포'의 분리·배양기술을 표준화하고 줄기세포를 보관하는 뱅킹시스템을 확립한 저자가 20년 동안 연구하고 15년간 실용화한 기록을 담고 있다. 자신의 몸에 임상 실험한 이야기와 관절염, 당뇨병, 자가면역질환, 알츠하이머병, 심혈관질환, 폐 질환 등 난치병을 완치한 사례들을 통해 '노화역전', '리버스에이징'의 실현 가능성을 소개한다.

- **탐구주제3** 항노화 기술에 적용되는 생리·화학적 원리 탐구
- **탐구주제4** 비만 치료 및 항노화 시장의 전망 및 관련 기업 동향 탐구

070 비확률표본을 위한 통계적 추론

내용 소개

이 보고서는 통계 분야에서 모집단 추론의 표준이었던 확률표집의 아성이 위협받고 있음을 지적하고, 비확률표본의 기회 및 도전 과제에 대해 정리하여 조사표집 분야에서 비확률표본 활용의 의미를 검토하고자 하였다. 그리고 비확률표본을 확률표본처럼 사용할 수 있는지, 어떤 조건과 접근 방법일 때 가능한지 등을 이론 분석과 모의실험, 적용사례를 통해 제시한다.

핵심 키워드: 비확률표본, 확률표본, 선택편향, 통계적 추론, 모형기반, 유사확률화

출처 | 통계개발원(2023)

탐구주제

- **탐구주제1** 확률표본과 비확률표본의 활용 상의 문제점 비교 분석
- **탐구주제2** 비확률표본을 적용하기 위한 선택편향 조정 절차 탐구

관련학과

통계학과, 경제통계학부, 응용통계학과, 통계데이터사이언스학과, 빅데이터응용통계학과, 수학통계학과, 수리과학부, 수리빅데이터학과, 응용수학과, 정보수학과, 수리통계데이터사이언스학부, 빅데이터융합학과

관련교과

확률과 통계, 대수, 미적분Ⅰ, 미적분Ⅱ, 경제 수학, 인공지능 수학, 실용 통계, 수학과제 탐구, 수학과 문화, 직무 수학, 경제, 사회문제 탐구, 융합과학 탐구, 정보, 데이터 과학, 인공지능 기초, 논리와 사고, 소프트웨어와 생활, 지식 재산 일반

추천도서

빅데이터를 지배하는 통계의 힘 (니시우치 히로무, 비전코리아, 2023)

이 책은 빅데이터 시대에 해독 능력을 위한 통계적 사고를 강조한다. 기업이나 사회 각 분야에서 통계를 활용한 사례를 통해 빅데이터 시대에 실제로 응용 가능한 통계 활용법, 6가지 주요 분야인 사회조사법, 역학생물통계학, 심리통계학, 데이터마이닝, 텍스트마이닝, 계량경제학 등의 개념과 원리를 이해하기 쉽게 안내한다.

- **탐구주제3** 인공지능과 빅데이터의 통계 활용 현황 조사
- **탐구주제4** 의사결정 오류를 방지하는 통계 처리 방법 탐구

071 빅리그 스포츠 스타의 경제적 효과

내용 소개

이 보고서는 최근 한류 관련 품목들의 소비재 수출 성장세에 따라 빅리그 스포츠 스타의 기여도, 소비재 수출 규모 및 구성비, 산업연관표 등을 활용하여 막대한 경제적 파급 효과를 추정하였다. 이에 따라 스포츠 스타산업을 한류의 분야로 적극 육성할 것과 스포츠 마케팅 전문가를 양성하고 국내 유망 소비재 제품 및 기업이 한류와 연계 채널을 강화해야 함을 제안하였다.

핵심 키워드: 빅리그 스포츠 스타, 부가가치유발효과, 소비재 수출 기여도, 생산유발효과

출처 | 현대경제연구원(2023)

탐구주제

- **탐구주제1** 빅리그 스포츠 스타를 통한 경제적 효과 극대화 전략 탐구
- **탐구주제2** 한류 스타의 영향력이 가장 큰 소비재 수출 분야 및 파급효과 분석

관련학과

스포츠마케팅학과, 경제학과, 디지털콘텐츠공학과, 멀티미디어공학과, 모바일공학과, 문화콘텐츠학과, 산업경영공학과, 스포츠산업학과, 스포츠 과학과, 스포츠레저학과, 스포츠응용산업학과, 경영학과, 체육교육학과

관련교과

확률과 통계, 경제 수학, 인공지능 수학, 수학과 문화, 실용 통계, 사회와 문화, 도시의 미래 탐구, 경제, 사회문제 탐구, 금융과 경제생활, 체육1, 체육2, 운동과 건강, 스포츠 문화, 스포츠 과학, 스포츠생활1, 스포츠생활2

추천도서

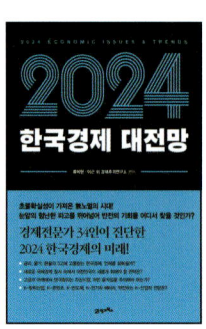

2024 한국경제 대전망 (류덕현 외, 21세기북스, 2023)

이 책은 글로벌 산업환경의 변화, 국내 자산시장과 K-산업의 전망, 정책환경의 변화, 세계 경제 및 한국경제의 동향과 전망까지 총 5장으로 구성되어 있으며, 28명의 각계각층 전문가의 글이 담겨있다. 특히 2024년 한국경제에서 주의 깊게 살펴봐야 할 세 가지 포인트로 금리와 물가, 미·중 갈등과 중국 경제의 회복, 국내 반도체 산업의 반등 여부를 꼽았다.

- **탐구주제3** 국내 반도체 산업 하락 원인에 따른 지원 전략 탐구
- **탐구주제4** 경제 불확실성 속에서 K-산업의 전망과 지속성장을 위한 해법 모색

072 소비자정책지표의 개선방향 및 시사점

내용 소개

이 보고서는 소비자정책지표의 개선 방향과 시사점에 대해 다룬다. 현재 소비자정책지표의 문제점으로는 다음의 세 가지를 들 수 있는데, 첫째, 지표의 적극적인 활용이 부족하다. 둘째, 지표의 측정 방법이 일관성이 없고, 신뢰성이 떨어진다. 셋째, 지표의 범위와 내용이 충분하지 않다. 정부와 기업은 이를 개선하여 건강하고 안전한 소비 환경을 조성해야 함을 시사하였다.

핵심키워드: 소비자정책지표, 소비자문제·피해 경험, 소비생활, 시장, 소비자역량

출처 | 한국소비자원(2023)

탐구주제1 소비자정책 수립을 위한 소비자정책지표 문제점 및 개선 방안 탐구
탐구주제2 소비자후생 증진을 위한 전자상거래 관련 피해 예방 및 대응 방안 탐구

관련학과: 소비자학과, 지식재산융합학과, 경영정보학과, 공공인재학과, 경제학과, 경영학과, 디지털콘텐츠학과, 무역학과, 문화콘텐츠학과, 기술교육과, 법학과, 세무회계학과, 응용통계학과, 벤처창업학과, 산업경영학과

관련교과: 경제, 사회와 문화, 현대사회와 윤리, 도시의 미래 탐구, 정치, 법과 사회, 인문학과 윤리, 국제관계의 이해, 사회문제 탐구, 윤리문제 탐구, 기후변화와 지속가능한 세계, 기술·가정, 정보, 지식 재산 일반, 생애 설계와 자립, 진로와 직업

추천도서

소비자 행동 핵심 개념 (김정현, 커뮤니케이션북스, 2024)

이 책은 소비자 인사이트를 찾기 위한 첫 번째 발걸음으로 소비자 행동 관련 핵심 개념에 대한 이해가 필수적이라는 점에서 기획되었다. 소비자 행동은 개성 및 자아 이미지, 라이프스타일과 가치, 관여도와 브랜드 충성도 등의 영향을 받아 소비자 내부의 욕구, 동기, 지각, 학습, 기억, 태도 등으로 이어지는 10가지 심리적 과정을 근간으로 하여 일어남을 설명한다.

탐구주제3 소비자 및 소비자 행동연구를 위한 융합 학문적 접근법 분석
탐구주제4 소비자 행동에 직접적으로 영향을 미치는 주요 변수 탐구

073 사이버 비행 청소년 상담개입 매뉴얼 개발

내용 소개

이 보고서는 사이버 비행 가해 청소년이 지닌 심리·정서적 특성을 고려하여 재범 예방을 위한 효과적인 상담개입 매뉴얼을 개발하는 것을 목적으로 연구되었다. 특히 사이버 비행 가해 청소년을 전문적으로 상담개입한 경험이 있는 상담자의 요구를 반영하여 실제 상담 장면에서 필요한 개인상담 매뉴얼을 개발하였다. 이를 통해 청소년상담 현장에서의 활용도를 높이고자 한다.

핵심 키워드: 사이버 비행, 청소년, 상담개입 매뉴얼, 회복탄력성, 신체 건강, 정신 건강

출처 | 한국청소년상담복지개발원(2023)

 **탐구주제**

 **탐구주제1** 사이버 비행이 청소년의 학업 성취도에 미치는 영향 탐구
탐구주제2 사이버 비행 상담개입 프로그램의 효과적인 구성요소와 방안 탐구

 **관련학과**

사회복지상담심리학과, 라이프코칭상담학과, 복지상담학과, 사회학과, 상담심리학과, 상담치료학과, 아동복지학과, 아동·청소년교육상담학과, 의료상담학과, 중독재활상담학과, 청소년교육·상담학과, 청소년상담심리학과

 관련교과

직무 의사소통, 매체 의사소통, 언어생활 탐구, 세계시민과 지리, 사회와 문화, 현대사회와 윤리, 윤리와 사상, 인문학과 윤리, 사회문제 탐구, 윤리문제 탐구, 진로와 직업, 인간과 철학, 논리와 사고, 인간과 심리, 교육의 이해, 삶과 종교

추천도서

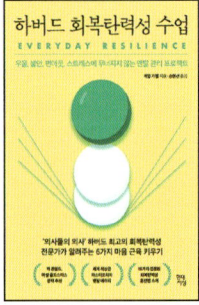

하버드 회복탄력성 수업 (게일 가젤, 현대지성, 2021)

이 책은 현재 삶에서 가장 필요한 '마음백신'인 회복탄력성을 키우는 방법을 담았다. 외부 환경에 따른 우울과 불안, 스트레스에 무너지지 않고 역경과 시련을 극복하는 멘탈의 힘을 '회복탄력성'이라 한다. 저자는 6가지 키워드(대인관계, 유연성, 끈기, 자기조절, 긍정성, 자기돌봄)로 회복탄력성을 설명하며, 다양한 사례와 18가지 훈련법을 제시한다.

탐구주제3 회복탄력성을 향상시키기 위한 심리학적인 전략 탐구
탐구주제4 회복탄력성과 신체 및 정신 건강 간의 관계에 대한 탐구

074 새로운 혁신 성장 방안 딥테크

내용 소개

이 보고서는 새로운 혁신 성장 동력으로 주목해야 할 딥테크 분야에 대해 다룬다. 딥테크는 기존 기술과 달리 기술적 불확실성과 시장 불확실성이 크며 긴 개발기간, 거대자본 지출이 따른다. 하지만 성공 시 기존의 투자를 상쇄할 만큼의 강력한 기술 경쟁력으로 우위를 점할 수 있으며 인류의 근본적 문제 해결을 위한 접근이라는 점에서 글로벌 기업과 국가가 주목하고 있다.

핵심키워드: 딥테크, 문제 중심적 접근, 첨단 과학 기술, 기술 혁신

출처 | 한국지능정보사회진흥원(2023)

탐구주제

- **탐구주제1** 글로벌 딥테크 지원 정책 탐구
- **탐구주제2** 유럽의 딥테크 4대 핵심영역 분류에 따른 기업 현황 조사

관련학과

산업공학과, AI소프트웨어학과, AI융합학과, AI응용학과, IT인공지능학부, 정치학과, 양자시스템공학과, 미디어커뮤니케이션학과 인공지능공학과, 모바일공학과, 휴먼지능로봇공학과, 바이오융합공학과, 스마트융합보안학과

관련교과

기하, 미적분, 인공지능 수학, 실용 통계, 수학과제 탐구, 물리학, 지구과학, 역학과 에너지, 전자기와 양자, 물질과 에너지, 융합과학 탐구, 기술·가정, 로봇과 공학세계, 생활과학 탐구, 정보, 인공지능 기초, 데이터 과학, 소프트웨어와 생활

추천도서

앞으로 10년 부의 거대 물결이 온다 (에릭 레드먼드, 유노북스, 2021)

이 책은 '딥테크'를 일컬어 오늘날 초기 단계를 지나는 중이며 미래에는 엄청난 영향력을 가진 범용 기술로 자리 잡아 존재하기 전의 삶을 떠올리기조차도 힘든 기술이라고 정의한다. 전 세계 자본과 힘이 집중되는 범용 기술의 무제한 융합과 파괴적 혁신을 위한 7가지 딥테크 비즈니스를 소개하며 미래 먹거리를 찾는 리더 및 기업과 개인의 관심을 주목시킨다.

- **탐구주제3** 딥테크 비즈니스 7대 분야 탐구
- **탐구주제4** 국내 딥테크 스타트업 육성 정책 조사

075 생물다양성 보존을 위한 금융회사의 역할

내용 소개

이 보고서는 생물다양성의 중요성과 그에 따른 보존의 필요성을 강조하며, 이를 위해 금융회사가 어떠한 역할을 할 수 있는지를 제시한다. 금융회사는 자금을 제공하고 투자를 통해 생물다양성 보존을 위한 연구 및 활동을 지원할 수 있는데, 이는 자사의 경영에도 긍정적인 영향을 미칠 수 있음을 강조한다. 또한 환경친화적인 금융 제품 개발을 통한 사회적 책임을 제안하였다.

핵심 키워드: 생물다양성, ESG, 지속가능경영

출처 | 하나금융경영연구소(2023)

탐구주제

- **탐구주제1** 생물다양성 리스크가 금융회사에 미치는 영향 탐구
- **탐구주제2** 생물다양성 보존에 기여하는 국내외 금융회사 사례 조사

관련학과

경제금융학부, 금융경제학과, 금융투자학과, 금융보험학과, 국제금융학과, 글로벌금융경영학부, 창업경영금융학과, 디지털금융학과, 생물자원과학부, 생물환경화학과, 농생물학과, 미생물·분자생명과학과, 시스템생물학과

관련교과

사회와 문화, 경제, 사회문제 탐구, 금융과 경제생활, 기후변화와 지속가능한 세계, 기후변화와 환경생태, 융합과학 탐구, 기술·가정, 로봇과 공학세계, 생활과학 탐구 창의 공학 설계, 정보, 인공지능 기초, 데이터 과학, 소프트웨어와 생활

추천도서

생물다양성 경영 (최남수, 새빛출판사, 2023)

이 책은 국내 최초 생물다양성 경영 전문서를 자칭하며 앞으로의 ESG 경영의 핫이슈는 '생물다양성'이 될 것으로 전망하였다. 생물다양성 손실은 기업에 큰 리스크가 되지만 이를 잘 대응하며 자연 친화적인 기업 경영이 이뤄지면 2030년까지 매년 10조 달러의 새로운 기업 가치가 만들어질 것으로 추산함으로써 지속가능한 사회·경제로 나아갈 것을 강조한다.

- **탐구주제3** 생물다양성 리스크에 대응하는 기업 경영 전략 탐구
- **탐구주제4** 쿤밍-몬트리올 글로벌 생물다양성 프레임워크(GBF) 분석

076 생성인공지능이 추동하는 디지털 대전환의 시대, 인공지능과 인간 가치의 공존을 위한 윤리적 모색

내용 소개

이 보고서는 생성인공지능 발전에 따른 디지털 전환 시대에서, 인간 가치와 조화로운 인공지능기술 개발·활용을 위한 인공지능 윤리를 인문학적으로 정립하였다. 개별 영역의 윤리적 쟁점들에 앞서 신뢰성, 안정성 등 윤리원칙들 확인하였고, 인간-기계 관계를 포스트휴먼 관점에서 고찰하여, 인구·교육·예술·노동·생태 영역의 잠재적 위험성을 분석하고 대응 방안을 모색하였다.

핵심 키워드: 생성인공지능, AI윤리, 디지털 대전환, 신뢰성, 편향, 불투명성, 창의성

출처 | 경제·인문사회연구회(2023)

탐구주제
- **탐구주제1** 생성인공지능의 사회적 영향과 윤리적 논쟁 분석
- **탐구주제2** 인공지능과 인간의 상호작용을 통한 협업 방안 탐구

관련학과
철학과, AI소프트웨어학과, AI융합학과, AI응용학과, IT인공지능학부, 정치학과, 외교학과, 사회학과, 문화콘텐츠학과, 미디어커뮤니케이션학과, 인공지능공학과, 모바일공학과, 정보통신공학과, 컴퓨터공학과, 행정학과

관련교과
사회와 문화, 현대사회와 윤리, 윤리와 사상, 인문학과 윤리, 사회문제 탐구, 윤리문제 탐구, 기후변화와 지속가능한 세계, 기술·가정, 로봇과 공학세계, 생활과학 탐구, 창의 공학 설계, 정보, 인공지능 기초, 데이터 과학, 소프트웨어와 생활

추천도서

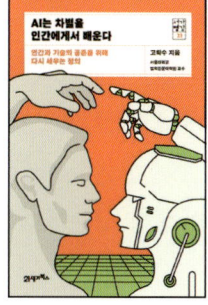

AI는 차별을 인간에게서 배운다 (고학수, 21세기북스, 2022)

이 책은 인공지능 기술 발전에 따른 사회적 영향과 대응 방안을 다루고 있다. 인공지능 기술 수준 진단과 더불어 그 활용에서 파생된 문제점들을 검토하고, 이에 대한 사회적 대비 방안을 모색한다. 기술 발전은 매우 빠르게 진행되고 있고, 그 기술이 우리 생활에 적용되는 속도 또한 빠르기 때문에 인공지능 기술 도입 관련 이슈에 대한 적극적인 논의가 필요하다.

- **탐구주제3** 인공지능 윤리 정립을 위한 인문학적 접근 탐구
- **탐구주제4** 인공지능 창작물의 지적재산권과 윤리적 이슈 분석

077 생성형 인공지능 (Generative AI) 산업 현황 보고서

내용 소개

이 보고서는 생성형 인공지능 기술의 개념과 특징, 적용 분야, 시장 규모 등을 분석하고, 이를 바탕으로 현재 생성형 인공지능 산업의 주요 기업들과 그들의 사업 모델, 기술적 특징 등을 소개한다. 또한, 생성형 인공지능 산업이 성장하면서 발생할 수 있는 문제점과 대응 방안을 제시하며, 국내 정부와 기업들이 적극적으로 대응해야 할 과제들을 제시한다.

핵심키워드 생성형 인공지능(AI), 생성형 AI 시장 현황, 생성형 AI 한계

출처 | 한국저작권위원회(2023)

탐구주제
- **탐구주제1** 생성형 인공지능의 산업 분야별 활용 사례 탐구
- **탐구주제2** 생성형 인공지능의 윤리적 문제와 정책 과제 분석

관련학과
인공지능학과, AI학과, IT인공지능학부, 모빌리티학과, 빅데이터학과, 의료인공지능학과, 빅데이터AI학과, 인공지능응용학과, 인공지능공학과, 인공지능소프트웨어학과, 자율주행AI전공학부, 인공지능로봇공학전공학부

관련교과
미적분Ⅰ, 미적분Ⅱ, 인공지능 수학, 수학과제 탐구, 현대사회와 윤리, 윤리문제 탐구, 물리학, 전자기와 양자, 융합과학 탐구, 기술·가정, 로봇과 공학세계, 창의 공학 설계, 정보, 인공지능 기초, 데이터 과학, 소프트웨어와 생활

추천도서

생성형 AI 사피엔스 (이지은, 생능북스, 2023)

이 책은 생성형 AI의 혁명이 가져올 파장과 변화를 다양한 관점에서 분석하고 예측한다. 이미 현재의 기술이 된 초거대 AI와 다양한 생성형 AI 도구의 발전으로 인해 텍스트, 이미지, 코딩, 오디오, 영상 등 인간이 생산하는 대부분 콘텐츠를 생성할 수 있는 수준에 이르렀다. 그 결과 생성형 AI는 삶의 모든 분야에 혁명적인 변화를 가져오고 있음을 일깨운다.

- **탐구주제3** 생성형 AI를 활용한 비즈니스 유형 조사
- **탐구주제4** 생성형 AI로 인한 미래 사회 전망 탐구

078 생성형 인공지능과 광고

내용 소개

이 보고서는 생성형 AI 기술을 활용한 광고산업의 변화와 전망을 담고 있다. 생성형 인공지능은 가까운 미래에 창의성을 요구하는 다양한 창작작업에 광범위한 영향을 줄 것인데, 특히 광고산업에서 소비자 인사이트 발굴, 고객 세분화, 맞춤화를 통한 광고의 지능화를 선도할 것으로 보인다. 더불어 중소기업을 위한 광고기획 지원 방안과 AI 활용역량의 필요성을 제안한다.

핵심키워드: 지능형 광고, AI 리터러시, 프롬프트 엔지니어링

출처 | 한국방송광고진흥공사(2023)

탐구주제
- 탐구주제1: 인공지능 기반 광고창작 지원 인프라 현황 조사
- 탐구주제2: 소비자의 구매 여정에 따른 AI 광고 활용 사례 분석

관련학과: 홍보광고학과, 인공지능공학과, 인공지능응용학과, AI융합학과, AI응용학과, 광고홍보커뮤니케이션학부, AI빅데이터융합경영학과, AI미디어콘텐츠학과, AI융합미디어창업학과, 인공지능소프트웨어학과, AI기반경영학과

관련교과: 매체 의사소통, 언어생활 탐구, 확률과 통계, 인공지능 수학, 경제 수학, 수학과제 탐구, 경제, 법과 사회, 사회문제 탐구, 융합과학 탐구, 기술·가정, 로봇과 공학세계, 창의 공학 설계, 정보, 인공지능 기초, 데이터 과학, 소프트웨어와 생활

추천도서

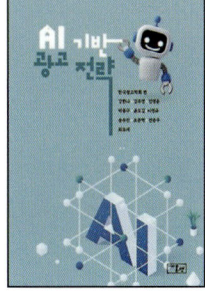

AI 기반 광고 전략 (강한나 외, 온샘, 2023)

이 책은 인공지능이 전체적인 광고와 마케팅 프로세스를 도울 수 있는 무궁무진한 가능성을 가지고 있음을 보여준다. 강한나 외 다수의 공동 저자가 AI 기반 디지털 광고 전략의 현 상황, AI 기반 디지털 광고 전략 활용 사례, AI 기반 디지털 광고 전략의 제약 요인, AI 기반 디지털 광고 전략의 현실적 활용방안의 4개 주제에 따른 시사점을 제시하였다.

- 탐구주제3: AI 기반 맞춤형 광고 실현 방안 탐구
- 탐구주제4: AI 기반 디지털 광고 전략의 제약 요인 분석

079 생성형 인공지능(AI)과 금융산업에의 시사점

내용 소개

이 보고서는 국내외 기업들의 생성형 AI 개발을 위한 글로벌 빅테크 동향과 국내 빅테크 기업의 초거대 AI 개발 동향을 분석하여 생성형 AI 도입에 따른 금융산업의 변화에 대해 전망한다. 특히 가상 비서 등 챗봇, 자금세탁 방지, 내부 감시 등을 위한 AI 사용이 증가하면서 업무효율성과 고객대응 서비스 수준이 향상될 것으로 기대하지만, AI 도입을 위한 선결문제 또한 제언하였다.

핵심키워드 글로벌 빅테크, 금융산업, 생성형 AI 시장, 챗GPT

출처 | 하나금융경영연구소(2023)

탐구주제

- **탐구주제1** 주요 금융기관의 AI 활용 사례 조사
- **탐구주제2** 금융권의 생성형 AI 활용 시 발생 가능한 주요 리스크 분석

관련학과

데이터사이언스학과, 인공지능사이버보안학과, AI데이터융합학부, IT금융경영학과, IT금융학과, 국제금융학과, 금융공학과, 디지털금융학과, 금융경영학과, 금융경제학과, 금융보험학과, 금융정보공학과, 금융투자학과

관련교과

미적분Ⅰ, 미적분Ⅱ, 인공지능 수학, 수학과제 탐구, 경제, 법과 사회, 윤리문제 탐구, 물리학, 전자기와 양자, 융합과학 탐구, 기술·가정, 로봇과 공학세계, 생활과학 탐구, 지식 재산 일반, 정보, 인공지능 기초, 데이터 과학, 소프트웨어와 생활

추천도서

인공지능에 투자하고 싶습니다만 (곽민정 외, 한스미디어, 2023)

이 책은 인공지능은 잘 모르지만 인공지능과 관련된 산업과 기업에 투자하고 싶은 사람들을 위한 '누구나 쉽게 시작할 수 있는 본격 챗GPT와 생성형 AI 투자 교과서'를 표방한다. 특히 구체적으로 인공지능의 핵심 산업과 기업을 분석하여 투자 방법을 소개하며, 인공지능과 관련된 국내 기업 및 해외 기업을 엄선해 각 기업의 미래 전망을 분석하고 있다.

- **탐구주제3** 투자의 관점에서 본 인공지능 기업의 미래 전망 분석
- **탐구주제4** 챗GPT를 활용한 주식모의투자 결과 분석 및 시사점

080 생성형 AI 시대의 국가안보 리스크와 대응 시사점

내용 소개

이 보고서는 생성형 AI의 거시적 위협에 대비하기 위한 국가안보 차원의 파급력을 선제적으로 전망하고 종합적 대응 방향을 제시하는 것을 목적으로 한다. 특히 기술성숙도, 범용성, 정치안보 무기화, 보안 체계의 불확실성 등을 고려하여 향후 발생 가능한 국가안보 시나리오를 예상하고 국가적 안보 위기에 대응하기 위한 방안을 구체적으로 모색하였다.

핵심 키워드: 국가안보, 인공지능, 생성형 AI, 챗GPT, 유해 알고리즘, 영향공작

출처 | 국가안보전략연구원(2023)

탐구주제1 생성형 AI 기술 발전에 따른 국가안보 리스크의 변화 분석
탐구주제2 생성형 AI 시대 국가안보를 위한 법적 규제 및 국제적 협력 방안 탐구

관련학과: 사이버보안학과, 정보통신군사학과, 군사학과, 사이버국방학과, 국방기술학과, 항공보안학과, 무인항공기학과, 무인항공기계학과, 드론응용학과, 드론로봇공학과, 로봇드론공학과, 사이버드론봇군사학과

관련교과: 대수, 미적분Ⅰ, 미적분Ⅱ, 기하, 수학과제 탐구, 정치, 법과 사회, 현대사회와 윤리, 국제 관계의 이해, 윤리문제 탐구 지구시스템과학, 행성우주과학, 융합과학 탐구, 인공지능 기초, 소프트웨어와 생활, 데이터 과학, 지식 재산 일반, 정보

추천도서

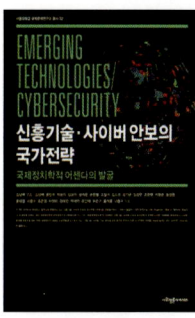

신흥기술·사이버 안보의 국가전략 (김상배 외, 사회평론아카데미, 2023)

이 책은 양적으로 확장되고 질적으로 변화하고 있는 신흥기술·사이버 안보의 국가전략 어젠다를 국제정치학의 시각에서 발굴하기 위한 목적으로 기획·편집되었다. 특히 최근 국제정치학의 하위영역으로 자리매김해 가고 있는 '정보세계정치학'의 관점에서 신흥기술·사이버 안보의 국가전략과 관련된 다양한 주제들을 분석하여 우리의 국가전략을 모색하였다.

탐구주제3 러시아-우크라이나 전쟁의 정보심리전 분석
탐구주제4 남북 사이버 공간의 특성과 한반도의 사이버 긴장 완화를 위한 과제 탐구

081 생성형 AI의 수업 활용 방안

내용 소개

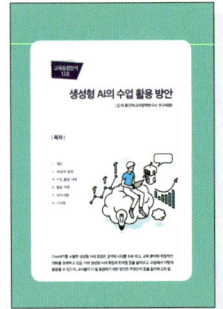

이 보고서는 ChatGPT를 포함한 생성형 AI의 등장으로 교육 분야에 혁명적인 변화가 초래되고 있음에 주목하였다. 이에 생성형 AI의 특징과 발전 과정, 유형 및 종류, 국내·외 교육계의 관련 동향 등을 살펴보고, 초·중등학교 수업에서의 구체적 활용 사례, 지도교사에게 필요한 역량, 활용상의 유의사항, 교사들이 더 잘 활용하기 위한 방안에 대해 제시하였다.

핵심 키워드 대화형 AI 챗봇, ChatGPT 확장 프로그램, 책임, 주체

출처 | 전북교육정책연구소(2023)

- **탐구주제1** 생성형 AI의 교육적 활용에 관한 국내·외 동향 분석
- **탐구주제2** 초·중등교육에서의 생성형 AI 활용 수업 사례 및 유의점 탐구

관련학과 교육공학과, 교육학과, 윤리교육과, 사회교육과, 초등교육과, 가정교육과, 기술교육과, 과학교육과, 국어교육과, 영어교육과, 수학교육과, 역사교육과, 음악교육과, 특수교육과, 체육교육과, 일반사회교육과, 지구과학교육과

관련교과 미적분Ⅰ, 미적분Ⅱ, 인공지능 수학, 수학과제 탐구, 현대사회와 윤리, 법과 사회, 경제, 사회문제 탐구, 윤리문제 탐구, 물리학, 역학과 에너지, 전자기와 양자, 융합과학 탐구, 기술·가정, 지식 재산 일반, 정보, 인공지능 기초, 교육의 이해

추천도서

예고된 변화 챗GPT 학교 (송은정, 테크빌교육, 2023)

이 책은 챗GPT의 기본개념과 교육자들이 생성형 AI를 알아야 하는 이유를 분명하게 제시한 뒤, 교육실무 업무별 실전 활용법과 사례, 샘플을 상세히 안내한다. 특히 연령가 문제, 할루시네이션, 환경문제, 저작권과 소유권 등 AI와 관련된 교육분야 핵심 이슈 14개를 모아 해설하고 미래사회가 요구하는 역량을 기르기 위한 교육에 관해 자세히 설명하고 있다.

- **탐구주제3** AI의 시대, 인간 교육자의 필요성 탐구
- **탐구주제4** 생성형 AI와 관련된 교육분야 핵심 이슈 탐구

082 생성형 AI의 지식재산 법제 이슈

내용 소개

이 보고서는 거대한(large-scale) 데이터 기반 학습을 완료한 AI모델을 이용하거나 또는 AI모델에 의해 생성된 결과물과 관련된 지식재산 이슈에 대해 검토하고 시사점을 제시하고자 하였다. 연구 결과, AI가 지식재산의 대중화를 이끌고 있기 때문에, 지식재산 제도는 다양한 창작물을 포함할 수 있도록 변화되어야 하며, AI 관련 규제시행에도 주목해야 함을 시사한다.

핵심 키워드 챗GPT, 산업재산권법 이슈, 저작권법 이슈

출처 | 한국지식재산연구원(2023)

탐구주제
- 탐구주제1: 생성형 AI의 산업재산권법 관련 이슈 탐구
- 탐구주제2: 생성형 AI의 저작권 관련 이슈에 따른 정책과제 모색

관련학과
법학과, 인문콘텐츠학부(지적재산권전공), 기업융합법학과, 사회안전학과, 문예창작학과, 공연영상창작학부, 웹문예학과, 실용콘텐츠창작학과, AI미디어콘텐츠학과, AI융합미디어창업학과, AI콘텐츠디자인학과

관련교과
화법과 언어, 독서와 작문, 매체 의사소통, 경제 수학, 법과 사회, 사회와 문화, 경제, 사회문제 탐구, 금융과 경제생활, 미술, 미술 창작, 미술과 매체, 음악과 미디어, 음악 연주와 창작, 지식 재산 일반, 소프트웨어와 생활, 인간과 경제활동

추천도서

이제는 알아야 할 저작권법 (정지우 외, 마름모, 2023)

이 책은 작가이자 문화평론가로서 콘텐츠 창작자들의 생태계를 누구보다도 더 잘 알고 있는 저자가 현직 변호사의 관점에서 쓴 책이다. 일반인의 눈높이에 맞춘 생생한 비유와 예시로 저작권의 기본 개념을 재미있게 설명했으며 콘텐츠 창작자들이 가장 많이 질문하는 저작권 문제를 총망라해 실전에서 바로 응용할 수 있는 내용으로 구성했다.

- 탐구주제3: 딥페이크 영상물의 저작권 이슈 탐구
- 탐구주제4: 저작권 침해의 판단 기준 및 저작권 침해 시 대응 방안 탐구

083 선택실험을 이용한 비대면 의료 소비자 선호 연구

내용 소개

이 보고서는 선택실험을 이용해 소비자들이 어떤 비대면 의료 서비스를 선호하는지와 그 이유를 분석한 것이다. 연구 결과, 소비자들은 비대면 진료보다는 비대면 처방 및 약 배송 서비스를 더 선호하였으며, 이는 편리성과 비용 절감 등의 이유로 설명되었다. 또한, 성별, 연령, 건강 상태 등의 인구통계학적 요인이 소비자들의 선호도에 영향을 미치는 것으로 나타났다.

핵심 키워드: 이산선택실험, 원격의료, 디지털 헬스, 비대면 의료

출처 | 한국보건사회연구원(2022)

탐구주제
- 탐구주제1: 비대면 의료 서비스의 활성화를 위한 정책 방안 탐구
- 탐구주제2: 소비자가 선호하는 비대면 의료 서비스 특징 및 이유 분석

관련학과: 산업보건학과, 의료복지학과, 스마트의료정보학부, 공공행정학과, 공공인재학과, 사회복지학과, 보건경영학과, 보건의료경영학과, 보건의료정보학과, 보건행정학과, 건강관리학과, 공중보건학과, 의예과

관련교과: 사회와 문화, 경제, 현대사회와 윤리, 한국지리 탐구, 도시의 미래 탐구, 정치, 법과 사회, 인문학과 윤리, 사회문제 탐구, 윤리문제 탐구, 생명과학, 인공지능 기초, 로봇과 공학세계, 데이터 과학, 정보, 생활과학 탐구, 생태와 환경, 보건

추천도서

디지털 헬스케어는 어떻게 비즈니스가 되는가 2
(김지원, 클라우드나인, 2023)

이 책은 코로나 팬데믹 이후 급변하는 디지털 헬스케어 시장에서 국내 디지털 헬스케어의 비즈니스 모델의 가능성을 내다보고 디지털 헬스케어가 주류 의료로 진입하기 위한 과정과 방법을 다루고 있다. 의료에서 중요하게 생각하는 가치 탐색에서부터 가치를 인정받기 위한 임상시험, 보험 적용, 의료 현장 적용까지의 과정을 다룬다.

- 탐구주제3: 국내·외 원격진료 기업 현황 조사
- 탐구주제4: 디지털 헬스케어를 둘러싼 쟁점 탐구

084 세계화의 재구성

내용 소개

이 보고서는 기존 세계화 구도에 대해 탈세계화가 아닌 '재세계화(re-globalization)'로 대응할 것을 강조한다. 현재의 글로벌 시장에서 각국이 취해야 하는 이상적 전략은 상대국에 부정적 영향을 줄 수 있는 정책을 자제하고 상호 신뢰에 기반한 협력을 통해 경기하강, 보호주의 정책의 강화, 글로벌 무역 둔화, 성장률 둔화로 이어지는 악순환에서 벗어나는 것임을 시사한다.

핵심 키워드: 반도체 지정학, 리쇼어링, 무역침체, 무역 개방, 소득불평등, 재세계화, 레그테크

출처 | 경제·인문사회연구회(2023)

탐구주제1 개방과 무역자유화가 글로벌 산업 구조에 미치는 영향 분석

탐구주제2 미국의 '혁신 경쟁법'과 중국의 '일대일로(一帶一路)' 전략에 대한 평가 및 시사점 도출

관련학과: 글로벌경제학과, 국제통상학과, e-비즈니스학과, 경영정보학과, 경영학과, 경제학과, 국제경영학과, 국제통상물류학과, 글로벌경영학과, 글로벌비즈니스학과, 금융보험학과, 금융학과, 무역학과, 비즈니스컨설팅학과, 세무학과

관련교과: 확률과 통계, 경제 수학, 실용 수학, 실용 통계, 경제, 수학과제 탐구, 사회와 문화, 세계시민과 지리, 국제 관계의 이해, 사회문제 탐구, 금융과 경제생활, 기후변화와 지속가능한 세계, 기후변화와 환경생태, 인간과 경제활동, 데이터 과학

추천도서

세계화의 종말과 새로운 시작 (마크 레빈슨, 페이지2북스, 2023)

이 책은 운송, 통신 기술의 발전으로 이룩한 현대의 가치가 지난 200년 동안 진행된 현상의 한 단계에 불과할 뿐이라며 세계화를 일축한다. 그리고 앞으로의 제4차 세계화는 서비스와 아이디어의 확산이 중요해지고 제조업과 생산업의 비중은 확연히 줄어들어 컨테이너 상자 대신 개인의 서비스가 전 세계를 시장으로 삼을 것이라 전망하고 있다.

탐구주제3 글로벌 '리쇼어링' 사례 분석 및 시사점 도출

탐구주제4 레그테크Regteck, RT를 활용한 규제관리의 글로벌 현황 탐구

085 수소 시대의 도래, 기업의 13가지 기회

내용 소개

이 보고서는 수소 밸류체인 단계별로 시장의 주요 이슈를 파악하고 이를 극복하는 과정에서 나타나는 비즈니스 기회 13가지를 도출하였다. 특히 수소 유형(그린, 청록, 블루, 그레이) 중 결국 넷제로를 위한 수단으로서는 그린수소 생산이 해답이라고 보았으며 탄소경제에서 수소경제로의 에너지 전환이 본격화되고 있으므로 이에 선제적으로 대응할 것을 강조하였다.

핵심키워드: 수소경제, 밸류체인, 그린 수소, 탄소중립, 초기단계 스케일업

출처 | 삼정KPMG 경제연구원(2023)

탐구주제
- 탐구주제1: 수소 에너지 시대 기업의 비즈니스 기회 탐구
- 탐구주제2: 글로벌 수소 생산 시장 규모 및 경쟁환경 분석

관련학과
미래에너지공학과, 에너지시스템공학과, 에너지과학과, 나노에너지화학과, 미래에너지융합학과, 수소시스템공학과, 스마트에너지시스템학과, 에너지공학과, 에너지융합공학과, 에너지자원공학과, 환경에너지공학과, 무역학과

관련교과
대수, 미적분Ⅰ, 미적분Ⅱ, 기하, 수학과제 탐구, 기후변화와 지속가능한 세계, 물리학, 지구과학, 역학과 에너지, 지구시스템과학, 전자기와 양자, 기후변화와 환경생태, 기술·가정, 창의 공학 설계, 지식 재산 일반, 정보, 생태와 환경

추천도서

수소경제의 과학 (김희준 외, 사회평론, 2023)

이 책은 두 명의 과학박사가 인류를 기후위기에서 구해낼 구원자로 꼽히는 수소와 다가오는 수소경제 시대에 꼭 알아야 할 과학적 원리와 자연의 원리를 어렵지 않게 설명한다. 특히 탄소를 대체할 새로운 에너지원으로 수소가 떠오른 이유, 수소와 탄소의 에너지 함유량, 운송 수단에서의 수소 활용 현황 등을 과학기술적 분석과 사회경제적 통찰로 풀어준다.

- 탐구주제3: 수소의 물리적 상태와 화학적 변화에 따른 최적의 저장 방식 탐구
- 탐구주제4: 수소 연료전지의 전해질과 주 촉매에 관한 전기 화학적 반응 탐구

086 수의사 대상 동물학대 진료 경험 및 동물학대 대응체계 조사

내용 소개

이 보고서는 수의사를 대상으로 한 동물학대 진료 경험 조사 결과를 담고 있다. 조사 결과, 수의사의 94.6%가 동물학대 환자 진료 경험이 있다고 답변했으나 실제 신고율은 6.3%에 불과했다. 하지만 96.2%가 향후 동물학대 시 관련 기관에 적극적으로 협조하겠다고 답변하였다. 동물학대 예방을 위해 수의사 대상 동물학대 대응 매뉴얼 마련 및 의무교육 실시가 필요하다고 제안한다.

핵심키워드: 수의사, 동물학대, 동물실험, 윤리적 문제, 동물실험 대체 기술

출처 | 한국동물복지연구소(2023)

- **탐구주제1**: 동물학대 예방을 위한 수의사 역할 제고 방안 탐구
- **탐구주제2**: 동물학대 예방을 위한 사회교육 프로그램 개발 탐구

관련학과: 수의학과, 동물보건복지학과, 동물보건생명과학과, 동물보건학과, 동물산업융합학과, 동물생명공학과, 동물생명자원학과, 동물의료관리과, 반려동물관리학과, 반려동물보건학과, 반려동산업학과, 생명자원학과, 특수동물학과

관련교과: 화학, 생명과학, 지구과학, 물질과 에너지, 화학 반응의 세계, 세포와 물질대사, 생물의 유전, 지구시스템과학, 기후변화와 환경생태, 융합과학 탐구, 기술·가정, 생활과학 탐구, 진로와 직업, 생태와 환경, 보건, 인간과 경제활동

추천도서

동물이 만드는 지구 절반의 세계 (장구, 21세기북스, 2023)

이 책은 인간과 동물의 관계를 재정립하고 동물과 과학에 대한 시야를 넓혀준다. 우리는 동물에 대해 얼마나 잘 알고 있을까? 동물과 인간은 서로에게 필요한 존재일까? 과연 진정한 의미의 공존은 가능한 것일까? 이러한 질문들에 대한 해결을 통해, 결국 지구라는 공동체에서 인간과 동물은 공존하고 상생해야 하는 관계임을 강조한다.

- **탐구주제3**: 현대 수의사의 역할과 분야에 대한 탐구
- **탐구주제4**: 동물실험의 윤리적 문제 해결을 위한 동물실험 대체 기술 연구 동향 탐구

087 수출 기업의 기후변화 대응 현황 및 시사점

내용 소개

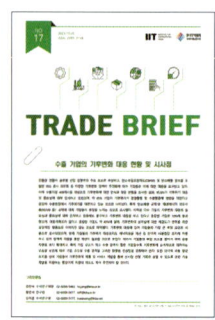

이 보고서는 수출기업을 대상으로 기후변화 대응 현황에 대해 조사하여 분석한 것이다. 기업들은 기후변화 대응을 요구받고 있지만, 대응계획이 없는 기업이 약 40%에 달하며, 비용 부담을 가장 큰 원인으로 꼽았다. 따라서 정책적 지원을 통한 부담 개선과 맞춤형 컨설팅, 관련 기술 개발을 지원하는 중장기적 차원의 제도를 적극 추진할 필요성이 있음을 제안한다.

핵심키워드

수출기업, 기후위기, 탄소배출 규제, 비용 부담, 대응방안

출처 | 한국무역협회(2023)

탐구주제

- **탐구주제1** 국내·외 기업의 기후변화 대응 우수 사례를 통한 시사점 도출
- **탐구주제2** 우리나라 수출 기업의 기후변화 대응을 위한 중·단기 정책지원 방안

관련학과

국제통상학과, 기후에너지시스템공학과, 기후환경에너지학과, 기후변화융합학부, 미래에너지공학과, 에너지공학과, 에너지과학부, 대기과학과, 대기환경과학과, 환경공학과, 지구환경과학과, 글로벌무역학과, 무역유통학과

관련교과

미적분Ⅰ, 미적분Ⅱ, 인공지능 수학, 수학과제 탐구, 경제, 세계시민과 지리, 한국지리 탐구, 도시의 미래 탐구, 기후변화와 지속가능한 세계, 지구시스템과학, 기후변화와 환경생태, 융합과학 탐구, 기술·가정, 정보, 생태와 환경

추천도서

기후기술의 시대 (문승희, 위즈덤하우스, 2023)

이 책은 기후기술을 향한 각국 정부의 움직임을 톺아보며 기후기술이 어떤 흐름으로 나아가고 있는지를 살펴본다. 먼저 기후기술의 다양한 연구 분야, 주목할 만한 기업과 투자 동향을 소개한다. 그리고 기후위기가 촉발한 탄소배출권 거래제, 임팩트 투자, 제로 웨이스트, 넷제로 등을 친절하게 설명하며 모든 사람들에게 새로운 세상의 뉴 트렌드를 제시한다.

- **탐구주제3** '넷제로 시티 NetZeroCity' 조성 사례 조사
- **탐구주제4** 기후변화에 대응하기 위한 기업의 리스크 유형 분석

088 순환경제와 이차전지 재사용·재활용

내용 소개

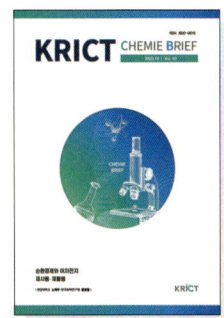

이 보고서는 최근 사용이 급증하고 있는 이차전지를 사용한 후 매립이나 소각을 통해 폐기하지 않고 유용한 자원으로 반복 사용하는 순환형 시스템 방안을 다루고 있다. 천연자원을 채취 및 사용하여 제품을 생산하고 소비한 후 폐기하는 기존의 선형경제는 자원고갈과 환경오염이라는 심각한 문제를 유발하기 때문에 이는 선형경제를 대체하기 위한 대안적 수단으로 주목을 받고 있다.

핵심키워드: 순환경제, 선형경제, 이차전지 산업과 순환경제

출처 | 한국화학연구원(2023)

탐구주제
- **탐구주제1** 순환경제 관련 정책 동향에 대한 탐구
- **탐구주제2** 순환경제를 통한 이차전지 산업의 활성화 방안

관련학과
화학공학과, 공업화학과, 그린화학공학과, 나노화학공학과, 바이오화학공학과, 신소재화학공학과, 에너지화학공학과, 응용화학공학과, 응용화학과, 재료화학공학과, 화학공학교육과, 화학공학부, 화학생명공학과, 환경공학과

관련교과
미적분Ⅰ, 미적분Ⅱ, 수학과제 탐구, 법과 사회, 물리학, 화학, 역학과 에너지, 물질과 에너지, 전자기와 양자, 화학 반응의 세계, 기후변화와 환경생태, 융합과학 탐구, 기술·가정, 창의 공학 설계, 정보, 생태와 환경

추천도서

순환경제 시대가 온다 (피터 레이시 외, 전략시티, 2017)

이 책은 혁신적인 스타트업 기업들은 물론이고 글로벌 선두 주자들이 어떻게 순환경제를 실행하고 있는지, 그들만을 위한 순환 우위를 창출하는 과정에서 배울 점은 무엇인지를 보여주고 있다. 전 세계 120여 기업의 사례 분석, 심층 인터뷰, 고객들을 통한 경험, 경제적 분석과 모델링 등을 통해 우위를 확보할 수 있는 순환경제 수단을 안내하고 있다.

- **탐구주제3** 순환경제의 5가지 뉴 비즈니스 모델 탐구
- **탐구주제4** 가치를 창출하는 5가지 순환 역량에 관한 탐구

089 쉽게 활용하는 RE100 핸드북

내용 소개

이 보고서는 최근 탄소중립 이슈에 따라 기업활동 과정에서 필요로 하는 소비 전력의 100%를 재생에너지로 충당하는 'RE100'과 일주일 동안 매일 24시간 내내 모든 소비 전력을 무탄소 전력원을 통해 생산된 전력으로 대체한다는 '24/7 CFE' 규제를 다룬다. 이에 각각의 특징 비교, 국내·외 기업의 가입 현황, 참여 대상과 범위, 이행 수단, 대응 가이드를 안내하고 있다.

핵심키워드: RE100, 24/7 CFE, 무탄소에너지원, RE100회원 이행보고 가이드

출처 | 한국ESG연구소(2023)

탐구주제
- 탐구주제1: 'RE100'과 '24/7CFE'의 특징 분석
- 탐구주제2: 글로벌 대표 기업과 국내 기업의 RE100 이행현황 비교 탐구

관련학과
에너지자원공학과, 미래에너지공학과, 에너지시스템공학과, 에너지과학과, 나노에너지화학과, 미래에너지융합학과, 수소시스템공학과, 스마트에너지시스템학과, 에너지융합공학과, 환경에너지공학과, 글로벌통상학과

관련교과
대수, 미적분Ⅰ, 미적분Ⅱ, 기하, 수학과제 탐구, 기후변화와 지속가능한 세계, 물리학, 지구과학, 역학과 에너지, 지구시스템과학, 전자기와 양자, 기후변화와 환경생태, 경제, 기술·가정, 창의 공학 설계, 지식 재산 일반, 정보, 생태와 환경

추천도서

솔직하고 대담한 에너지 이야기 (장마르크 장코비시, 탐, 2023)

이 책은 에너지가 무엇인지부터, 우리 사회가 에너지를 어떻게 쓰고 있는지, 사는 방식을 바꾸기 위해 무엇을 해야 하는지까지 자세하게 다룬다. 과학, 환경, 역사, 경제, 기술 분야를 넘나들며 기후와 에너지 분야 전문가인 저자와 크리스토프 작가가 정치적 편견 및 비과학적 신념을 벗고 토론하는 방식으로 솔직하고 대담한 이야기를 펼친다.

- 탐구주제3: 기후위기 대안으로서 원자력발전의 적합성 검토
- 탐구주제4: 해외 기업의 RE100 이행 요구 실태 및 국내 피해 현황 조사

090 스마트농업 확산에 대응한 농업인 역량 강화 방안

내용 소개

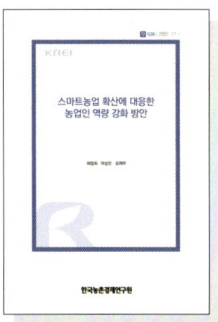

이 보고서는 스마트농업의 보급 확산에 대응한 농업인의 역량 강화 실태를 진단하고 이를 개선하기 위한 정책 과제를 제시하는 것을 목적으로 작성되었다. 가속화되는 디지털 경제사회로의 전환에 대응하고, 식량안보 증진을 위한 농업의 생산성 제고와 기후 위기 대응 및 환경오염 문제 해소 등을 위해 농업의 디지털 혁신에 기반한 스마트농업의 사례와 시사점을 제언하였다.

핵심 키워드 스마트농업, 농업인 역량 강화, 디지털 농촌지도사업

출처 | 한국농촌경제연구원(2023)

탐구주제
- **탐구주제1** 스마트팜 도입의 장애 요인 분석 및 대안 탐구
- **탐구주제2** 국내 스마트농업 육성 정책에 따른 스마트팜 보급 현황 조사

관련학과
농업시스템학과, 스마트팜생명과학과, 스마트농업학과, 원예·농업자원경제학부, 농생물학과, 바이오식품영양학부, 식량자원학과, 생명자원학부(식량생명공학전공), 농경제유통학부, 식품자원경제학과, 식품생명공학과

관련교과
경제, 도시의 미래 탐구, 세계시민과 지리, 사회와 문화, 현대사회와 윤리, 사회문제 탐구, 국제 관계의 이해, 금융과 경제생활, 윤리문제 탐구, 생명과학, 기후변화와 지속가능한 세계, 기후변화와 환경생태, 기술·가정, 정보, 인간과 경제활동

추천도서

인류 최후의 블루오션 팜비즈니스 (류창완, 쌤앤파커스, 2023)

이 책은 AI를 비롯한 첨단기술과 결합 중인 농업이야말로 인류 최후의 블루오션으로 전망하고 있다. 도시 바로 옆에서 작물의 생장 상태와 외부환경을 완벽히 통제하는 스마트팜, 제초에서 수확까지 모든 농작업을 스스로 학습하며 수행하는 AI 농업로봇, 고객의 취향에 맞춘 완벽한 맞춤 제조형 DIY 식품 등 최근 팜비즈니스의 동향과 향후 방향을 다룬다.

- **탐구주제3** 농업발전에 이바지한 기술의 변천과정 탐구
- **탐구주제4** 글로벌 스타트업 리포트를 통한 팜비즈니스 동향 조사

091 스포츠 인권 헌장 - 스포츠 인권 가이드라인

내용 소개

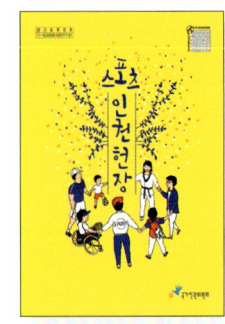

스포츠 분야의 신체·언어적 폭력, 성폭력, 학습권 침해 등의 인권 침해 실태가 심각한 수준에 다다랐다. 이에 본 보고서는 체육정책 관계자, 지도자, 운동선수 및 시민들이 알아야 할 스포츠의 참 의미와 신체활동의 사회적 역할을 천명하기 위하여 제정된 '스포츠 인권 헌장'과 '스포츠 인권 가이드라인'에 대해 안내하고 있다.

핵심키워드: 스포츠권, 스포츠 인권 헌장, 스포츠 인권 가이드라인

출처 | 국가인권위원회(2023)

탐구주제
- **탐구주제1** 학생선수 최저학력제 적용의 쟁점 분석
- **탐구주제2** 스포츠권의 보편적 기본권으로서의 인식 전환을 위한 과제 탐구

관련학과
스포츠건강관리학과, 스포츠복지학과, 스포츠건강학과, 스포츠레저학과, 스포츠지도학과, 스포츠교육학과, 체육학과, 체육교육학과, 교육학과, 건강운동관리학과, 레저스포츠학과, 사회체육학과, 생활체육학과, 경호학과

관련교과
법과 사회, 사회와 문화, 현대사회와 윤리, 윤리와 사상, 인문학과 윤리, 사회문제 탐구, 체육1, 체육2, 운동과 건강, 스포츠 문화, 스포츠 과학, 스포츠 생활1, 스포츠 생활2, 아동발달과 부모, 생애 설계와 자립, 보건, 인간과 철학, 인간과 심리

추천도서

스포츠 사회와 윤리 (문개성, 박영사, 2024)

이 책은 스포츠 사회학을 토대로 스포츠 윤리론의 관점에서 현대의 스포츠와 정치와의 관계, 스포츠 산업화에 따른 스포츠 상업주의, 스포츠 문화·미디어의 관련된 현상을 분석하였다. 더불어 스포츠 교육의 역할, 스포츠 인권, 스포츠와 계층 이동, 스포츠 불평등, 스포츠 일탈의 유형, 스포츠 집단과 조직의 정책, 미래사회 과제 등을 다양하게 다룬다.

- **탐구주제3** 스포츠권 사각지대 조사 및 해결 방안 탐구
- **탐구주제4** '핫 미디어 스포츠'와 '쿨 미디어 스포츠'를 통한 스포츠 산업의 성공 전략 탐구

092 승리의 열쇠 디지털 – 스포츠 산업의 디지털 전환

내용 소개

이 보고서는 한국 딜로이트 그룹이 스포츠 업계에 적용된 다양한 디지털 전환 사례와 ICT 기술 활용에 대한 인사이트를 담아 발표한 것이다. 4차 산업혁명으로 디지털 기술들이 스포츠 산업에 본격적으로 적용되며 스포츠는 더 이상 신체 능력과 체력이 전부가 아닌 디지털 기술에 기반한 전략과 전술로 승부가 갈리고 있다. 이에 스포츠 산업의 디지털 전환을 중점적으로 다룬다.

핵심 키워드
인공지능, 빅데이터, EPTS(전자 성능 추적 시스템), 스포츠 팬

출처 | 딜로이트(2023)

탐구주제1 스포츠 산업의 수익 창출을 위한 신규 영역 탐구
탐구주제2 빅데이터와 인공지능을 통한 경기력 향상 사례 조사

관련학과
스포츠응용산업학과, 스포츠융합경영학과, 스포츠마케팅학과, 글로벌스포츠산업학부, 스포츠교육학과, 스포츠레저산업학과, 스포츠매니지먼트전공, 스포츠비즈니스학과, 스포츠앤테크놀로지학과, e스포츠산업학과

관련교과
법과 사회, 사회와 문화, 현대사회와 윤리, 윤리와 사상, 인문학과 윤리, 사회문제 탐구, 체육1, 체육2, 운동과 건강, 스포츠 문화, 스포츠 과학, 스포츠 생활1, 스포츠 생활2, 아동발달과 부모, 생애 설계와 자립, 보건, 인간과 철학, 인간과 심리

추천도서

뉴 스포츠 비즈니스 인사이트 (박성배, 인물과사상사, 2023)

이 책은 프로야구부터 국가 대표 용병, 올림픽과 FIFA 월드컵, 메가 스포츠 이벤트를 둘러싼 마케팅, 대학 스포츠, 프로 선수들의 연봉 책정까지 스포츠 산업에 관한 흥미롭지만 때로는 암울하고 안타까운 사정들을 다룬다. 나아가 스포츠 산업계 트렌드 전반을 설명하고 그린 스포츠와 양극화 극복 등 스포츠 산업이 나아가야 할 방향을 제시한다.

탐구주제3 역대 국제 스포츠 대회 유치를 통한 경제적 효과 분석
탐구주제4 메가 스포츠 이벤트를 둘러싼 기업의 마케팅 사례 조사

093 식의약 R&D 이슈 보고서 (마이크로니들)

내용 소개

이 보고서는 세계경제포럼(WEF)에서 장래 사회를 변화시킬 수 있는 10대 유망 기술 중 하나로 선정한 '마이크로니들' 기술을 집중적으로 다룬다. 마이크로니들은 기존 의약품의 불편함을 개선할 강력한 대안이자 차세대 약물 전달 시스템으로서 각국이 주목하고 있으며, 글로벌 기업과 국내 기업은 관련 기술의 상용화를 통해 경쟁 우위를 차지하기 위해 연구에 매진하고 있는 중이다.

핵심키워드: 마이크로니들(microneedles), 패치, 마이크로스피어(microsphere), 특허 출원

출처 | 식품의약품안전평가원(2023)

탐구주제

- **탐구주제1** 마이크로니들 기술의 상용화를 위한 핵심 이슈 탐구
- **탐구주제2** 국내·외 마이크로니들 기업의 기술개발 및 특허출원 현황 분석

관련학과

의생명공학과, 생명공학과, 글로벌바이오메디컬공학과, 나노화학생명공학과, 바이오생명공학과, 바이오화학공학과, 분자생명공학과, 생명정보공학과, 시스템생명공학과, 화학생명공학과, 혁신신약학과, 바이오의약학과

관련교과

미적분Ⅰ, 미적분Ⅱ, 수학과제 탐구, 현대사회와 윤리, 인문학과 윤리, 윤리문제 탐구, 화학, 생명과학, 물질과 에너지, 화학 반응의 세계, 세포와 물질대사, 생물의 유전, 융합과학 탐구, 인공지능 기초, 정보, 로봇과 공학세계, 보건

추천도서

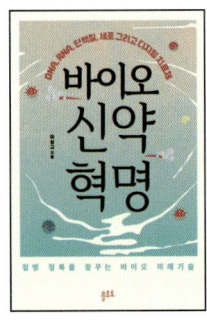

바이오 신약 혁명 (이성규, 플루토, 2023)

이 책은 바이오 신약 기술은 물론이고, 신약 개발의 현황, 바이오 창업, 의대 열풍, 비대면 진료를 포함한 사회적 이슈까지도 광범위하게 다룸으로써 신약 개발과 바이오 의약품의 미래를 그릴 수 있도록 한 안내서이다. 바이오 테크놀로지 세계에서도 손꼽히는 혁신인 바이오 의약품의 다양한 영역을 소개하고, 앞으로 어떤 바이오 기술이 각광받을지 예측한다.

- **탐구주제3** 백신 개발과정의 모럴 해저드 moral hazard 사례 탐구
- **탐구주제4** 우리나라 바이오 신약 개발 현황 및 과제 탐구

094 식의약 R&D 이슈보고서 (오가노이드)

내용 소개

이 보고서는 차세대 생명공학의 유망한 시스템인 '오가노이드 기술'을 다룬다. 오가노이드란 실험동물 또는 인체에서 유래한 세포의 자가조직화 능력을 이용해 3차원 증식을 유도하고 이를 생체모델시스템으로서 활용하는 생명공학 기술이다. 이렇게 재현된 유사장기가 질환 모델링, 질병 메커니즘 연구, 신약개발 플랫폼 구축 등 다양한 분야에서 활용될 수 있음을 시사하고 있다.

핵심키워드: 오가노이드, 세포의 자가조직화, 유사장기

출처 | 식품의약품안전평가원(2023)

- **탐구주제1**: 오가노이드 기술 관련 주요 이슈 탐구
- **탐구주제2**: 주요 국가의 오가노이드 분야별 및 특허 출원 현황 분석

관련학과: 생명공학과, 혁신신약학과, 바이오의약학과, 임상의약학과, 의생명과학과, 바이오헬스케어학과, 백신생명공학과, 스마트바이오학과, 항노화신소재과학과, 바이오-로봇시스템공학과, 바이오소재과학과, 분자유전공학과

관련교과: 확률과 통계, 경제 수학, 인공지능 수학, 직무 수학, 수학과 문화, 실용통계, 화학, 생명과학, 화학 반응의 세계, 세포와 물질대사, 생물의 유전, 과학의 역사와 문화, 기후변화와 환경생태, 융합과학 탐구, 운동과 건강, 기술·가정, 생태와 환경

추천도서

질병 정복의 꿈, 바이오 사이언스 (이성규, MID, 2023)

이 책은 과학전문기자인 저자가 다소 딱딱한 생명과학의 주제들을 재미있는 이슈와 에피소드를 통해 쉽게 다가가고자 쓴 책의 최신 개정판이다. 암을 비롯한 각종 난치병과 당뇨, 비만, 노화와 같은 익숙한 질환 그리고 에이지와 같은 여러 감염병을 다루며 치료법의 대립, 기업 논리, 생명윤리, 과학발전의 대립 등을 생생하게 전달하고 있다.

- **탐구주제3**: 유전형에 따른 질병의 발생 기전 탐구
- **탐구주제4**: mRNA 백신의 치료 원리와 부작용에 관한 탐구

095 식의약 R&D 이슈 보고서 (의료용로봇)

내용 소개

이 보고서는 최근 우리 사회의 인구 고령화, 의료비 증가, 의료 인력 부족 등의 문제 해결을 위해 수술, 재활, 약물 치료 지원, 환자 이동 등 다양한 의료용 로봇에 대한 수요가 증가하고 있음을 지적한다. 의료용 로봇은 환자의 건강 회복에 직접적인 도움을 제공함으로써 삶의 질 향상은 물론 의료인력 부족 문제 해소에 기여할 것으로 전망하고 있다.

핵심키워드: 의료용 로봇, 인구 고령화, R&D 투자 지원

출처 | 식품의약품안전평가원(2023)

탐구주제

- **탐구주제1** 국내·외 의료용 로봇의 제품·서비스 동향 조사
- **탐구주제2** 고령화에 따른 K-로봇 헬스케어 시장의 규모와 전망

관련학과

로봇공학과, AI로봇학과, 휴먼지능로봇공학과, 바이오-로봇시스템공학과, 스마트헬스케어학과, 디지털헬스케어학과, 바이오헬스케어학과, 스포츠헬스케어학과, 실버헬스케어학과, 헬스케어복지학과, 헬스케어운동학과

관련교과

미적분Ⅰ, 미적분Ⅱ, 인공지능 수학, 수학과제 탐구, 경제, 현대사회와 윤리, 윤리문제 탐구, 물리학, 전자기와 양자, 융합과학 탐구, 기술·가정, 로봇과 공학세계, 창의공학 설계, 정보, 인공지능 기초, 데이터 과학, 소프트웨어와 생활

추천도서

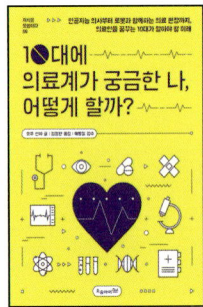

10대에 의료계가 궁금한 나, 어떻게 할까? (오쿠 신야, 오유아이, 2022)

이 책은 의대에 관심이 있지만, 막상 의료계가 어떤 곳인지 잘 모르는 10대들을 위한 것이다. 의료계 진로 관련 책들이 주로 의대에 가기 위해 필요한 정보를 담은 것과 달리, 이 책은 의료계가 어떤 환경이고, 가까운 미래에는 어떻게 달라지는지 알려준다. 의료계에서 일하고 싶은 10대들이 미래에 꼭 알아야 할 지식을 친절한 예시와 함께 자세히 설명한다.

- **탐구주제3** 국내 의료용 수술로봇 도입 사례 조사
- **탐구주제4** 의료용 로봇 도입에 따른 의료계 고용 환경 변화 전망 탐구

096 식의약 R&D 이슈 보고서 (합성생물학)

내용 소개

이 보고서는 디지털기술을 기반으로 하여 기존에 존재하지 않는 생물체의 구성요소나 시스템을 설계, 구축하는 접근방식으로 모든 산업에 개입 가능성을 가진 기술로 주목받는 '합성생물학'에 대해 다룬다. 이는 표준화된 바이오 부품을 이용해 새로운 생물 구성 요소 및 게놈으로 대표되는 바이오 시스템 자체를 합성하는 것으로, 생명과학에 공학적 원리를 적용하고 있다.

핵심키워드 합성생물학, DNA 설계, 바이오파운드리, LMO(유전자변형생물체)법

출처 | 식품의약품안전평가원(2023)

탐구주제1 국가별 합성생물학 육성 전략 비교 분석
탐구주제2 합성생물학의 한계 극복을 위한 발전 단계별 기술혁신 탐구

관련학과
생명과학과, 생물학과, 생물환경화학과, 미생물·분자생명과학과, 생명정보융합학과, 바이오제약공학과, 유전공학과, 분자유전공학과, 생화학과, 유전생명공학과, 분자생명공학과, 백신생명공학과, 시스템생물학과

관련교과
확률과 통계, 미적분Ⅰ, 미적분Ⅱ, 수학과제 탐구, 국제 관계의 이해, 사회문제 탐구, 기후변화와 지속가능한 세계, 화학, 물질과 에너지, 화학 반응의 세계, 생명과학, 기후변화와 환경생태, 융합과학 탐구, 기술·가정, 정보, 생태와 환경

추천도서

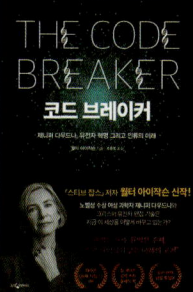

코드 브레이커 (월터 아이작슨, 웅진지식하우스, 2022)

이 책은 2020년 노벨 화학상 수상자이자 크리스퍼 유전자 편집 기술의 선구자, 세계적인 여성 과학자 제니퍼 다우드나의 삶을 밀도 있게 그려낸다. 박테리아가 바이러스로부터 자신을 방어하는 후천적 면역체계인 크리스퍼 시스템의 작동 메커니즘을 세계 최초로 규명하는 과정과 이후 인간 유전자 편집 도구로 전환되는 크리스퍼 기술의 발전사를 다룬다.

탐구주제3 국내 대체식품 시장의 윤리적 이슈 및 전망 탐구
탐구주제4 미국과 우리나라의 유전자가위CRISPR-Cas9기술 관련 특허권 분쟁 탐구

097 생산인구 확충을 위한 유휴인력의 경제활동 촉진 방안

내용 소개

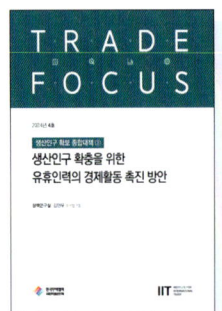

이 보고서는 우리나라의 생산연령인구(15~64세) 감소에 따른 산업 현장의 심각한 인력난을 해소하고 생산인구를 확충하기 위한 '생산인구 확보 종합대책' 시리즈의 3번째 발간 자료이다. 이번 3편에서는 현재 경제활동에 참여하지 않고 있는 약 328만 명 규모의 유휴인력(경력단절여성·중장년퇴직자·비근로청년)을 맞춤·공생·관심의 관점에서 경제활동으로 이끄는 정책을 제언한다.

핵심키워드: 생산인구, 유휴인력, 경력단절여성, 중장년퇴직자, 비근로청년

출처 | 한국무역협회(2024)

탐구주제

- **탐구주제1** 중장년퇴직자의 경제활동 촉진을 위한 국가별 정책 탐구
- **탐구주제2** 우리나라 유휴인력의 세부 집단 유형 및 추정 규모 탐구

관련학과

경제학과, 행정학과, 공공인재학과, 공공행정학과, 고용서비스정책학과, 공공정책학과, 통계학과, 법학과, 노인복지학과, 경영학과, 글로벌경영학과, 일반사회교육과, 사회복지학과, 사회학과, 노동복지전공, 창업평생교육학과

관련교과

세계시민과 지리, 사회와 문화, 현대사회와 윤리, 도시의 미래 탐구, 경제, 정치, 법과 사회, 인문학과 윤리, 국제관계의 이해, 사회문제 탐구, 윤리문제 탐구, 기후변화와 지속가능한 세계, 진로와 직업, 생태와 환경, 인간과 경제활동

추천도서

경제학이 필요한 순간 (김현철, 김영사, 2023)

이 책은 의사이자 경제학자인 저자가 삶과 사회를 진단하고 치료하는 방법으로 경제학을 활용한 접근을 시도한 내용을 담고 있다. 이를 위해 당위와 직관이 아닌 실험과 데이터로 정책의 문제점을 진단하고 조언하며, 엄마 뱃속에서 무덤까지, 생애주기에 필요한 보건·교육·노동·돌봄 및 복지 정책을 아우르는 생활밀착형 경제학으로 행복한 사회의 조건을 짚어 준다.

- **탐구주제3** 비근로청년의 증가 원인 및 대책 탐구
- **탐구주제4** 정년, 주휴수당, 실업급여를 중심으로 한 한국사회 노동의 딜레마 탐구

098 신생아 대상 선별 유전자 검사에 대한 임상 가이드라인

내용 소개

이 보고서는 신생아를 대상으로 출생 시 증상 존재 여부와 관계없이 조기 진단으로 치료에 도움이 될 수 있는 질환에 대해 미리 알고 대처할 수 있도록 도입된 '신생아 선별검사(Neonatal Screening Test)'에 대한 정보와 기준을 제시한다. 이는 선별검사의 부작용 및 오남용을 막고, 건강한 일반 아이를 대상으로 시행되는 선별 유전자 검사에 대한 임상적 판단기준을 제공한다.

핵심키워드 신생아 선별 유전자 검사, 임상 가이드라인, 생명윤리법

출처 | 보건복지부(2022)

탐구주제

- **탐구주제1** 신생아 대상 선별 유전자 검사 가이드라인 분석 및 보완점 탐구
- **탐구주제2** 신생아 대상 선별 유전자 검사로 진단 가능한 선천성 대사이상질환 탐구

관련학과

의예과, 법학과, 임상의약학과, 임상병리학과, 상담·임상심리학과, 보건의료정보학과, 보건정책관리학부, 보건안전학과, 생명보건학부, 융합보건학과, 유전생명공학과, 생명시스템과학과, 바이오메디컬정보학과, 유전공학과

관련교과

화학, 생명공학, 역학과 에너지, 전자기와 양자, 화학 반응의 세계, 세포와 물질대사, 생물의 유전, 과학의 역사와 문화, 기후변화와 환경생태, 융합과학 탐구, 기술·가정, 로봇과 공학세계, 생물과학 탐구, 창의 공학 설계, 생태와 환경

추천도서

DNA의 거의 모든 과학 (전방욱, 이상북스, 2023)

이 책은 이상북스 출판사가 출간한 '지속가능한 세상을 위한 청소년 시리즈'의 여섯 번째로 분자생물학의 새로운 시대를 연 DNA의 발견 과정부터 DNA와 관련된 과학 지식 전반을 쉽고 체계적으로 설명한다. 나아가 클로닝, PCR, 염기서열 결정, 크리스퍼 유전자가위 등 위력적인 동시에 사용하는 데 상당한 책임감을 요구하는 DNA 기술에 대해서도 다루었다.

- **탐구주제3** ADHD와 관련된 유전자 변이 및 치료법 분석
- **탐구주제4** 유전자 염기서열 기반의 범죄 예방·대처 가능성 및 윤리적 쟁점 탐구

099 신약개발 글로벌 트렌드 분석 : 유전자·세포 치료제
(Gene & Cell Therapy)

내용 소개

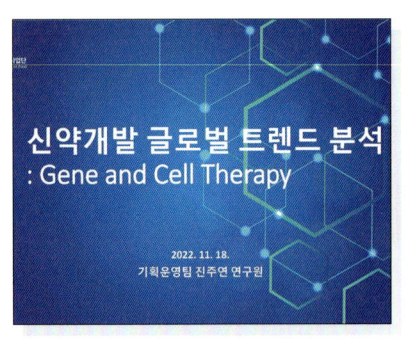

이 보고서는 기존에 치료가 어려웠던 다양한 만성질환 및 암, 노화 관련 질환에 대한 새로운 치료 방식인 유전자 변형 세포 치료제를 분석한 자료이다. 특히 글로벌 '세포·유전자치료제(CGT)' 시장의 규모와 성장 추이를 분석하여 향후 세포 치료제가 항암제 분야에서 큰 시장을 형성할 것으로 전망하였으며, 이를 글로벌 제약기업의 세포·유전자치료제 파이프라인 현황을 비교하여 제시하였다.

핵심키워드: 세포치료제, 유전자·세포치료제, 파이프라인, CAR-T, 빅딜

출처 | 국가신약개발사업단(2022)

탐구주제

- **탐구주제1** '세포·유전자치료제' 산업 성장의 촉진 요인 조사
- **탐구주제2** 면역세포치료제 CAR-T의 시장화 전략 성공을 위한 해결 과제 탐구

관련학과

바이오제약공학과, 바이오신약의과학부, 혁신신약학과, 제약생명공학과, 유전생명공학과, 분자유전공학과, 화학생명과학과, 시스템생물학과, 의생명과학과, 생물학과, 생명과학과, 생명공학과, 의학과, 바이오메디컬학과

관련교과

화학, 생명과학, 지구과학, 물질과 에너지, 화학 반응의 세계, 세포와 물질대사, 생물의 유전, 지구시스템과학, 기후변화와 환경생태, 융합과학 탐구, 기술·가정, 생활과학 탐구, 진로와 직업, 생태와 환경, 보건, 인간과 경제활동

추천도서

인간은 왜 인간이고 초파리는 왜 초파리인가 (이대한, 바다출판사, 2023)

이 책은 예쁜꼬마선충, 초파리와 같은 작은 동물들과 함께 진화를 연구하는 유전학자가 진화유전학의 관점에서 생명의 존재에 관한 레시피를 다룬다. 인간과 초파리로 생명의 운명이 다른 이유는 40억 년의 진화를 통한 유전적 레시피가 다르기 때문인 것으로 설명하며 이러한 과정에서 많은 논쟁적 주제들에 대해 우연성과 필연성을 교차하며 답을 찾는다.

- **탐구주제3** 역노화 기술의 연구·개발 현황 조사
- **탐구주제4** 발병 확률이 높은 유전질환과 후성유전학의 가능성 탐구

100 양자 컴퓨터의 발전과 보안 암호에의 영향

내용 소개

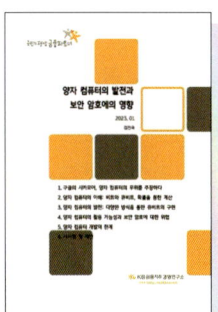

이 보고서는 양자 역학의 특성을 이용해 기존 컴퓨터와는 다른 방식으로 동작하는 양자 컴퓨터의 발전과 이것이 현시대 사이버보안에 있어 어떠한 영향을 미칠 수 있는지를 다룬다. 양자 컴퓨터는 슈퍼 컴퓨터를 능가하는 초고속 연산이 가능하여 주요 산업에 파급력 있는 활용이 가능하다. 이에 양자 컴퓨터 개발이 지닌 한계를 극복하며 지속적 관심과 모니터링이 필요함을 제언하였다.

핵심 키워드: 양자 컴퓨터, 보안 암호, RSA 암호 알고리즘, 쇼어 알고리즘, 비트와 큐비트

출처 | KB금융지주경영연구소(2023)

탐구주제

- **탐구주제1** 양자 컴퓨터 도입의 효용성이 큰 산업분야 탐구
- **탐구주제2** RSA 암호화 방식의 한계 및 양자 보안암호기술 개발 현황

관련학과

컴퓨터공학과, 물리학과, 양자물리학과, 나노반도체공학과, 반도체전자공학과, 사이버보안학과, 스마트융합보안학과, 스마트정보통신공학과, 전자공학부, 지능·데이터융합학부, 지능형반도체공학과, ISE학과, HCI사이언스전공

관련교과

사회와 문화, 경제, 사회문제 탐구, 금융과 경제생활, 기후변화와 지속가능한 세계, 기후변화와 환경생태, 융합과학 탐구, 기술·가정, 로봇과 공학세계, 생활과학 탐구 창의 공학 설계, 정보, 인공지능 기초, 데이터 과학, 소프트웨어와 생활

추천도서

괴짜 교수 크리스 페리의 빌어먹을 양자역학 (크리스 페리, 김영사, 2024)

이 책은 괴짜 교수로 불리는 호주의 양자물리학자가 세상에서 가장 웃기고 기발한 필력으로 어려운 양자물리학을 재미있게 접근할 수 있도록 해준다. 특히 저자가 양자 헛소리와 진짜 양자역학을 구분 짓도록 제시하는 일상적 사례를 유머러스하게 접근하며 유사과학에 휘둘리지 않고 제대로 양자물리학에 입문할 수 있도록 자연스럽게 안내한다.

- **탐구주제3** 양자 컴퓨터의 '양자 중첩'과 '양자 얽힘'에 대한 탐구
- **탐구주제4** 슈뢰딩거 방정식을 활용한 양자 컴퓨터의 원리 탐구

101 언론사의 숏폼 콘텐츠 전략 사례와 이용 연구

내용 소개

이 보고서는 국내와 해외 언론사의 숏폼 콘텐츠의 특징적 유형과 전략을 조사하고 언론사 숏폼 콘텐츠에 대한 이용 현황 및 이용자 인식에 관해 분석한 결과를 정리한 것이다. 숏폼 동영상이 새로운 저널리즘 양식으로 부상하면서 언론사들이 Z세대나 알파세대 등 새로운 이용자층을 발굴하고 숏폼 동영상을 통해 지속적인 수익을 창출할 수 있는 방안을 모색하도록 제언하였다.

핵심키워드
언론사, 숏폼 콘텐츠, 선호도, 저널리즘

출처 | 한국언론진흥재단(2023)

탐구주제

- **탐구주제1** 해외 언론사와 국내 언론사의 숏폼 콘텐츠 전략 비교
- **탐구주제2** 지속적 구독으로 이어지는 언론사 숏폼의 이용자 경험 분석

관련학과

언론홍보학과, 언론영상학과, 언론정보학과, 정치·언론학과, 정보사회미디어학과, 신문방송학과, 방송영상학과, 행정·언론미디어학부, 실용콘텐츠창작학과, 광고홍보학과, 미디어커뮤니케이션학과, AI미디어학과, 영상문화학과

관련교과

화법과 언어, 독서와 작문, 주제 탐구 독서, 직무 의사소통, 매체 의사소통, 미디어 영어, 사회와 문화, 도시의 미래 탐구, 인문학과 윤리, 사회문제 탐구, 생활과학 탐구, 미술 창작, 음악과 미디어, 미술과 매체, 논리와 사고, 지식 재산 일반

추천도서

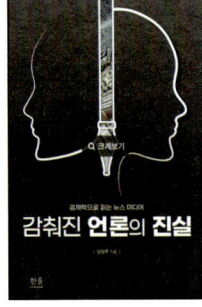

감춰진 언론의 진실 (양상우, 한울아카데미, 2023)

이 책은 언론과 언론 현상에 관한 경제학자들의 견해와 학문적 성과를 모아 소개한다. 언론학의 연구나 설명으로는 이해하기 어려웠던 언론의 본성이나 실상을 합리적으로 설명하고, 언론에 관한 그간의 잘못된 통념들도 효과적으로 깨우쳐준다. 뉴스의 공급과 소비에 영향을 주고받는 요인들에 대해 언론인뿐만 아니라 일반인도 알기 쉽게 전달한다.

- **탐구주제3** 숏폼 트렌드가 뉴스 품질에 미치는 영향 탐구
- **탐구주제4** 언론사의 수익구조와 소비자의 확증 편향성 간의 상관관계 탐구

102. 에듀테크 활용 미술 수업에서 미술 활동에 대한 흥미가 수업 만족도에 미치는 영향

내용 소개

이 보고서는 디지털 시대에 필수적인 감성과 소양을 키우기 위해 에듀테크를 활용한 미술교육의 필요성을 제시하고 있다. 가상현실(VR) 활용 수업과 미술·과학 융합 프로그램의 실제 사례를 바탕으로 학생들의 창의성, 융합적 사고, 흥미 증진 및 자기효능감 향상 효과를 분석하고, 자기주도학습 능력 개발을 통해 미술교육의 새로운 방향을 탐색하는 것을 목적으로 한다.

핵심키워드 미술 에듀테크, 미술수업, 자기효능감, 수업만족도

출처 | 경기도교육연구원(2024)

탐구주제

- **탐구주제1** 에듀테크 기반 미술교육이 학생들의 감성지능 향상에 미치는 영향 탐구
- **탐구주제2** 에듀테크를 활용한 미술 수업이 학생의 표현력 향상에 미치는 효과 분석

관련학과

게임디자인학과, 교육공학과, 디지털미디어학과, 미디어커뮤니케이션학과, 미술교육과, 멀티미디어학과, 산업디자인학과, 소프트웨어융합학과, 시각디자인학과, 인공지능융합학과, 인터랙션디자인학과, 컴퓨터교육과

관련교과

세계시민과 지리, 사회와 문화, 한국지리 탐구, 도시의 미래 탐구, 정치, 법과 사회, 경제, 윤리와 사상, 인문학과 윤리, 여행지리, 기후변화와 지속가능한 세계, 미술, 미술 창작, 미술 감상과 비평, 미술과 매체, 기술·가정, 창의 공학 설계

추천도서

모두가 성공하는 디지털 미술 활동 (김보법 외, 테크빌교육, 2024)

이 책은 미술에 어려움을 느끼는 학생들이 디지털 도구로 미술의 즐거움을 경험하도록 창작 활동을 구성하고 있다. 일상과 밀착된 디지털 미술활동을 제시하고, 미술의 체험·표현·감상 영역을 아우르며 교과 융합이 가능하도록 구성하였다. 프로그램 사용법 및 효과적인 감상 수업 가이드까지 제공하고 있어 미술 교사를 꿈꾸는 학생들에게 유용한 책이다.

- **탐구주제3** 디지털 도구 활용 미술 수업이 기존 수업 대비 학습 만족도에 미치는 영향 탐구
- **탐구주제4** 교과 융합형 디지털 미술 수업이 학습자의 융합적 사고력에 미치는 영향 탐구

103 엑소좀의 의약학적 응용

내용 소개

이 보고서는 난치성 질환의 진단 및 치료용 약물전달시스템에서부터 화장품에 이르기까지 광범위한 의약학적 응용 가능성이 대두되고 있는 '엑소좀(exosome)'에 관한 연구이다. 이는 세포를 직접 사용하지 않고, 세포가 분비하는 다양한 생체물질을 패키지로 포함하는 운반체 형태로 활용상 장점이 크며 면역반응 및 종양위험도가 낮고 저장이 용이하여 주목받고 있다.

핵심 키워드
엑소좀, 세포밖소포체, 차세대 약물 전달체 및 치료제

출처 | 한국연구재단(2022)

 **탐구주제**
- **탐구주제1** 최근 엑소좀 관련 국내·외 연구 동향 조사
- **탐구주제2** 엑소좀 기반 치료제의 시장화를 위한 주요 해결 과제 탐구

 **관련학과**
의예과, 의생명과학과, 바이오제약공학과, 바이오신약의과학부, 혁신신약학과, 제약생명공학과, 유전생명공학과, 분자유전공학과, 화학생명과학과, 시스템생물학과, 생물학과, 생명과학과, 생명공학과, 바이오메디컬학과

 **관련교과**
화학, 생명과학, 지구과학, 물질과 에너지, 화학 반응의 세계, 세포와 물질대사, 생물의 유전, 지구시스템과학, 기후변화와 환경생태, 융합과학 탐구, 기술·가정, 생활과학 탐구, 진로와 직업, 생태와 환경, 보건, 인간과 경제활동

추천도서

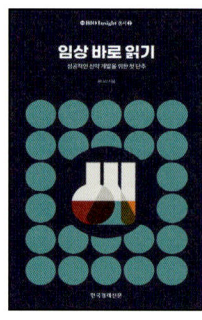

임상 바로 읽기 (윤나리, 한국경제신문, 2023)

이 책은 국내 바이오 기업 중 신진 임상기법을 도입하며 국내 임상시험 시장을 이끄는 지아이이노베이션의 윤나리 임상부문장이 신약 개발의 성공의 첫 단추인 임상시험의 전략 수립부터 실행, 분석까지의 전 과정을 글로벌 빅파마의 다양한 임상 사례 위주로 풀어냈다. 성공한 신약의 임상 과정과 최신 임상시험 트렌드를 통해 효율적인 추진 전략을 안내한다.

- **탐구주제3** 초기 임상시험에서 바이오마커 선정의 중요성 및 전략 탐구
- **탐구주제4** 최신 임상 설계 트렌드 '바스켓·심리스·적응형 임상시험' 기법 탐구

104. 엔데믹 전환 이후, 여행 관련 산업의 변화

내용 소개

이 보고서는 엔데믹 전환 이후 보복심리와 함께 폭발하고 있는 여행 수요 증가에 따른 관련 산업인 항공, 호텔, 면세점의 최근 현황 및 향후 전망, 제반여건의 변화에 대해 정리하였다. 특히 국제 여객 이동 정상화와 중국의 자국 면세점 육성 변화에 따른 여행 관련 업종에 미치는 영향을 분석하고 향후 주요 리스크 및 고려사항과 이에 대한 대응 방안을 함께 제시하고 있다.

핵심키워드: 여행 산업, 항공, 호텔, 중국의 자국 면세점 육성

출처 | 삼일PwC경영연구원(2023)

탐구주제
- **탐구주제1** 국제 여객 이동 정상화가 여행 관련 업종에 미치는 영향도 분석
- **탐구주제2** 엔데믹 이후 여행 관련 업계의 주요 리스크 분석 및 대응 방안 모색

관련학과
관광학과, 관광개발학과, 관광경영학과, 관광컨벤션학과, 공공인재학과, 공공행정학과, 국제관광학과, 건축공학과, 글로벌항공서비스학과, 도시공학과, 문화관광경영학과, 문화관광학과, 스마트관광학과, 지리학과, 행정학과

관련교과
세계시민과 지리, 사회와 문화, 현대사회와 윤리, 한국지리 탐구, 도시의 미래 탐구, 정치, 법과 사회, 경제, 인문학과 윤리, 사회문제 탐구, 윤리문제 탐구, 기후변화와 지속가능한 세계, 기후변화와 환경생태, 생태와 환경, 인간과 경제활동, 영어 발표와 토론, 심화 영어

추천도서

여행자의 눈으로 본 관광개발 (정란수, 백산출판사, 2023)

이 책은 관광산업이나 관광 트렌드에 관심이 있거나, 여행을 좋아하는 일반인, 그리고 관광개발에 대한 업무를 직접 또는 간접적으로 접하는 공무원, 기업인, 관광종사자 누구나 쉽게 볼 수 있는 교양서의 성격을 지니고 있다. 내용은 여행과 관광의 최신 트렌드를 총 5개의 챕터로 구성하고 있어 향후 관광산업의 발전 방향을 전망하는 데 도움을 준다.

- **탐구주제3** 관광의 융복합 트렌드 사례 조사 및 새로운 관광산업 아이디어 제안
- **탐구주제4** 온라인 체계로 재편되는 관광산업 트렌드 분석

105. 엔터테인먼트·미디어 산업의 미래를 향한 콘텐츠 다양화 전략

내용 소개

이 보고서는 최근 국내 콘텐츠 시장에서 서브컬처 콘텐츠, 즉 다양한 비주류 콘텐츠의 수요가 증가하고 있는 배경과 음악, 영상, 웹툰·웹소설, 게임 등 콘텐츠 분야별 사례를 다룬다. 아울러 기업이 어떻게 변화하는 트렌드에 대응하고 있는지 콘텐츠 밸류체인별로 나누어 전략을 분석하고 콘텐츠 기업의 지속 성장을 위해 주목해야 할 5가지 요소로 S.T.A.G.E.를 제시하였다.

핵심 키워드 엔터테인먼트·미디어 산업, 문화 콘텐츠, 서브컬처, 버츄얼 유튜버

출처 | 삼정KPMG 경제연구원(2023)

탐구주제

- **탐구주제1** 국내 콘텐츠 산업의 리스크 분석 및 해결 방안 탐구
- **탐구주제2** '서브컬처' 콘텐츠 글로벌 수요 확대의 원인 및 사례 탐구

관련학과

미디어콘텐츠학과, 미디어커뮤니케이션학과, 경영학과, 경영정보학과, 경제학과, 국제경영학과, 국제물류학과, 국제통상학과, 글로벌경영학과, 글로벌비즈니스학과, 무역학과, 문화콘텐츠학과, 사회학과, 소비자학과

관련교과

화법과 언어, 독서와 작문, 주제 탐구 독서, 직무 의사소통, 매체 의사소통, 미디어 영어, 사회와 문화, 도시의 미래 탐구, 인문학과 윤리, 사회문제 탐구, 생활과학 탐구, 미술, 미술 창작, 미술 감상과 비평, 미술과 매체, 창의 공학 설계

추천도서

AI 시대 챗GPT 리터러시를 만나다 (김미진 외, 광문각출판미디어, 2023)

이 책은 AI 시대를 살아가는 생존법으로 디지털 리터러시에서 미디어 리터러시, 인공지능 리터러시 역량을 다루며, 디지털 기업가 정신을 키워 주는 안내서이다. 챗GPT가 가져온 우리 사회의 혁신적 변화에 대응하고 살아남기 위해 변화의 트렌드를 이해하고 핵심 기술을 활용할 줄 아는 리터러시 역량은 더 이상 선택 사항이 아닌 생존을 위한 필수 전략이다.

- **탐구주제3** 긱Gig 이코노미 트렌드 전망 분석
- **탐구주제4** 디지털·미디어·인공지능 리터러시에 기반한 '1인 기업 창업 프로젝트(안)' 작성

106 엔화 환율 변동이 우리 수출에 미치는 영향

내용 소개

이 보고서는 최근 외환시장에서 일본 엔화 평가절하가 우리나라의 수출에 미치는 영향을 분석했다. 엔/달러 환율의 상승은 우리나라와 경쟁 관계에 있는 일본 수출의 경쟁력이 강화되어 우리나라 총수출의 감소(-)를 가져올 것으로 예상하였다. 이에 수출 주력 업종의 생산성 제고와 비교우위 개선이 필요함을 제언하였다.

핵심 키워드: 엔화 환율 변동, 한-일 수출경합도, 수출단가, 수출물량

출처 | 한국무역협회(2023)

탐구주제

- **탐구주제1** 미국의 금리 변동이 원화 환율과 국내 경제에 미치는 영향 탐구
- **탐구주제2** 美·中 시장에서의 주요 품목별 한·일 수출경합도 산출 결과 분석

관련학과

무역학과, 국제통상학과, 국제무역학과, 무역물류학과, 무역유통학과, 국제무역통상학과, 금융공학과, 금융경제학과, 금융학과, 경제금융학과, 경제통상학과, 경제학과, 경영학과, 경제무역학부, 경제통계학부, 국제금융학과

관련교과

확률과 통계, 미적분Ⅰ, 미적분Ⅱ, 경제 수학, 수학과제 탐구, 실용 통계, 정치, 법과 사회, 경제, 국제 관계의 이해, 금융과 경제생활, 사회문제 탐구, 기술·가정, 생활과학 탐구, 정보, 데이터 과학, 제2외국어, 인간과 경제활동

추천도서

나는 달러로 경제를 읽는다 (백석현, 위너스북, 2024)

이 책은 현 신한은행 S&T센터의 환율 전문 연구원이자 기업 환율 상담가로 일하고 있는 저자가 금융시장의 경제 현상들을 환율이라는 관점에서 조명한다. 세계 통화의 기준인 달러화의 영향력, 금리와 주가, 환율 사이의 상관관계와 그 외 다양한 경제 현상들의 실제를 이해할 수 있는 예시를 통해 경제 흐름을 이해하고 시장을 전망하는 안목을 갖게 한다.

- **탐구주제3** 기축통화 및 기축통화국의 역할과 영향력 탐구
- **탐구주제4** 국제수지, 무역수지, 경상수지에 관한 비교 분석

107 여성의 건강과 삶의 질을 높이는 기술, 펨테크

내용 소개

이 보고서는 여성의 건강 관리와 삶의 질 향상에 초점을 맞추는 기술과 서비스를 의미하는 '펨테크(femtech)' 산업에 관해 분석하였다. 펨테크는 월경, 임신, 수유, 갱년기 등 여성의 신체적·심리적 고민을 해결하는 서비스산업으로 시장 전망을 긍정적으로 평가하였으며, 국내·외 펨테크 산업의 주요 서비스 영역의 비교를 통해 국내 펨테크 산업의 차별화 전략을 모색한다.

핵심키워드
펨테크(femtech), 여성의 생애주기, 헬스케어 서비스

출처 | KB금융지주경영연구소(2023)

탐구주제
- **탐구주제1** 해외 펨테크 서비스 대비 국내 펨테크 서비스의 차별화 전략 탐구
- **탐구주제2** 국내 보험사 헬스케어 서비스의 펨테크 연계 필요성 및 수익성 전망

관련학과
스마트헬스케어학과, 보건관리학과, 휴먼케어학과, 뷰티케어학과, 푸드케어학과, 스포츠헬스케어학과, 바이오메디컬정보학과, 뷰티메디컬학과, 항노화신소재학과, 스마트통합치유학과, 헬스케어복지학과, 실버케어복지학과

관련교과
사회와 문화, 현대사회와 윤리, 정치, 법과 사회, 경제, 국제 관계의 이해, 사회문제 탐구, 윤리문제 탐구, 기후변화와 지속가능한 세계, 기술·가정, 생활과학 탐구, 생애 설계와 자립, 아동발달과 부모, 정보, 인간과 철학, 인간과 심리

추천도서

2024 한국이 열광할 세계 트렌드 (KOTRA, 알키, 2023)

이 책은 전 세계 84개국 KOTRA 무역관이 찾은 260여 개의 사례를 분석하여 지금 가장 주목해야 할 36가지 트렌드를 선별하여 정리한 것이다. 직접 발로 뛰며 취재하고 관계자들과의 인터뷰를 통해 검증한 정보는 여타의 정보들과 수준을 달리한다. 변화의 시대, 게임 체인저가 불러올 새로운 기회를 찾는 이들에게 이정표가 될 것이다.

- **탐구주제3** 초개인화 마케팅 전략의 유망 산업 탐구
- **탐구주제4** 여성 청소년의 국내 펨테크 제품 및 서비스 이용 경험에 대한 조사

108 연구 개발에서 인공지능 도구의 활용과 관련된 연구윤리 이슈 분석

내용 소개

이 보고서는 기존의 연구윤리, 즉 연구진실성 관점에서 AI 도구(Tool)를 활용한 결과물의 연구윤리 이슈와 관련된 최근 동향을 살펴보고 시사점을 도출하였다. 연구 결과, 현행 학문 및 법률 체계에 따르면, AI 도구를 창작의 주체로 인정하지 않고 인간의 보조 수단 정도로만 인정하고 있어 현재의 연구윤리 이슈에 대응이 가능하긴 하나, 추후 지속적인 검토가 필요함을 제언하였다.

핵심키워드 인공지능 윤리기준, 연구윤리, 지식재산권, 학술단체

출처 | 한국연구재단(2023)

탐구주제1 인공지능 활용으로 발생 가능한 연구윤리의 주요 이슈 탐구
탐구주제2 인공지능 활용 관련 연구윤리에 대한 주요 학술단체의 입장 분석

관련학과 윤리학과, 정책학과, 법학과, 인문학부, 크리에이티브인문학부, 윤리교육과, 교육과, 초등교육과, 사회교육과, 교육공학과, 과학교육과, 기술교육과, 국어교육과, 영어교육과, 수학교육과, 역사교육과, 음악교육과, 체육교육과

관련교과 미적분Ⅰ, 미적분Ⅱ, 인공지능 수학, 수학과제 탐구, 현대사회와 윤리, 법과 사회, 경제, 사회문제 탐구, 윤리문제 탐구, 물리학, 역학과 에너지, 전자기와 양자, 융합과학 탐구, 기술·가정, 지식 재산 일반, 정보, 인공지능 기초, 교육의 이해

추천도서

AI는 양심이 없다 (김명주, 헤이북스, 2022)

이 책은 인공지능이 이미 영향을 끼쳤거나 조만간 사회에 다양한 변화를 불러일으킬 이슈를 사례별로 정리하였다. 동시에 인공지능에 의한 부작용과 역기능, 위험성을 모두 법으로 포괄해내는 것은 인공지능의 발전 속도와 영역 확산으로 인해 불가능하다고 말한다. 인간이 인공지능과 공존하기 위해 필요한 '인공지능 윤리'에 대한 사회적 담론을 제안하고 있다.

탐구주제3 가상 인플루언서 법인격 부여에 관한 쟁점 탐구
탐구주제4 주요 국가별 인공지능 윤리 기준 및 법제화 현황 분석

109. 열받은 지구의 역습, 엘니뇨와 에코플레이션

내용 소개

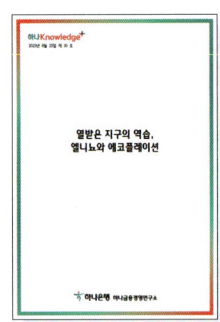

이 보고서는 최근 엘니뇨 현상으로 기록적인 이상기후가 빈발하여 전 세계 재난 피해가 속출하며 여기에 고물가 상황까지 이어져 '에코플레이션' 위험성이 증대하였음을 분석한 자료이다. 에코플레이션은 Ecology와 Inflation의 합성어로, 환경적 요인에 의한 물가 상승을 의미한다. 최근 이는 국제 식료품, 에너지, 광물 생산, 금융·경제에까지 이르러 수많은 리스크를 발생시키는 주요 원인이 되고 있다.

핵심키워드: 이상기후, 지구 열대화(Global Boiling), 엘니뇨, 에코플레이션

출처 | 하나금융경영연구소(2023)

탐구주제

- **탐구주제1** 에코플레이션이 국제 금융·경제에 미치는 영향 분석
- **탐구주제2** 국제 곡물가격의 변동성에 영향을 미치는 주요 요인 탐구

관련학과

대기환경과학과, 지구환경과학부, 지구환경공학과, 공간환경학부, 농생물학과, 미생물·분자생명과학과, 바이오환경과학과, 지구시스템과학과, 지질환경과학과, 산림환경과학과, 산림환경시스템학과, 환경학과, 식량자원학과

관련교과

기후변화와 지속가능한 세계, 화학, 생명과학, 지구과학, 화학 반응의 세계, 지구시스템과학, 기후변화와 환경생태, 융합과학 탐구, 기술·가정, 생활과학 탐구, 창의공학 설계, 생애 설계와 자립, 생태와 환경, 인간과 경제활동, 영어 발표와 토론

추천도서

기후위기와 ESG (이세걸, 리딩라이프북스, 2024)

이 책은 기후위기의 심각성을 분석하고, 이를 해결하기 위한 ESG 경영의 중요성을 강조한다. 기업과 개인이 지속가능한 미래를 위해 어떻게 행동해야 하는지 구체적인 사례와 함께 설명하며, 친환경 정책과 윤리적 경영이 경쟁력으로 작용하는 시대임을 역설한다. 또한 ESG 실천 방안을 제시하고 있다.

- **탐구주제3** ESG 경영이 기업의 지속가능성에 미치는 영향에 관한 탐구
- **탐구주제4** 개인의 친환경 소비가 기업의 ESG 정책에 미치는 영향

110 예비교사를 위한 연구윤리

내용 소개

이 보고서는 교원양성대학 예비교사용 연구윤리 교재로 발간된 것이다. 이에 연구윤리 지침 이해, 연구윤리 위반 사례 분석 및 토론, 연구윤리 수행 실습 등을 통해 예비교사가 연구윤리에 대한 민감성, 판단력, 동기화, 실행력을 기르도록 하는 것에 주안점을 두었다. 특히 교사는 연구윤리의 이행자이자 지도자로서 두 역할에 걸맞은 역량과 책임을 가져야 함을 강조하고 있다.

핵심키워드: 예비교사, 연구윤리, 학습윤리, 연구부정행위

출처 | 한국연구재단(2023)

탐구주제
- 탐구주제1: 부실학회·부실학술지 유형 및 고등학생 이용 실태 조사
- 탐구주제2: 교사의 연구윤리와 학생의 학습윤리 역량 함양을 위한 방법 탐구

관련학과: 교육학과, 교육공학과, 윤리교육과, 유아교육학과, 초등교육과, 사회교육과, 과학교육과, 기술교육과, 국어교육과, 영어교육과, 수학교육과, 역사교육과, 음악교육과, 체육교육과, 미술교육과, 정보교육과, 특수교육과

관련교과: 화법과 언어, 독서와 작문, 문학, 대수, 미적분Ⅰ, 영어Ⅰ, 통합사회Ⅰ, 통합과학Ⅰ, 체육1, 음악, 미술, 기술·가정, 정보, 한문, 진로와 직업, 생태와 환경, 제2외국어

추천도서

교사 그리고 질적연구 (곽영순, 교육과학사, 2022)

이 책은 대학 및 대학원의 외국 유학생이 연구윤리의 본질적 개념을 이해하고 실천하도록 돕는 것에 초점을 맞춘 책이다. 이에 교재의 모든 내용을 '한영대역으로 나란히 배치'하였다. 연구윤리는 학생, 연구자, 교수자에게 매우 중요한 사항으로 연구윤리의 딜레마에 대해 스스로 질문해보고 자신의 생각을 정리하며 연구윤리를 체득할 수 있도록 안내한다.

- 탐구주제3: 국내·해외 연구윤리 지침의 주요 내용 비교
- 탐구주제4: 고등학교 학습과정에서 발생하는 연구부정행위 유형 및 대책 탐구

111 예술인 복지사업 운영실태와 개선과제

내용 소개

이 보고서는 한국예술인복지재단을 중심으로 행해진 예술인 복지사업을 대상으로 관련 기초자료를 분석하고 현장 관계자들의 심층면담을 통하여 성과와 한계를 조사한 후 개선과제를 도출하였다. 특히 '예술활동증명제도' 개선, 사회보험 사각지대 구제, 창작준비금 예산 확대, 선정 및 사업 결과보고 방식 개선, 한국예술인복지재단의 인력 및 재원 안정화 필요성을 제언하였다.

핵심 키워드 예술인 복지사업, 예술활동증명제도, 사회보험, 창작준비금

출처 | 국회입법조사처(2023)

탐구주제

- **탐구주제1** 예술인 복지 사업의 필요성 및 주요 이슈 탐구
- **탐구주제2** '예술활동증명제도'에 따른 예술인 복지 수혜 현황 및 개선점 탐구

관련학과

사회복지학과, 산업디자인학과, 문화재학과, 미학과, 공공인재학과, 광고홍보학과, 도시행정학과, 문화콘텐츠학과, 미디어커뮤니케이션학과, 사회학과, 미술교육학과, 공업디자인학과, 시각디자인학과, 조소과, 조형예술학과

관련교과

세계시민과 지리, 사회와 문화, 한국지리 탐구, 도시의 미래 탐구, 정치, 법과 사회, 경제, 윤리와 사상, 인문학과 윤리, 여행지리, 기후변화와 지속가능한 세계, 미술, 미술 창작, 미술 감상과 비평, 미술과 매체, 기술·가정, 창의 공학 설계

추천도서

생성 예술의 시대 (김대식 외, 동아시아, 2023)

이 책은 뇌과학자 김대식이 생성 AI를 활용한 AI 그림의 가능성을 네 명의 예술가(영화감독 김태용, 그래픽 디자이너 김도형, 현대예술가 이완, 무용가 김혜연)와 다소 모험적인 질문으로 시작한 프로젝트의 결과이다. 저자들은 "AI 그림은 이런 것이다"고 정의 내리지 않는다. 이들은 AI를 통해 자신의 예술체계를 확장시키고자 하는 신세기에 함께 접어들었다.

- **탐구주제3** AI 생성작품의 예술 인정 여부에 대한 고찰
- **탐구주제4** AI의 창작 활동이 인간 예술가의 직업에 미치는 영향 탐구

112. 오프쇼어링 vs. 리쇼어링 : 추세, 요인, 그리고 정책적 시사점

내용 소개

이 보고서는 우리나라 1,200개의 다국적기업들을 대상으로 투자 유형을 국내와 해외에 모두 투자하는 확장, 국내에서는 투자를 유보 또는 축소하면서 해외에는 투자하는 오프쇼어링, 국내에는 투자하면서 해외에서는 투자를 유보 또는 축소하는 리쇼어링, 국내와 해외 모두에서 투자를 유보 또는 축소하는 유보축소의 4가지로 분류하고, 추세와 요인을 분석한 후 정책을 제안한다.

핵심키워드: 기업 투자 유형, 오프쇼어링, 리쇼어링, 니어쇼어링, 암호화폐, 금융시장

출처 | 한국개발연구원(2021)

탐구주제
- **탐구주제1** 오프쇼어링/리쇼어링의 개념과 관련 문헌 분석
- **탐구주제2** 서비스 업종에 대한 우리나라 기업 투자의 추세와 특징 탐구

관련학과
국제통상학과, e-비즈니스학과, 경영정보학과, 경영학과, 경제학과, 국제경영학과, 국제통상물류학과, 글로벌경영학과, 글로벌비즈니스학과, 금융보험학과, 금융학과, 무역학과, 비즈니스컨설팅학과, 세무학과, 회계학과

관련교과
사회와 문화, 경제, 사회문제 탐구, 금융과 경제생활, 기후변화와 지속가능한 세계, 기후변화와 환경생태, 융합과학 탐구, 기술·가정, 로봇과 공학세계, 생활과학 탐구, 창의 공학 설계, 정보, 인공지능 기초, 데이터 과학, 소프트웨어와 생활

추천도서

1%를 읽는 힘 (메르, 토네이도, 2023)

이 책은 저자인 메르가 글로벌 기업에서 위험관리 전문가로 일하며 축적한 노하우와 금융사에서의 경험을 바탕으로 경제 흐름을 쉽고 흥미롭게 이해하고 기회를 발견하는 방법을 알려준다. 또한 투자에 대한 방향성을 알려주고, 최고의 투자자들이 사용하는 지표와 시장을 바라보는 눈, 매일 쏟아지는 뉴스를 선별하고 적용하는 방법에 대한 힌트를 제공한다.

- **탐구주제3** 리쇼어링과 니어쇼어링을 활용한 콘텐츠 생성 방법 탐구
- **탐구주제4** 암호화폐의 성장이 금융 시장에 미치는 영향과 잠재적 위험에 대한 분석

113 우리 청소년의 부모-자녀 관계에 대한 이해

내용 소개

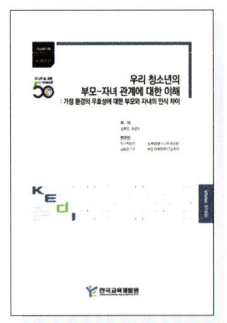

이 보고서는 가정환경의 우호성에 대한 부모와 자녀의 인식 차이에 따라 집단 유형을 구분하여 각 특징을 살펴보고, 이들의 우호성 인식에 따른 집단 구분에 영향을 주는 요인에 대해 분석하였다. 특히 학생의 학업성취도, 부모와 학생의 심리적 웰빙, 성별, 부모와 학생의 능력 신념 등이 각 집단의 소속 확률에 영향이 있는 것으로 나타나 인식의 격차를 줄일 것을 제안한다.

핵심키워드 가정환경의 우호성, 부모-자녀 관계, 인식 차이, 심리적 웰빙

출처 | 한국교육개발원(2023)

탐구주제
- **탐구주제1** 청소년기 제도적 차원의 부모교육의 필요성과 지원 방안 탐구
- **탐구주제2** 부모와 자녀의 가정환경에 대한 인식 차이와 학생의 학업성취도의 관련성 탐구

관련학과
상담심리학과, 가족아동복지학과, 청소년교육·상담학과, 청소년상담심리학과, 아동·청소년교육상담학과, 사회복지상담심리학과, 라이프코칭상담학과, 복지상담학과, 사회학과, 상담치료학과, 의료상담학과, 평생교육상담보육학과

관련교과
매체 의사소통, 언어생활 탐구, 사회와 문화, 현대사회와 윤리, 윤리와 사상, 인문학과 윤리, 사회문제 탐구, 윤리문제 탐구, 기술·가정, 진로와 직업, 인간과 철학, 논리와 사고, 인간과 심리, 교육의 이해, 아동 발달과 부모, 생애 설계와 자립

추천도서

십대들의 마음 건강 (김미숙, 이비락, 2023)

이 책은 청소년의 감정선과 뇌-스트레스의 관계를 살펴 스트레스에 휘둘리지 않고 즐겁게 지내는 법, 회복탄력성과 자아존중감, 대인관계 기술, 부모와 가족의 역할을 짚어보면서 청소년 마음 건강을 위한 실천적 방안들을 제안한다. 특히 청소년 마음 건강의 핵심은 가정과 가장 가까운 이들과의 관계에 있음을 강조하였다.

- **탐구주제3** 우리 지역의 부모교육 프로그램 유형 및 프로그램 선호도 분석
- **탐구주제4** 부모의 양육태도에 따른 고등학생의 심리·정서적 문제 유형에 대한 질적 연구

114 우리나라 국민의 납세의식 조사

내용 소개

이 보고서는 복지 지출의 증가 등으로 정부의 세수 확보가 점점 중요해지는 상황에서, 국민의 납세의식에 영향을 미치는 요인을 살펴보고, 납세의식을 제고하기 위한 정책 과제를 검토하여 정리했다. 납세의식에 영향을 미치는 주요 요인으로 사회적 규범, 조세형평성, 국세청 및 정부 신뢰도, 납세편의성에 대해 개선점을 모색하여 납세순응을 높일 것을 제언한다.

핵심 키워드 납세의식, 납세순응, 내재적 동기, 기본의무, 조세형평성

출처 | 한국조세재정연구원(2023)

탐구주제
- **탐구주제1** 납세 위반에 따른 처벌 규정에 관한 분석
- **탐구주제2** 우리나라 국민의 납세의식에 영향을 미치는 요인 및 시사점 탐구

관련학과
세무학과, 세무회계학과, 세무회계금융학과, 회계세무학과, 회계학과, 경제학과, 경제통상학과, 경영학과, 금융학과, 소비자경제학과, 행정학과, 도시행정학과, 법무행정학과, 자치행정학과, 정부행정학부, 정치행정학과

관련교과
대수, 확률과 통계, 경제 수학, 실용 통계, 법과 사회, 경제, 사회문제 탐구, 금융과 경제생활, 기후변화와 지속가능한 세계, 기후변화와 환경생태, 기술·가정, 정보, 인공지능 기초, 데이터 과학, 소프트웨어와 생활, 생태와 환경, 인간과 경제활동

추천도서

세법 첫 걸음 (김문철 외, 가치산책컴퍼니, 2023)

이 책은 세금과 절세를 알고자 하는 모든 한국인을 위한 세법 입문서를 자처한다. 특히 세무관련 전문가(세무사, 공인회계사, 세무공무원)가 되려고 공부를 막 시작하는 수험생뿐 아니라, 이미 세금과 밀접한 관계가 있거나 세금과 절세를 궁금해하는 직장인, 개인사업자, 부동산 투자자들이 알고 있어야 하는 기본적이면서도 유용한 내용으로 알차게 구성되어 있다.

- **탐구주제3** 우리나라 종합부동산세 관련 쟁점 탐구
- **탐구주제4** 조세법률주의와 조세평등주의 원칙에 대한 탐구

115 우주 개척 어떻게 해야 할까?

내용 소개

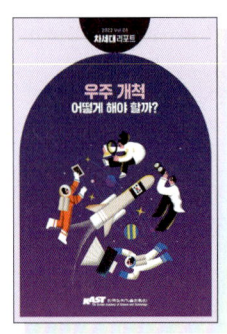

이 보고서는 우주 관련 기술의 성장과 함께 우리가 우주로 나아가야 하는 이유와 목적에 대한 고민을 바탕으로 새로운 목표 정립의 필요성에 대해 제시하였다. 특히 우주 개척을 위한 첨단소재, 우주발사체, 우주망원경 등의 개발 현황과 누리호의 성공적 발사 및 다누리호의 달 탐사 여정을 통해 우주 개척의 가능성을 전망한다.

핵심 키워드: 우주 개척, 뉴스페이스, 첨단소재, CMC, 발사체, 우주복, 우주망원경

출처 | 한국과학기술한림원(2022)

탐구주제

- **탐구주제1**: 우주 개척에 활용되는 첨단소재에 관한 탐구
- **탐구주제2**: 우주 발사체 및 우주망원경의 최신 개발 동향 조사

관련학과

우주공학과, 물리천문학부, 천문우주과학과, 재료공학부, 신소재학과, 항공우주공학과, 항공경영학과, 항공기계공학과, 항공모빌리티학과, 항공보안학과, 항공산업공학과, 항공소프트웨어공학과, 항공전자공학과

관련교과

대수, 미적분Ⅰ, 미적분Ⅱ, 기하, 수학과제 탐구, 법과 사회, 국제 관계의 이해, 물리학, 지구과학, 역학과 에너지, 전자기와 양자, 지구시스템과학, 행성우주과학, 융합과학 탐구, 기술·가정, 창의 공학 설계, 지식 재산 일반, 정보, 데이터 과학

추천도서

NEW SPACE 이미 시작된 우주 자본의 시대 (이임복, 퍼블리온, 2024)

이 책은 냉전 시대 미국과 소련의 경쟁에서 시작된 달 탐사부터 우주 인터넷 시대를 연 저궤도 위성, 눈앞에 다가온 우주여행, 우주 글로벌 기업들이 다음 먹거리로 손을 뻗고 있는 우주 광물까지, '우주 시대'를 눈앞에 둔 거대한 변화의 흐름 속에서 무엇이 기회가 되고 어떤 것을 준비해야 하는지를 알고 우주 산업의 전략을 세우는 데 길잡이가 되어준다.

- **탐구주제3**: 국내·외 민간기업의 우주산업 참여 현황 및 국가별 전략 탐구
- **탐구주제4**: 글로벌 '문 러시Moon rush' 경쟁의 원인과 비즈니스 전망 분석

116 우주공간의 상업적 활용 확대와 특허권 문제

내용 소개

이 보고서는 우주공간에서의 제품 생산 및 상업적 활동이 가능해짐에 따라, 우주공간 관련 특허권 문제에 대해 점검해보고자 작성되었다. 최근 인공 우주실험실 및 우주정거장에서의 실험적 연구개발을 넘어, 우주공간에서 제품을 생산하려는 시도가 발생하고 있으며, 인간의 상업적 활동 영역이 우주까지 확대되고 있어 지식재산권 및 특허권, 우주 조약의 정비가 요구된다.

핵심 키워드: 궤도공장, 지식재산권, 특허권, 인공위성, 우주조약

출처 | 한국지식재산연구원(2023)

탐구주제

- **탐구주제1** 현행법의 우주공간 관련 특허권 적용 시 한계 분석
- **탐구주제2** 우주공간 관련 특허권 문제에 대한 해결방안의 모색

관련학과

국제법무학과, 기업융합법학과, 표준·지식학과, 지식서비스경영학과, 법학과, 법무행정학과, 산업경영학과, 산업보안학과, 미래산업융합학과, 산업기술융합공학과, 국제학부, 항공우주공학과, 항공모빌리티학과, 경제학과

관련교과

대수, 미적분Ⅰ, 미적분Ⅱ, 기하, 수학과제 탐구, 법과 사회, 국제 관계의 이해, 물리학, 지구과학, 역학과 에너지, 전자기와 양자, 지구시스템과학, 행성우주과학, 융합과학 탐구, 기술·가정, 창의 공학 설계, 지식 재산 일반, 정보, 데이터 과학

추천도서

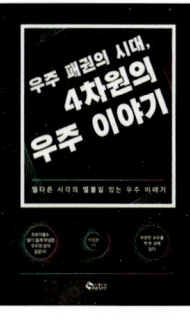

우주 패권의 시대, 4차원의 우주 이야기 (이철환, 새빛, 2022)

이 책은 경제관료를 지낸 경제학도가 우주를 공부하고 출간했기에 천문학자가 저술한 책과는 차별화된다. 즉 천문학적 관점의 우주와 더불어 인문, 정치, 경제적 관점에서의 우주까지 4가지 차원에서 우주에 관한 이야기를 풀어내며 우주 패권의 시대를 살아가는 사람들에게 통섭적 접근을 통해 우주에 대한 이해를 넓혀준다.

- **탐구주제3** 우주산업의 수익 창출 구조에 대한 탐구
- **탐구주제4** 주요 국가의 우주개발 기구와 우주정책에 관한 탐구

117. 유전자원 출처공개에 관한 국제논의 동향과 해외 입법례

내용 소개

이 보고서는 최근 개도국 등 환경 보존이 잘 이루어진 국가의 유전자원에 대한 해적행위 또는 수탈행위(Bio-piracy)가 빈번하게 발생하면서 국제적인 유전자원 출처공개 의무를 법제화하는 상황으로 인해 관련 기업의 부담이 야기될 것으로 전망하였다. 이에 유전자원 출처공개에 관한 해외 입법례를 조사하여 국내 기업들이 참고할 수 있도록 관련 정보와 시사점을 제시하고 있다.

핵심키워드: 유전자원, 바이오산업, 특허 출원, 국제 조약

출처 | 한국지식재산연구원(2023)

탐구주제

- **탐구주제1** 생물유전자원 출처공개 의무화에 따른 우리의 대응 과제 탐구
- **탐구주제2** 생물유전자원 출처공개 및 제재에 관한 해외 입법례 현황 조사

관련학과

유전공학과, 농생물학과, 미생물학과, 해양생물자원학과, 나노화학생명공학과, 바이오메디컬학과, 바이오생명공학과, 바이오의약학과, 생명공학과, 생명과학과, 생명나노공학과, 생명시스템과학과, 시스템생명공학과의예과

관련교과

화학, 생명과학, 화학 반응의 세계, 세포와 물질대사, 생물의 유전, 기후변화와 환경생태, 융합과학 탐구, 기술·가정, 생활과학 탐구, 창의 공학 설계, 지식 재산 일반, 정보, 인공지능 기초, 데이터 과학, 소프트웨어와 생활, 생태와 환경, 보건

추천도서

천연물바이오관련 산업분석보고서 (비피기술거래 외, 비티타임즈, 2024)

이 책은 국내외 시장동향 산업동향을 조사하는 기관인 비피기술거래에서 저술한 보고서로 천연물바이오의 개념과 그 중요성을 소개하고, 그 활용 분야와 잠재적인 이점에 대해 설명한다. 또한, 최신 연구 동향과 기술적인 발전에 대한 개요를 제공하여 천연물바이오가 산업 혁신과 지속 가능한 개발에 어떻게 기여할 수 있는지에 대해 제시하였다.

- **탐구주제3** 천연물바이오 화장품의 효능별 소재에 대한 대한 조사
- **탐구주제4** 유럽의 이산화티타늄 금지 조치 시 국내 바이오기업의 리스크 탐구

118. 유전체 교정 작물 식량안보의 대안이 될 수 있을까?

내용 소개

이 보고서는 국내 생명공학 분야 전문가들이 유전체 교정 기술의 현황과 미래를 분석하여 예측한 자료이다. 가치중립적으로, 오로지 기술의 현황과 미래에 발생할 수 있는 가능성에만 중점을 두었으며, 특히 전 세계적으로 식량안보가 중요해진 상황에서 안전성 우려로 주춤한 GM(유전체 변형) 작물의 대안으로 주목받고 있는 GE(유전체 교정) 작물의 최신 기술 동향을 담았다.

핵심키워드: 기후변화, 식량안보, 육종기술, GM(유전체 변형) 기술, GE(유전체 교정) 기술

출처 | 한국과학기술한림원(2022)

탐구주제

- **탐구주제1** 용도별 유전체 교정 작물 사례 및 전망 탐구
- **탐구주제2** 작물 개량을 위한 육종·GM·GE 기술별 특징 비교

관련학과

농업생명과학과, 생명공학과, 생물학과, 생명과학과, 농생물학과, 미래농업융합학부, 식물생산과학부, 응용생명과학부, 식량자원과학과, 생명자원학부(식량생명공학전공), 식물의학과, 응용식물학과, 분자생물학과

관련교과

확률과 통계, 경제 수학, 인공지능 수학, 직무 수학, 수학과 문화, 실용통계, 화학, 생명과학, 화학 반응의 세계, 세포와 물질대사, 생물의 유전, 과학의 역사와 문화, 기후변화와 환경생태, 융합과학 탐구, 운동과 건강, 기술·가정, 생태와 환경

추천도서

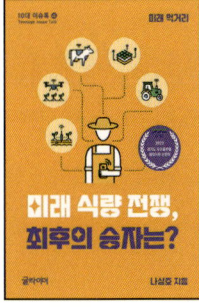

미래 식량 전쟁, 최후의 승자는? (나상호, 글라이더, 2023)

이 책은 환경 파괴에 따른 기후변화, 물 부족 등 인류의 위기를 먹거리와 연결해 환경 보호의 필요성을 다시금 환기시키는 한편, 대체 먹거리 개발 등의 적극적인 해결 방안을 제시하였다. 아울러 학생들이 미래 먹거리와 자신의 진로 방향을 연계해 탐색할 수 있도록 도우며, 환경 교육의 목적을 '미래 먹거리'라는 주제와 연계해 이해하기 쉽게 풀어내었다.

- **탐구주제3** 미래의 식탁을 책임질 5가지 식품군 조사
- **탐구주제4** 대한민국이 '기후악당' 국가의 오명을 벗기 위한 대책 탐구

119. 의료와 디지털 기술의 융합, 가상의료의 잠재력과 현주소

내용 소개

이 보고서는 미국 의사(660명)와 미국 의료 소비자(4,545명)를 대상으로 건강, 의료 보험, 의료 전반에 관한 경험과 태도, 시장 동향에 대해 조사한 바를 바탕으로 가상의료의 잠재력과 현황을 분석하였다. 이를 통해 가상의료가 전통적인 의료 서비스를 완전히 대체하는 것은 아니며, 환자의 의료 접근성과 건강의 형평성 개선이 기대되지만 동시에 해결되어야 할 과제들이 있음을 제시했다.

핵심 키워드: 가상의료 솔루션, 대면 진료, 비대면 진료, 의료진, 의료 소비자

출처 | 딜로이트(2022)

탐구주제

- **탐구주제1** 가상의료 솔루션 도입에 대한 의료진의 입장 분석 및 시사점 도출
- **탐구주제2** 가상의료 솔루션 도입에 대한 의료 소비자의 입장 분석 및 시사점 도출

관련학과

가상현실융합학과, 의예과, 디지털헬스케어학과, 바이오헬스케어학과, 스마트헬스케어학과, 스마트헬스케어학부, 스포츠헬스케어학과, 실버헬스케어학과, 헬스케어메디컬공학부, 헬스케어복지학과, 휴먼헬스케어학과

관련교과

미적분Ⅰ, 미적분Ⅱ, 인공지능 수학, 수학과제 탐구, 현대사회와 윤리, 법과 사회, 경제, 국제 관계의 이해, 사회문제 탐구, 금융과 경제생활, 물리학, 역학과 에너지, 전자기와 양자, 융합과학 탐구, 기술·가정, 정보, 소프트웨어와 생활

추천도서

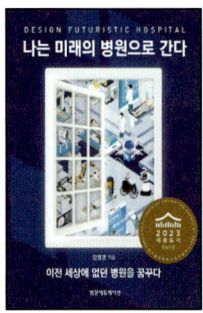

나는 미래의 병원으로 간다 (김영훈, 범문에듀케이션, 2023)

현 고려대학교 의무부총장 겸 의료원장인 저자는 병원이 단순히 병에서의 회복뿐 아니라 인간으로 회복, 즉 '토털 휴먼 케어'를 구현하는, 따뜻한 곳이 되어야 하며 의료는 기술이 아닌 아트이자 문화가 될 수 있다고 말한다. 사회의 모든 인프라와 기술이 집약된 미래 병원은 안티바이러스 생태계로 변화시키는 촉진제가 될 것이라는 전망을 제시하였다.

- **탐구주제3** 미래사회 의사의 자질 탐구
- **탐구주제4** 의료 로봇 도입 활성화에 따른 이슈 탐구

120. 이동통신 미래 시장환경변화 예측 및 산업 활성화 요소 연구

내용 소개

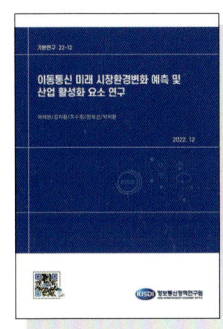

이 보고서는 우리나라 국가 경제를 이끌어 온 대표적인 산업 중 하나인 이동통신 산업의 변화를 전망하고자 하였다. 이를 위해 세계 경제 침체, 국내 인구감소, 디지털전환 가속화 등 거시적인 사회·문화·기술적 요소를 고려하여 5G의 비활성화 요인을 분석하고 미래 이동통신 산업을 전망하여 5G 이동통신 활성화 및 6G 이동통신 선도를 위한 정책적 시사점을 제언하였다.

핵심 키워드: 이동통신 산업, 5G, 6G, 거시경제 변화

출처 | 정보통신정책연구원(2022)

탐구주제1 5G와 6G의 특징 비교 및 산업 활성화 방안 탐구
탐구주제2 거시경제 변화가 이동통신 산업에 미치는 영향 분석

관련학과: 정보통신공학과, 멀티미디어공학과, 기계공학과, 응용물리학과, 로봇공학과, 메카트로닉스공학과, 모바일융합공학과, 전자·정보통신공학과, 소프트웨어융합공학과, 시스템반도체공학과, 전기전자공학과, 지능정보통신공학과

관련교과: 인공지능 수학, 실용 통계, 수학과제 탐구, 물리학, 지구과학, 역학과 에너지, 전자기와 양자, 물질과 에너지, 융합과학 탐구, 기술·가정, 로봇과 공학세계, 생활과학 탐구, 정보, 인공지능 기초, 데이터 과학, 소프트웨어와 생활

추천도서

6세대 이동통신 (정우기, 북두출판사, 2022)

이 책은 15년간 이동통신 관련 산업(ETRI, SK텔레콤, 신세기통신, LG유플러스)에 종사했던 저자가 저술한 것으로, 이동통신의 과거와 현재 미래를 총체적으로 다루고 있다. 통신서비스, 전파통신, 이동통신 등에 대한 기본 개념과 원리, 역사에 관한 일반적인 질문들에서부터 풀어나간다. 더불어 1세대부터 6세대에 이르기까지의 기술의 차이, 특징에 대해 친절히 안내한다.

탐구주제3 6G 시대 구현을 위한 기술적 이슈 탐구
탐구주제4 6G 시대 정보격차 문제 대응의 필요성 탐구

121 이론 연구와 실험 연구의 양극화 진정한 협력을 이루려면?

내용 소개

이 보고서는 연구자의 연구 행위가 '이론 연구' 또는 '실험 연구'로 양극화되거나, 각 분야 연구자 간에 괴리감이 생기는 '연구문화 이원화' 현상을 다룬다. 과학과 공학 분야 연구자들에게 이론 연구와 실험 연구가 각 분야에서 어떻게 인식되고 있는지를 살펴보고 연구문화 이원화 현상을 극복하고 문제 해결 중심의 연구가 이루어지도록 유도하는 방안을 제시하였다.

핵심 키워드: 이론 연구, 실험 연구, 공동 연구, 수학, 물리학, 신소재공학, 생명과학

출처 | 한국과학기술한림원(2023)

 **탐구주제**

- **탐구주제1** 이론 연구와 실험 연구의 공동 연구 필요성 사례 탐구
- **탐구주제2** 과학계열 학문 분야별 이론 연구와 실험 연구에 대한 정의 비교

 **관련학과**

수리과학과, 수학과, 물리학과, 컴퓨터공학과, 생명과학과, 의생명공학과, 화학과, 신소재공학과, 의과학과, 대기과학과, 미생물학과, 방사선화학과, 분자생물학과, 산림과학과, 생물학과, 생화학과, 에너지과학과

 관련교과

대수, 미적분Ⅰ, 미적분Ⅱ, 확률과 통계, 기하, 수학과제 탐구, 물리학, 지구과학, 역학과 에너지, 전자기와 양자, 지구시스템과학, 행성우주과학, 생물의 유전, 화학 반응의 세계, 융합과학 탐구, 창의 공학 설계, 지식 재산 일반, 정보, 데이터 과학

추천도서

과학하는 의사들 (강민용, 위즈덤하우스, 2023)

이 책은 의술과 생명과학을 함께 다루는 '의사과학자'에 대한 국내 첫 안내서다. 우리나라 대형 병원의 현실부터 의사과학자라는 직업이 가지는 의미, 환자의 치료 과정에서 얻은 과학적 질문을 해결하려고 중개연구의 방식을 통해 의과학 연구를 수행함으로써 면역 항암 치료의 새로운 병합요법 기술 및 작동 원리를 발견하게 된 사례 등 현장을 잘 담아냈다.

- **탐구주제3** 의과학과 중개연구 사례를 통한 미래 과학의 전망 탐구
- **탐구주제4** 연구문화 이원화 발생의 원인 및 공동 연구 활성화 방안 탐구

122. 이민이 한국 노동시장에 미치는 영향

내용 소개

이 보고서는 이민자를 대상으로 하는 이민정책의 수립과 보완에 기초 자료를 제공하는 것을 그 목적으로 하고 있다. 다양한 통계자료를 활용하여 국내에 거주 중인 이민자의 규모와 지역별 분포, 경제활동 현황을 검토하고 이민 인구의 유입이 내국인 일자리 수에 어떠한 영향을 미치는가에 대해 살피고 있다. 이를 통해 이민자 대상 노동정책의 정교한 설계와 운영 개선을 위한 기초 자료를 제공한다.

핵심키워드: 이민자, 외국인력, 이주 배경 인구, 외국인 노동시장, 이민정책

출처 | 한국고용정보원(2023)

탐구주제
- **탐구주제1** 국내 이민자의 경제활동 현황 및 특성 분석
- **탐구주제2** 이민 인구 유입이 내국인 일자리에 미치는 영향 탐구

관련학과
고용서비스정책학과, 다문화학과, 지리학과, 경영학과, 경제학과, 공공인재학과, 공공행정학과, 국제경영학과, 국제학과, 국제통상학과, 글로벌비즈니스학과, 사회복지학과, 사회학과, 정치외교학과, 행정학과, 문화인류학과

관련교과
세계 문화와 영어, 세계시민과 지리, 사회와 문화, 현대사회와 윤리, 도시의 미래 탐구, 정치, 법과 사회, 윤리와 사상, 인문학과 윤리, 국제 관계의 이해, 역사로 탐구하는 현대 세계, 윤리문제 탐구, 기후변화와 지속가능한 세계, 사회문제 탐구

추천도서

다문화 전공자를 위한 이민정책론 (황미혜 외, 한국학술정보, 2023)

이 책은 총 11개의 장으로 구성되어 있다. 주요 내용은 한국의 이민과 관련한 전반적인 현황 및 사회통합정책의 소개부터 출발하여 결혼이민자, 외국인근로자, 난민, 중도입국청소년, 북한이탈주민의 현황과 동향을 살피고 있다. 또한 대한민국의 이민정책에 따른 정부와 기관, 민간단체 등의 대응 과정과 이민 선진국의 사례를 고찰함으로써 정책적 시사점을 제시하였다.

- **탐구주제3** 한국의 외국인근로자 정책에 대한 종합적 탐구
- **탐구주제4** 이민정책을 통해 출산율 회복에 성공한 독일의 사례 탐구

123 인공지능 기반 공공서비스 실태와 개선과제

내용 소개

이 보고서는 지방자치단체의 인공지능 기반 공공서비스 운영현황을 조사하고 개선점을 제안한다. 지능정보화사회에서는 첨단정보통신 기술과 데이터가 경제와 사회 모든 분야에서 활용되고 있다. 공공분야에서도 인공지능과 같은 첨단정보기술을 활용하여 공공서비스를 제공하며, 이를 통해 사회문제를 해결하고 시민들의 편의와 행정 효율성을 향상하고자 한다.

핵심키워드: 공공부문, 인공지능, 인공지능 기반 공공서비스, 시빅 데이터(Civic Data), 사회적 이슈

출처 | 국회입법조사처(2023)

탐구주제

- **탐구주제1** 공공분야 생성형 AI 활용실태 및 개선방안 탐구
- **탐구주제2** 생성형 AI의 국내외 공공 부문 도입 동향과 지자체 활용 사례 분석

관련학과

컴퓨터공학과, AI·데이터공학부, AI소프트웨어학과, AI기반경영학과, AI데이터융합학부, AI융합학과, 공공인재학과, 공공행정학과, 기술경영학과, 도시행정학과, 사회학과, 사회복지학과, 산업시스템공학과, 행정학과

관련교과

사회와 문화, 경제, 사회문제 탐구, 금융과 경제생활, 기후변화와 지속가능한 세계, 기후변화와 환경생태, 융합과학 탐구, 기술·가정, 로봇과 공학세계, 생활과학 탐구, 창의 공학 설계, 정보, 인공지능 기초, 데이터 과학, 소프트웨어와 생활

추천도서

우리에게는 다른 데이터가 필요하다 (김재연, 세종, 2023)

이 책은 시빅 데이터(Civic Data)의 개념과 활용법, 나아갈 방향에 이르기까지 시빅 데이터의 모든 것을 다룬다. 시빅 데이터란 '시민을 위한 데이터'를 의미한다. 복지뿐 아니라 행정 전반에서 시빅 데이터를 어떻게 활용하면 모두의 일상이 더 쉽고 편해지는지, 정부가 시빅 데이터를 어떻게 관리하면 한국의 민주주의가 더 성숙할 수 있는지를 조망한다.

- **탐구주제3** 국내외 시빅데이터 활용 사례 분석
- **탐구주제4** 인공지능 기반 공공서비스의 확대로 인한 사회적 이슈 분석

124 인공지능 기술 발전과 일자리의 미래

내용 소개

'ChatGPT'의 등장으로 기술에 의한 노동환경과 일자리의 변화는 국가적 화두로 부상하고 있다. 우리는 이미 수많은 기술이 제공하는 자동화 세상에 살고 있으나, AI의 특수성과 비약적인 발전 속도는 이전과 다른 경각심을 초래하고 있다. 따라서 이 보고서는 AI가 촉발한 일자리에 대한 우려가 이전과 어떻게 다른지 살펴보고, 일자리 전망과 대응 방안을 고찰하고 있다.

핵심 키워드: 인공지능, 생성형 AI 서비스, 디지털 시대, 빅테크, 일자리, 사회경제

출처 | 한국지능정보사회진흥원(2023)

탐구주제
- 탐구주제1: 인공지능 기술의 발전에 따른 고용정책의 변화 탐구
- 탐구주제2: 인공지능을 활용한 가상 협업 플랫폼 적용 사례 탐구

관련학과
인공지능공학과, AI·데이터공학부, AI소프트웨어학과, AI기반경영학과, AI데이터융합학부, AI융합학과, 경영학과, 경영공학과, 경제학과, 사회복지학과, 사회학과, 산업경영공학과, 산업공학과, 산업시스템공학과

관련교과
사회와 문화, 경제, 사회문제 탐구, 금융과 경제생활, 기후변화와 지속가능한 세계, 기후변화와 환경생태, 융합과학 탐구, 기술·가정, 로봇과 공학세계, 생활과학 탐구, 창의 공학 설계, 정보, 인공지능 기초, 데이터 과학, 소프트웨어와 생활

추천도서

AI 이후의 세계 (헨리 키신저 외, 월북, 2023)

이 책은 헨리 키신저, 에릭 슈미트, 대니얼 허튼로커가 인공지능(AI)이 가져올 세계의 변화에 대해 분석한 책이다. AI가 경제, 정치, 군사, 윤리 등 다양한 분야에 미치는 영향을 탐구하며, 인간의 의사결정 방식과 국제 질서가 어떻게 재편될지를 논의한다. AI가 가져올 기회와 위험을 균형 있게 다루고 있다.

- 탐구주제3: AI 이후의 세계에서 인간의 역할 변화에 대한 탐구
- 탐구주제4: 인공지능 시대의 윤리적 문제와 기존 윤리 이론 비교 분석

125 인공지능은 인간을 초월할 수 있을까

내용 소개

이 보고서는 인간지능과 인공지능의 작동 방식을 서로 비교하고, 최근 주요 인공지능의 성과와 한계점을 제시하고 있다. 아울러 인공지능의 미래를 다루고 있는데, 최근 밝혀진 인공지능의 한계는 인간의 사고 과정이 완전히 밝혀지지 않아 인공지능에 인간의 사고 원리를 적용하기 어렵다는 것이다. 또한 인간의 사고와 행동 결과를 확률적으로 모방하는 것은 논리적 사고에서 실패할 가능성이 높다는 점을 제시하고 있다.

핵심 키워드: 인공지능, 인공지능 작동 방식, 인공지능 윤리

출처 | KB금융지주경영연구소(2023)

탐구주제

- **탐구주제1** 최근 주요 인공지능의 성과와 한계 및 미래에 대한 고찰
- **탐구주제2** 인간지능의 작동 방식과 인공지능의 작동 방식 비교 분석

관련학과

인공지능학과, AI학과, IT인공지능학부, 모빌리티학과, 빅데이터학과, 의료인공지능학과, 빅데이터AI학과, 인공지능응용학과, 인공지능공학과, 인공지능소프트웨어학과, 자율주행AI전공, 인공지능로봇공학전공

관련교과

미적분Ⅰ, 미적분Ⅱ, 인공지능 수학, 수학과제 탐구, 현대사회와 윤리, 윤리문제 탐구, 물리학, 전자기와 양자, 융합과학 탐구, 기술·가정, 로봇과 공학세계, 창의 공학 설계, 정보, 인공지능 기초, 데이터 과학, 소프트웨어와 생활

추천도서

인공지능 윤리하다 (변순용 외, 어문학사, 2020)

이 책은 실생활에서 이미 쓰이는 인공지능에 대해서 우리가 알아야 할 부분인 AI 윤리, 즉 AI와 AI 윤리의 의미, AI 인문학, AI의 윤리원칙, AI 윤리가이드라인의 경향, AI와 저작권 등을 폭넓게 다루고 있다. 더불어 우리가 반드시 생각하고 대비해야 하는 인공지능 윤리에 대해서도 제시하고 있다.

- **탐구주제3** 인공지능과 저작권에 대한 쟁점에 관한 고찰
- **탐구주제4** AI와 빅데이터의 편향성과 공정성 문제에 대한 탐구

126 인구감소 적시 대응을 위한 출산율·이동률별 인구변화(2023-2123)

내용 소개

2002년부터 초저출산(합계출산율: 1.3명 이하) 상태가 지속되고 있고, 2020년부터 생산연령인구(15~64세)는 감소하기 시작했다. 이 보고서는 불가역적 추세가 된 인구감소의 미래를 추계하여 살펴보고 시사점을 도출함으로써 인구감소로 인한 경제 규모 축소, 부양 부담 증가, 재정 위험, 사회시스템 축소 왜곡, 지방소멸 등 국가 위기에 대한 적시 대응의 필요성을 제기한다.

핵심키워드: 초저출산, 인구감소, 국가위기, 인구구조 변화, OECD, 생활인구

출처 | 국회입법조사처(2023)

탐구주제

- **탐구주제1** 내가 살고 있는 지역의 인구 구조 분석
- **탐구주제2** 세계의 인구 변화: 인구변천 모형, 인구 피라미드 분석

관련학과

사회학과, 가족복지학과, 가족아동복지학과, 가족자원경영학과, 공공인재학과, 공공행정학과, 공공정책학과, 국가안보학과, 글로벌경영학과, 글로벌비즈니스학과, 도시행정학과, 사회복지학과, 문헌정보학과, 통계학과

관련교과

세계시민과 지리, 사회와 문화, 현대사회와 윤리, 도시의 미래 탐구, 정치, 법과 사회, 인문학과 윤리, 국제관계의 이해, 사회문제 탐구, 윤리문제 탐구, 기후변화와 지속가능한 세계, 진로와 직업, 생태와 환경, 인간과 경제활동

추천도서

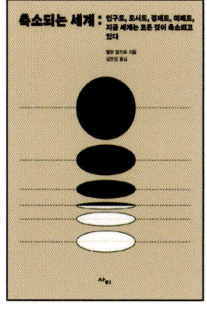

축소되는 세계 (앨런 말라흐, 사이, 2024)

이 책은 도시 계획 전문가 앨런 말라흐가 세계적인 인구 감소 현상과 원인, 영향을 분석한 책이다. 인구 감소가 지속될 경우 2050년 세계와 경제가 어떻게 변할지 예측하며, 특히 한국과 일본이 인구 감소 국가의 선두에 있다고 지적한다. 미국은 15~30세 인구 비중이 높아, 인구 감소에도 불구하고 경제적인 강자로서의 위치를 유지할 것으로 전망한다.

- **탐구주제3** 생활인구의 의미와 해외 사례 분석
- **탐구주제4** 인구구조 변화가 경제성장에 미치는 영향 분석 – OECD를 중심으로

127. 인구구조 변화가 한국사회에 주는 시사점

내용 소개

이 보고서는 글로벌 메가 트렌드의 하나인 저출산 고령화의 인구문제를 다루고 있다. 2020년대 들어 생산가능 인구 비중 감소는 전 세계적인 추세가 되었는데 특히 우리나라의 저출산 고령화는 매우 빠르게 진행되고 있다. 이러한 심각한 고령화 및 저출산 인구구조 변화가 우리 경제에 어떤 영향을 미치는지 그리고 그 대비 전략에 대해 소개하고 있다.

핵심 키워드: 인구구조, 저출산·고령화, 인구정책

출처 | 삼일PwC경영연구원(2023)

탐구주제

- **탐구주제1** 인구구조의 변화가 가져올 미래 트렌드와 대응책에 대한 탐구
- **탐구주제2** 인구구조(저출산&고령화)의 변화가 우리 사회에 미치는 영향 조사

관련학과

사회학과, 정책학과, 공공정책학과, 지역개발학과, 사회복지학과, 도시공학과, 도시계획학과, 지역사회과학부, 지역사회개발학과, 행정학과, 공공행정학과, 공공행정학부, 보건정책관리학부, 보건행정학과, 자치행정학과

관련교과

확률과 통계, 수학과 문화, 실용 통계, 사회와 문화, 도시의 미래 탐구, 정치, 법과 사회, 경제, 사회문제 탐구, 기후변화와 지속가능한 세계, 기술·가정, 생애 설계와 자립, 아동발달과 부모, 인간과 경제활동

추천도서

경제학의 관점에서 본 한국의 저출산 고령화 문제
(김범수 외, 고려대학교출판부, 2017)

이 책은 경제학적 관점에서 저출산, 고령화 현상을 분석하고 인구변화가 경제성장에 미치는 영향과 저출산·고령화 성장 경제에서 지속가능성을 평가하고 있다. 저출산·고령화 개선 방안과 관련해서는 소비세율 인상 정책 방안, 고령화와 국민 의료비, 주택연금 수요 예측, 교통 불평등, 고령사회의 노인 돌봄에 대한 논문, 우리나라의 정책 방향 등이 담겨있다.

- **탐구주제3** 인구변화가 경제성장에 미치는 영향 탐구
- **탐구주제4** 저출산·고령화 사회의 주요 현안과 정책 과제에 대한 탐구

128. 인문사회 연구자를 위한 IRB 연구윤리 가이드라인

내용 소개

이 보고서는 인문사회분야에서 '인간을 대상으로 물리적으로 수행하는 연구'를 수행하는 연구자에게 연구의 윤리적 수행에 대한 가이드라인을 제시하고 있다. 인문사회분야에서 인간대상연구를 수행하는 연구자가 알아야 하는 '연구의 윤리적 법칙 기준', '기관생명윤리위원회의 연구 심의', '연구계획 수립 시 고려사항', '연구 수행 시 고려사항'에 대한 내용으로 구성되어 있다.

핵심키워드: 연구윤리, 인간연구, 과학윤리

출처 | 한국연구재단(2023)

탐구주제
- **탐구주제1** 연구의 윤리적 법적 기준에 대한 고찰
- **탐구주제2** 연구 계획 수립 및 연구 수행 시 고려해야 할 사항에 대한 탐구

관련학과
윤리교육과, 철학과, 철학생명의료윤리학과, 표준지식학과, 지식서비스경영학과, 농생명과학과, 동물생명공학과, 생명과학과, 생명공학과, 분자생물학과, 수의예과, 수산생명의학과, 의예과, 치의예과, 한의예과, 약학과

관련교과
수학과제 탐구, 현대사회와 윤리, 윤리와 사상, 인문학과 윤리, 사회문제 탐구, 윤리문제 탐구, 기술·가정, 지식 재산 일반, 정보, 인간과 철학, 교육의 이해

추천도서

연구윤리와 학습윤리 (김명식, 연암서가, 2013)

이 책은 연구윤리의 중요성을 담고 있다. 최근 교육현장에서 표절 시비, 저작권 침해, 데이터 위조 등 연구윤리가 심각히 훼손되고 있는 상황에서 올바른 연구윤리를 확립하기 위한 목적으로 출간되었다. 연구윤리의 배경, 연구윤리의 이념과 실제, 지식재산권과 저작권, 특허, 과학연구윤리, 인체 및 동물 대상 실험윤리, 연구윤리와 예술 등의 내용을 담고 있다.

- **탐구주제3** 연구윤리의 개념 및 연구부정사례 조사
- **탐구주제4** 과학윤리의 원칙과 과학기술자의 윤리에 대한 고찰

129. 인문정신문화 사업 추진 체계 발전 방안 연구

내용 소개

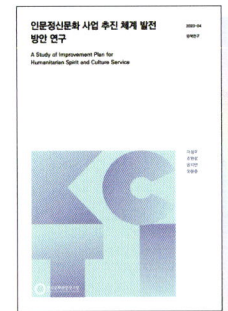

이 보고서는 인문정신문화 사업의 지속가능성 확보, 사업 시행의 효율성과 추진력 강화를 위한 인문 전담기관 역할 검토, 지역 단위 거버넌스 구축 체계 정립을 통해 인문정신문화 사업 추진 체계의 발전 방안을 정리하는 것을 목적으로 한다. 이를 위해 사업 관계자 의견 분석, 다양한 사례 검토, 개선점을 분석하고 인문정신문화 사업 추진 체계의 발전 방안을 도출하였다.

핵심 키워드
인문정신문화 사업, 중앙인문전담기관, 인문문화진흥센터

출처 | 한국문화관광연구원(2023)

탐구주제

- **탐구주제1** 인문정신문화 정책의 필요성 및 정책 현황 분석
- **탐구주제2** 현행 인문정신문화 정책 추진 체계상의 문제점 및 개선 방안 탐구

관련학과

인문학부, 융합인문사회과학부, 인문문화학부, 인문융합공공인재학부, 어문학부, 역사학과, 역사문화학과, 고고인류학과, 고고미술사학과, 국사학과, 문화인류학과, 글로벌한국학과, 철학과, 유학·동양학과, 행정학과, 언어학과

관련교과

문학, 독서와 작문, 주제 탐구 독서, 언어생활 탐구, 영어Ⅰ, 영어Ⅱ, 한문, 영어 독해와 작문, 세계사, 윤리와 사상, 인문학과 윤리, 인간과 철학, 중국 문화, 일본 문화

추천도서

벌거벗은 정신력 (요한 하리, 쌤앤파커스, 2024)

이 책은 '많은 사람들이 만성적인 우울과 불안, 무력감, 패배감, 체념, 공황 등에 고통받고 있으며 이러한 정신건강 문제는 날이 갈수록 심해지고 있는데 그 이유가 무엇일까?' 라는 물음에서부터 출발한다. 저자는 사람들을 괴롭히는 슬픔과 절망의 근본적인 이유와 해결 방안에 대해 풀어내며 우리의 행복한 삶을 위해 필요한 진짜 처방전을 제시한다.

- **탐구주제3** 고립의 시대, 인간 존엄과 행복의 실현을 위한 사회적 시스템 탐구
- **탐구주제4** 사회적 연결을 통한 개인의 정신건강 회복 가능성 및 방법 탐구

130 인재양성 데이터 국가 전략 연구

내용 소개

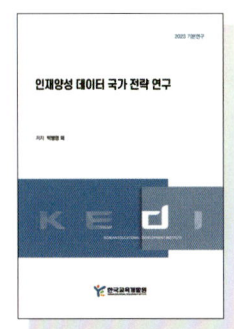

이 보고서는 급속한 사회 변화에 따라 국가 정책 과정에서 교육과 일에 대한 데이터의 구축 및 이의 적극적인 활용, 교육 데이터와 노동시장 데이터와의 연계 방안, 인재양성을 위한 국가 수준의 데이터 전략을 제시하고자 하였다. 이를 위해 데이터의 기획과 생산, 연계, 위해 꼭 필요한 쟁점을 살펴봄으로써 국가의 미래인재양성을 위한 정책 수립의 기초 자료를 제공한다.

핵심키워드 인재양성 데이터, 인재통계체제, 문헌연구, 법령 분석

출처 | 한국교육개발원(2023)

탐구주제

- **탐구주제1** 학습이력 데이터 활용에 대한 법적 쟁점 탐구
- **탐구주제2** 국가적 수준의 교육데이터 관리 시스템 현황 및 보완점 탐구

관련학과

데이터과학과, 데이터정보학과, 공공인재빅데이터융합학과, 공공인재학부, 교육학과, 교육통계학과, 응용통계학과, 통계학과, 교육공학과, 사회학과, 공공정책학과, 공공행정학과, 통계데이터사이언스학과

관련교과

확률과 통계, 대수, 미적분Ⅰ, 미적분Ⅱ, 경제 수학, 인공지능 수학, 실용 통계, 수학과제 탐구, 수학과 문화, 직무 수학, 경제, 사회문제 탐구, 융합과학 탐구, 정보, 데이터 과학, 인공지능 기초, 논리와 사고, 소프트웨어와 생활, 지식 재산 일반, 논리학

추천도서

빅데이터 시대, 잘 먹고 잘 사는 현대인의 필수 교양 정보 문해력
(로라 도슨, 프리렉, 2023)

이 책은 정보 과부하 시대에 성공하기 위해 필요한 필수 역량인 '정보 문해력'을 소개하고 있다. 목적을 설정하고 정보를 의미 있게 조직하는 프레임을 구축하며, 유용한 정보를 가려내는 필터링 능력을 강조한다. 또한 집중력을 조절하고 다양한 정보를 창의적으로 통합하여 효율적으로 사고하고 결정하는 법을 안내하고 있다.

- **탐구주제3** 청소년 대상 비판적 정보 문해력 교육의 필요성과 효과 탐구
- **탐구주제4** 보건의료 마이데이터의 국내외 동향과 시사점 탐구

131 인터넷 투표제도 쟁점과 도입 방향

내용 소개

이 보고서는 인터넷 투표의 정의와 유형, 한국의 논의 현황을 검토하고 해외 사례를 통해 도입 가능성과 문제점을 분석했다. 인터넷 투표 도입 국가들의 사례를 살펴봤을 때, 이는 모든 국가에 적합한 해결책이 아니며 국가별 맥락 고려가 필요함을 알 수 있다. 우리나라에서 도입할 시 투표 편의성과 투표율 제고 효과가 있을 것으로 보이나, 보안성, 투명성, 접근성 확보가 선결 과제임을 제언한다.

핵심키워드: 인터넷 투표, 전자투표, 해외사례, 블록체인, 보안성, 정당체제

출처 | 국회입법조사처(2023)

탐구주제

- **탐구주제1** 인터넷 투표의 보안 문제와 해결 방안에 대한 탐구
- **탐구주제2** 인터넷 투표제도 도입의 사회적 영향과 해외 사례 분석

관련학과

정치외교학과, 경찰행정학과, 공공인재학과, 공공행정학과, 도시행정학과, 사회복지학과, 사회학과, 자치행정학과, 정치행정학과, 지리학과, 행정학과, 행정복지학과, 행정정보융합학과, 정보보안학과

관련교과

세계시민과 지리, 사회와 문화, 현대사회와 윤리, 도시의 미래 탐구, 정치, 법과 사회, 인문학과 윤리, 사회문제 탐구, 윤리문제 탐구, 기후변화와 지속가능한 세계, 정보, 인공지능 기초, 데이터 과학, 진로와 직업, 생태와 환경, 인간과 경제활동

추천도서

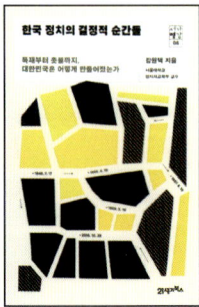

한국 정치의 결정적 순간들 (강원택, 21세기북스, 2019)

이 책은 강원택 서울대 교수가 한국 정치의 흐름과 특성을 특유의 예리한 시선으로 분석한 대중교양서이다. '대통령, 선거, 정당, 민주화' 4가지 키워드를 중심으로 한국 정치가 어떻게 전개되어 왔는지를 살펴보고, 내재된 문제점을 진단한다. 근본적 정치 구조 개혁을 위해서는 한국 정치의 역사적 흐름과 제도 특성에 대한 이해가 선결 과제임을 역설한다.

- **탐구주제3** 우리나라 정당체제의 변천과정과 특징 탐구
- **탐구주제4** 국회의원 선거제도 개혁 논의와 개선방안 탐구

132 일본 콘텐츠 시장 동향과 진출전략

내용 소개

이 보고서는 가까운 나라 일본의 콘텐츠 시장 동향 분석을 통해 우리나라 콘텐츠의 일본 시장 진출을 위한 전략을 제시하고 있다. 특히 일본은 우수한 콘텐츠로 국제적인 팬 커뮤니티 형성, 특히 게임·애니메이션·만화에서 국제경쟁력을 갖추고 있고, 가정용 게임에서 세계 1위를 유지하고 있으나 스마트폰 게임의 경우 우리나라보다 뒤처지는 경향이 있다.

핵심키워드
일본 콘텐츠 시장, 문화콘텐츠 산업, 문화콘텐츠 경쟁력

출처 | KOTRA(2023)

탐구주제
- **탐구주제1** 일본 콘텐츠 산업의 특징 및 동향에 관한 탐구
- **탐구주제2** 일본 콘텐츠 시장 진출을 위한 우리 기업의 진출전략

관련학과
국제통상학과, 경제통상학과, 국제통상물류학과, 글로벌통상학과, 무역학과, 국제무역학과, 글로벌문화콘텐츠학과, 디지털콘텐츠학과, 문화콘텐츠학과, 미디어콘텐츠학과, 융합콘텐츠학과, 게임콘텐츠학과, 국제경제학과

관련교과
미적분Ⅰ, 미적분Ⅱ, 경제 수학, 수학과제 탐구, 세계시민과 지리, 동아시아 역사 기행, 법과 사회, 경제, 국제 관계의 이해, 여행지리, 사회문제 탐구, 정보, 인공지능 기초, 데이터 과학, 소프트웨어와 생활, 일본어, 일본어 회화, 일본 문화

추천도서

문화콘텐츠 경영전략 (고정민, 커뮤니케이션북스, 2023)

이 책은 나날이 커져가는 경제적 가치와 중요성으로 인해 명실상부한 하나의 산업으로 자리매김한 문화콘텐츠를 다루고 있다. 문화콘텐츠 산업의 폭넓은 이해부터 K팝, K시네마, K드라마, K웹툰 등 다양한 분야에서 전 세계적으로 인기를 끌고 있는 우리나라 문화콘텐츠 산업의 경쟁력의 원천적인 원인과 문화콘텐츠 산업 10대 경영전략 등을 제시하고 있다.

- **탐구주제3** 문화콘텐츠 산업 10대 경영전략에 대한 탐구
- **탐구주제4** 우리나라 문화콘텐츠 산업의 경쟁력 요인 분석

133. 임신·출산 지원 정책 모니터링 및 과제

내용 소개

이 보고서는 오랜 시간 저출산 현상과 인구 고령화에 대응하여 막대한 예산을 투입하고도 긍정적인 결과를 내지 못하고 있는 세부 정책을 점검하고 모니터링을 통한 점검 내용을 제시하고 있다. 임신 및 출산 지원 정책의 적정성과 고령사회 기본계획안 운영의 적절성을 중심으로 제4차 저출산·고령사회 기본계획이 효율적으로 추진되도록 방향을 제시하고 있다.

핵심 키워드: 저출산·고령화, 우리나라 인구정책, 인구변화와 소비

출처 | 한국보건사회연구원(2022)

탐구주제
- 탐구주제1: 우리나라의 인구 정책과 임신·출산 관련 정책 탐구
- 탐구주제2: 우리나라의 건강한 임신 및 출산 지원 정책 모니터링 결과에 대한 분석

관련학과: 가정교육학과, 사회복지학과, 사회복지전공, 사회복지서비스상담학과 가족복지학과, 가족아동복지학과, 사회학과, 상담심리학과, 아동복지학과, 아동학과, 영유아보육학과, 인류학과, 일반사회교육과, 행정학과, 정치학과

관련교과: 사회와 문화, 정치, 법과 사회, 경제, 사회문제 탐구, 금융과 경제생활, 기술·가정, 생활과학 탐구, 생애 설계와 자립, 아동발달과 부모, 인간과 경제활동

추천도서

대한민국 인구·소비의 미래 (전영수, 트러스트북스, 2019)

이 책은 광범위한 대한민국 인구의 미래를 살펴보고 거기에 맞는 소비 분야 해법을 제시하고 있다. 인구변화는 사회구조뿐만 아니라 경제구조, 기업·시장 등 우리 사회 전반에 걸쳐 커다란 영향을 미치기 때문에 여기에 대한 대책을 철저하게 수립해야 한다. 특히 기업의 생존전략과 소비 분야에 대한 해법을 제시하고 있다.

- 탐구주제3: 한국의 인구변화 5대 관전 포인트 탐구
- 탐구주제4: 인구변화가 만들어낸 소비시장에 대한 대응방법 고찰

134 자율주행자동차 관련 국내외 입법 및 정책 동향

내용 소개

이 보고서는 세계적으로 연평균 40% 이상의 성장세를 보이고 시장 규모가 2030년 기준 6,565억 달러로 예측되고 있는 자율주행차 시장 관련 국내외 입법 및 정책 동향을 담고 있다. 우리나라는 자율주행자동차 시장에 맞추어 2019년 '자율주행자동차 상용화 촉진 및 지원에 관한 법률'을 제정하였고, 2021년 12월 '자율주행차 규제혁신 로드맵 2.0'을 발표했다.

핵심 키워드: 자율주행자동차, 자율주행자동차 입법, 자율주행자동차 정책 동향

출처 | 한국법제연구원(2023)

탐구주제

- **탐구주제1** 국내 자율주행자동차 입법 및 정책 동향에 관한 탐구
- **탐구주제2** 미국과 독일의 자율주행자동차 입법 및 정책 동향에 관한 비교

관련학과

법학과, 공공인재법학과, 국제법무학과, 공공행정학과, 공공행정전공, 행정정보학과, 행정학과, 정치행정학과, 공공정책학과, 정치외교학과, 산업공학과, 자동차공학과, 미래자동차공학과, 인공지능학과, 소프트웨어공학과

관련교과

미적분Ⅰ, 미적분Ⅱ, 대수, 인공지능 수학, 수학과제 탐구, 법과 사회, 정치, 윤리문제 탐구, 물리학, 역학과 에너지, 전자기와 양자, 창의 공학 설계, 지식 재산 일반, 정보, 인공지능 기초, 데이터 과학, 소프트웨어와 생활

추천도서

인공지능과 자율주행자동차, 그리고 법 (김기창 외, 세창출판사, 2017)

이 책은 최근 우리 사회 변화의 혁신을 가져오고 있는 인공지능과 자율주행자동차 등장에 따른 법학 분야의 변화를 다루고 있다. 인공지능과 자율주행자동차의 새로운 사회이슈에 대한 법적 시각과, 자율주행자동차의 윤리화와 과제 및 전망, 자율주행자동차의 등장과 사법과 공법의 변화, 자율주행자동차 관련 국제규범의 변화와 시사점을 담고 있다.

- **탐구주제3** 자율주행자동차에 적용되는 지능정보기술 탐구
- **탐구주제4** 자율주행자동차의 국제규범 변화와 시사점에 대한 탐구

135 잘파세대의 부상

내용 소개

이 보고서는 MZ세대 중 Z세대와 M세대의 자녀인 α세대를 통칭하는 신조어인 잘파세대에 대한 내용을 담고 있다. 잘파세대는 이전 세대보다 빨라진 신체적 성숙도와 더불어 왕성한 정보력, 브랜드 영향력과 구매력을 보유하고 있다. 본 보고서에서는 잘파세대의 금융 및 경제 분야의 특징, 소비와 저축 분야의 특징, 잘파세대에 대한 금융사들의 마케팅 플랫폼 등의 정보를 안내한다.

핵심키워드 잘파세대, 잘파세대 금융경험, 잘파세대 특징

출처 | 하나금융경영연구소(2023)

탐구주제
- 탐구주제1: 잘파세대 대상 국내외 금융회사의 대응사례에 대한 조사
- 탐구주제2: 잘파세대의 금융경험에 관한 결과 분석 및 시사점에 대한 탐구

관련학과
경제금융학과, 금융경제학과, 금융공학과, 금융보험학과, 금융학과, 디지털금융학과, 경제학과, 경제통상학과, 경영학과, IT금융경영학과, 국제경영학과, 글로벌경영학과, 디지털마케팅학과, 소비자학과, 산업공학과, 사회교육과

관련교과
미적분Ⅰ, 미적분Ⅱ, 경제 수학, 인공지능 수학, 수학과 문화, 수학과제 탐구, 사회와 문화, 정치, 법과 사회, 경제, 사회문제 탐구, 금융과 경제생활, 기술·가정, 생애설계와 자립, 아동발달과 부모, 정보, 인공지능 기초

추천도서

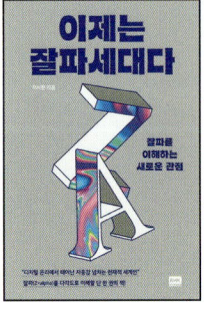

이제는 잘파세대다 (이시한, 알에이치코리아, 2023)

이 책은 최근 몇 년 동안 우리 사회의 사고방식과 소비 트렌드에 큰 변화를 일으킨 또 하나의 세대 '잘파세대'를 다루고 있다. 잘파세대의 특징을 디지털 온리, 자중감, 현재적, 세계인이라는 4가지로 분류해서 설명하고 있다. 잘파세대를 바라볼 때 단편적인 부분만 보지 말고 전체적인 경향을 살펴봄으로써 미래 우리 사회의 흐름과 변화를 살펴보게 하고 있다.

- 탐구주제3: 잘파세대가 이끌 소비 트렌드 변화에 대한 고찰
- 탐구주제4: 잘파세대의 특징과 잘파세대를 이해하는 4가지 키워드에 대한 탐구

136 장애인 대상 비대면 진료의 효율적 운영체계 연구

내용 소개

이 보고서는 이동의 어려움으로 인해 의료기관 방문과 만성질환 관리가 어려운 장애인의 현실을 분석하고 있다. 장애인의 이동권과 의료 접근성 문제를 개선하기 위해 비대면 진료가 필요한 분야를 장애인 대상 조사를 통해 파악하고, 기존 비대면 진료 시범사업과 관련 법률 분석을 바탕으로 장애인의 의료 접근성 향상을 위한 실질적 비대면 진료 방안 마련을 목적으로 한다.

핵심 키워드: 장애인, 비대면 진료, 공공의료, 인공지능기술

출처 | 한국보건의료연구원(2022)

탐구주제
- **탐구주제1** 장애인의 이동 제한이 의료 서비스 접근성에 미치는 영향 탐구
- **탐구주제2** 우리나라와 해외의 장애인 비대면 진료 사례 비교 분석

관련학과
보건행정학과, 간호학과, 공공행정학과, 사회복지학과, 사회학과, 보건경영학과, 보건의료경영학과, 보건의료정보학과, 건강관리학과, 공중보건학과, 산업경영학과, 산업환경보건학과, 안전보건학과, 의예과

관련교과
확률과 통계, 경제 수학, 실용 통계, 사회와 문화, 사회문제 탐구, 기후변화와 지속가능한 세계, 화학, 생명과학, 화학 반응의 세계, 세포와 물질대사, 생물의 유전, 기후변화와 환경생태, 운동과 건강, 생활과학 탐구. 생태와 환경, 보건

추천도서

아픈 의사, 다시 가운을 입다 (김선민, 메디치미디어, 2024)

이 책은 국가인권위원회, 건강보험평가심사원, WHO, OECD에서 공공의료와 의료정책을 담당했던 저자 김선민의 삶과 고통, 그리고 성취를 담은 인생 에세이이다. 늘 소수자로서 걸어온 저자 개인 인생 이야기를 넘어 여성 의료인, 병원과 사회를 잇는 의료인, 한국 의료와 세계 의료를 잇는 의료인으로 자기 삶을 채워가는 이야기가 폭넓게 담겨 있다.

- **탐구주제3** 인공지능과 빅데이터를 활용한 공공의료 개선 방안 탐구
- **탐구주제4** 공공과 민간의료 기관 간 협력을 통한 지역사회 건강 개선 사례 조사

137 저탄소경제 전환 전략과 정책과제

내용 소개

이 보고서는 저탄소경제로 전환하기 위한 전략을 수립하고 이를 뒷받침하는 제도를 설계하며, 기후변화와 저탄소경제 전환이 가져올 수 있는 영향을 분석하고 그 시사점을 제시하고 있다. 특히 온실가스 감축 경로 설정에 대한 제언, 부문별 감축계획의 적절성과 정합성에 대한 평가, 에너지 전환 전략과 발전용량 확대 로드맵에 대한 제언 등 중요한 내용을 담고 있다.

핵심 키워드 저탄소, 저탄소 정책, 기후변화

출처 | 한국개발연구원(2023)

탐구주제
- **탐구주제1** 글로벌 저탄소 전환의 국내 경제 파급효과에 대한 조사
- **탐구주제2** 저탄소 전환을 위한 배출권거래제 운영의 개선방안에 대한 탐구

관련학과
경제학과, 경제통상학과, 경영학과, 국제무역학과, 국제통상학과, 대기환경과학과, 지구환경과학과, 환경공학과, 토목환경공학과, 한경학과, 산업공학과, 에너지공학과, 나노에너지학과, 에너지시스템공학과, 에너지자원공학과

관련교과
미적분Ⅰ, 미적분Ⅱ, 경제 수학, 수학과제 탐구, 정치, 법과 사회, 경제, 사회문제 탐구, 기후변화와 지속 가능한 세계, 물리학, 화학, 역학과 에너지, 물질과 에너지, 전자기와 양자, 화학 반응의 세계, 기술·가정, 정보, 인간과 경제활동

추천도서

십 대가 꼭 알아야 할 기후변화 교과서 (이충환, 더숲, 2023)

이 책은 해를 거듭할수록 전 인류의 생존 문제로 자리 잡아가고 있는 기후변화에 대한 모든 것을 담고 있다. 갈수록 심화되고 있는 기후변화의 원인 및 기후변화의 역사와 최신 정보, 기후변화에 대한 모든 것을 쉽고 일목요연하게 제시하고 있다. 특히 다양한 사진과 그래프, 지도 등의 자료를 풍부하게 활용하여 기후변화에 대한 이해도를 높여주고 있다.

- **탐구주제3** 세계 각국의 기후변화 대응 사례 조사
- **탐구주제4** 기후변화의 역사와 실태 분석을 통한 해결 방안 모색

138 전고체 배터리

내용 소개

이 보고서는 2차전지의 공급량이 세계적으로 급증하면서 발화 및 폭발 사고의 증가로 심각한 인명피해 및 환경오염을 일으키는 상황에서 발화점이 낮은 액체 전해질을 고체 전해질로 대체하여 발화 및 폭발을 방지할 수 있는 전고체 배터리에 대한 내용을 담고 있다. 전고체 배터리 기술 동향, 산업 동향, 정책 동향, 연구 개발 투자동향 및 결론, 시사점을 제시하고 있다.

핵심키워드: 전고체 배터리, 2차전지, 차세대 2차전지

출처 | 한국과학기술기획평가원(2023)

탐구주제

- **탐구주제1** 전고체 배터리 기술 동향에 대한 탐구
- **탐구주제2** 전고체 배터리 산업 및 정책 동향에 대한 조사 연구

관련학과

화학공학과, 화학공학교육과, 화학공학부, 고분자화학과, 생명화학공학과, 응용화학공학과, 에너지화학공학과, 응용화학과, 환경공학과, 고분자공학과, 신소재공학과, 융합에너지공학과, 환경에너지공학과, 유기재료공학과

관련교과

미적분Ⅰ, 미적분Ⅱ, 기하, 수학과제 탐구, 기후변화와 지속가능한 세계, 물리학, 화학, 역학과 에너지, 전자기와 양자, 물질과 에너지, 화학 반응의 세계, 기후변화와 환경생태, 융합과학 탐구, 기술·가정, 창의 공학 설계, 생태와 환경

추천도서

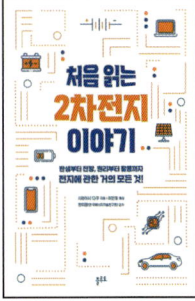

처음 읽는 2차전지 이야기 (시라이시 다쿠, 플루토, 2021)

이 책은 전 세계적으로 빠르게 성장하고 있는 전기자동차 시장에서 가장 핵심적인 역할을 담당하는 2차전지에 대한 내용을 담고 있다. 우리나라에 반도체만큼이나 중요한 먹거리가 되고 있는 2차전지의 기본 개념, 다양한 종류의 2차전지 이야기, 리튬이온전지 이야기, 미래에 등장할 차세대 2차전지 이야기 등 기본적인 내용부터 알기 쉽게 소개하고 있다.

- **탐구주제3** 차세대 2차전지 종류에 대한 조사 발표
- **탐구주제4** 다양한 리튬이온전지의 원리와 종류에 대한 조사 탐구

139 전시·체험형 동물시설 사육환경·동물상태 실태조사

내용 소개

최근 10년 사이에 동물전시체험시설이 증가했으나 동물종 및 마릿수와 같은 기본 정보조차 파악되지 않은 실정이다. 이에 이 보고서는 서울 외 지역 시설의 운영형태를 파악하여, 전국에 흩어진 이들 시설에 대한 전수조사 필요성을 제기한다. 아울러 사육환경과 동물 상태 조사를 통해 동물복지를 평가하고, 제도 및 법률 개선점을 도출하고자 한다.

핵심키워드 동물전시·체험시설, 동물복지, 동물의 자율성, 동물실험, 역량 접근법

출처 | 한국동물복지연구소(2023)

탐구주제
- **탐구주제1** 동물복지를 강화하기 위한 동물권법 제정 방안 탐구
- **탐구주제2** 동물전시체험시설에서의 동물복지를 높이기 위한 사육환경 개선 방안 탐구

관련학과
동물자원학과, 농생물학과, 동물보건복지학과, 동물보건생명과학과, 동물보건학과, 동물산업융합학과, 동물생명공학과, 동물생명자원학과, 동물의료관리과, 생명과학과, 생명공학과, 생명자원학과, 반려동산업학과, 법학과

관련교과
화학, 생명과학, 지구과학, 물질과 에너지, 화학 반응의 세계, 세포와 물질대사, 생물의 유전, 지구시스템과학, 기후변화와 환경생태, 융합과학 탐구, 기술·가정, 생활과학 탐구, 진로와 직업, 생태와 환경, 보건, 인간과 경제활동

추천도서

동물을 위한 정의 (마사 C. 누스바움, 알레, 2023)

이 책은 동물의 삶에 대한 적절한 시각을 제공하고 법과 관련된 조언을 제공하며, 상황을 전환시키고자 하는 철학 이론을 담고 있다. 인간 중심적인 정치적 사고가 동물을 배제하는 현실에서, 동물의 정의와 권리를 뒷받침하고 있는 이론의 결함을 알아본 후, 동물에 대한 정의와 불의를 생각하는 새로운 이론인 역량 접근법을 제시한다.

- **탐구주제3** 동물의 자율성과 복지에 대한 철학적 탐구
- **탐구주제4** 동물실험의 윤리적 정당성에 대한 역량접근법적 분석

140 정부부문 생성형 AI 챗봇 활용실태 및 개선방안

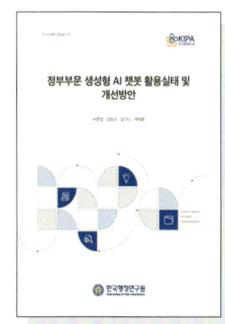

내용 소개

이 보고서는 전 세계적인 기술혁신 경쟁을 이끌고 있는 챗GPT 등 생성형 AI 챗봇을 중심으로 정부부문에서의 활용실태를 분석하여 생성형 AI의 정부부문 활용 개선방안을 제시하고 있다. 정부부문에서의 생성형 AI 챗봇의 활용실태 확인을 통해 효과적인 활용방안을 제시하고, 활용상의 문제점 분석 및 개선방안을 언급하며 AI활용 관련 정책 수립 지원 방안을 담고 있다.

핵심키워드 생성형 AI, 정부부문 AI 활용, 챗GPT와 교육

출처 | 한국행정연구원(2023)

탐구주제

- **탐구주제1** 정부부문 생성형 AI 챗봇 활용 개선방안에 대한 제시
- **탐구주제2** 생성형 AI 챗봇의 공공부문 활용 배경 및 활용 현황에 대한 탐구

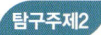

관련학과

공공정책학과, 공공정책학부, 정책학과, 행정학과, 공공행정학과, 공공인재학부, 도시행정학과, 자치행정학과, 사회학과, AI융합학과, 인공지능학과, 사회교육학과, 인공지능응용학과, 소프트웨어학과, 컴퓨터교육학과

관련교과

미적분Ⅰ, 미적분Ⅱ, 인공지능 수학, 수학과제 탐구, 현대사회와 윤리, 법과 사회, 경제, 사회문제 탐구, 물리학, 전자기와 양자, 융합과학 탐구, 기술·가정, 로봇과 공학세계, 창의 공학 설계, 정보, 인공지능 기초, 데이터 과학, 소프트웨어와 생활

추천도서

챗GPT 충격, 생성형 AI와 교육의 미래 (김용성, 프리렉, 2023)

이 책은 하루가 다르게 발전하는 생성형 AI가 교육계에 미치는 영향과 앞으로의 전망, 교육현장에서 생성형 AI 도구를 활용하는 방법과 융합 수업 사례 등 교육에 관심이 많은 사람들이 읽어야 하는 필수 내용이 담겨있다. 생성형 AI 서비스, 생성형 AI와 함께하는 프로젝트 수업, 수업 준비 사례, 생성형 AI와 우리 교육의 미래 변화 방향도 제시되어 있다.

- **탐구주제3** 생성형 AI가 변화시킬 교육 현장의 변화에 대한 예측
- **탐구주제4** 생성형 AI를 활용한 프로젝트 수업 사례에 대한 조사 탐구

141 정신장애인 노동권 보장을 위한 실태조사

내용 소개

이 보고서는 정신장애인 노동권 실태조사를 통해 정신장애인의 인권보장, 치료뿐만 아니라 열악한 경제실태 파악, 고용률이 저조한 구체적 원인 분석, 고용 및 직업재활 영역 전반의 세부 분야별 시사점을 발굴하고자 한다. 이를 바탕으로 정신장애인 고용률을 높이고 인식 및 제도 개선을 통해 정신장애인 인권 보장의 실제적인 정책대안을 마련하는 데 그 목적이 있다.

핵심키워드: 정신장애인, 노동권, 정신장애인 인권

출처 | 국가인권위원회(2022)

탐구주제
- 탐구주제1: 정신장애인 노동권 보장 방안에 대한 고찰
- 탐구주제2: 정신장애인 고용 및 직업재활 정책과 제도에 대한 탐구

관련학과: 사회복지학과, 복지상담학과, 사회복지상담학과, 재활복지학과, 재활상담학과, 언어재활학과, 재활보건학과, 재활심리학과, 언어재활심리학과, 의료재활학과, 휴먼서비스학과, 의예과, 특수교육학과, 특수체육교육과

관련교과: 현대사회와 윤리, 정치, 법과 사회, 윤리와 사상, 인문학과 윤리, 윤리문제 탐구, 사회문제 탐구, 체육1, 체육2, 운동과 건강, 생애 설계와 자립, 아동발달과 부모, 인간과 심리, 교육의 이해, 보건

추천도서

정신장애인의 인권 (서미경, 집문당, 2015)

이 책은 광범위한 정신장애인의 인권을 다루고 있다. 제1부에서는 인권으로서의 정신장애인의 기본권, 제2부에서는 정신장애인의 자유권과 강제적 치료, 지역사회치료명령, 정신장애인의 동의능력을 다루고 있다. 이외에도 정신장애인의 평등권 보호와 사회적 차별, 존엄권 보호의 쟁점, 우리나라 시설 내 정신장애인의 존엄권 보호 현황을 제시하고 있다.

- 탐구주제3: 정신장애인 자유권 존중에 대한 쟁점 탐구
- 탐구주제4: 정신장애인 존엄권 보호에 대한 쟁점 탐구

142 제로 트러스트 보안기술 동향과 적용방안

내용 소개

이 보고서는 10여 년 전 발표한 '아무것도 신뢰하지 않는다'를 전제로 한 사이버 보안 모델인 제로 트러스트 기술동향과 적용방안을 다루고 있다. 제로 트러스트는 외부 접속자뿐만 아니라 내부에서 접속한 사용자에 대해서도 무조건 신뢰하지 않고 검증하는 보안기술이다. 제로 트러스트 보안기술의 동향과 원리를 제시하고 그에 따른 실체적 적용 방안을 제시하고 있다.

핵심 키워드 제로 트러스트, 사이버 보안, 제로 트러스트 실현 기술

출처 | 한국문화정보원(2022)

탐구주제
- 탐구주제1 제로 트러스트 개요 및 동향에 대한 탐구
- 탐구주제2 제로 트러스트 기술 구축사례 및 적용방안에 대한 고찰

관련학과
정보보호학과, 정보보안학부, 정보보호학전공, 컴퓨터정보공학부, AI정보보안학과, 정보보안공학과, 정보보안전공, 정보보안학과, 컴퓨터정보보안학과, 컴퓨터공학과, 소프트웨어공학과, 정보통신공학과, 컴퓨터교육과

관련교과
미적분Ⅰ, 미적분Ⅱ, 인공지능 수학, 수학과제 탐구, 정치, 법과 사회, 윤리문제 탐구, 물리학, 전자기와 양자, 융합과학 탐구, 기술·가정, 로봇과 공학세계, 생활과학 탐구, 지식 재산 일반, 정보, 인공지능 기초, 데이터 과학, 소프트웨어와 생활

추천도서

제로 트러스트 (가쓰무라 유키히로, 제이펍, 2022)

이 책은 구글이 채택한 최강의 보안 '제로 트러스트'가 왜 주목받는지, 글로벌 기업들이 잇달아 채택하는 이유가 무엇인지 알기 쉽게 설명해놓았다. 아무도 신뢰하지 않는 차세대 제로 트러스트와 그 등장 배경을 설명하고 제로 트러스트를 구축하기 위해 알아야 할 기술, 제로 트러스트를 구성하는 서비스, 사이버 공격의 최근 수법 등을 소개하고 있다.

- 탐구주제3 제로 트러스트 기술의 개념과 실현 기술에 대한 조사
- 탐구주제4 제로 트러스트를 위협하는 사이버 공격 종류에 대한 고찰

143 주요 이슈로 보는 디지털 통상 시대

내용 소개

이 보고서는 글로벌 경제의 디지털 대전환이 국제통상환경에 큰 영향을 미침에 따라 국가적으로 대응 역량을 모아야 할 필요성이 제기된 것을 계기로 발간되었다. 주요 데이터 이전에 관한 지식과 쟁점 및 대응방안을 제시하고, 데이터 주권 사례와 클라우드보안인증제, 개인과 기업의 데이터 활용과 보호, 플랫폼 공급자의 책임, 인앱결제, 망사용료 등의 핵심 이슈를 제시한다.

핵심키워드: 디지털 통상, 디지털 공정거래, 디지털 플랫폼

출처 | 산업통상자원부(2022)

 **탐구주제**
- **탐구주제1** 개인정보를 활용한 마이데이터 산업의 현황과 전망
- **탐구주제2** 디지털 공정거래를 위한 디지털 플랫폼에 대한 탐구

 **관련학과**
국제통상학과, 글로벌통상학과, 경제통상학과, 국제통상물류학과, 물류통상학과, 무역학과, 무역유통학과, 국제무역학과, 글로벌경영학과, 경영학과, 경제학과, 디지털경영학과, 디지털금융학과, 디지털마케팅학과

 **관련교과**
경제 수학, 인공지능 수학, 실용 수학, 수학과제 탐구, 법과 사회, 경제, 국제관계의 이해, 사회문제 탐구, 금융과 경제생활, 윤리문제 탐구, 융합과학 탐구, 기술·가정, 생활과학 탐구, 지식 재산 일반, 정보, 인공지능 기초, 소프트웨어와 생활

추천도서

디지털시대의 정책과 통상전략 (최지은 외, 경인문화사, 2022)

이 책은 디지털 통상이라는 새로운 개념을 소개하고 있다. 통상이란 다른 나라와의 재화 거래를 의미하는데, 디지털 통상은 디지털 환경이라는 변화를 통해 새롭게 생겨난 개념이다. 디지털 통상은 아마존, 알리바바와 같은 전자상거래를 통해 해외 업체와 거래하는 것에서부터 유튜브, 넷플릭스와 같은 OTT 서비스를 통해 디지털 상품과 서비스를 판매하는 분야까지 확대되었다.

- **탐구주제3** 디지털 시대의 통상전략과 정책 제안
- **탐구주제4** 데이터세의 개념과 국내입법 방안에 대한 탐구

144. 주요국의 반도체 정책과 기업들의 대응 동향

내용 소개

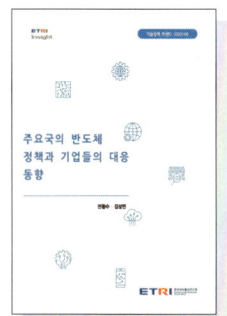

반도체 산업은 4차 산업혁명 핵심 분야로 미국은 설계 및 원천기술, 한국과 대만은 생산, 미국과 네덜란드는 장비, 일본은 소재를 담당하는 등 수십 년에 걸쳐 국가 간 전문화·분업화로 이루어지고 있다. 이 보고서는 주요국의 반도체 정책과 기업 대응을 살펴보고, 우리나라가 국제 네트워크를 바탕으로 지속가능한 발전 모델을 마련할 수 있는 방향을 모색한다.

핵심키워드: 반도체 산업, 반도체 기업, 인공지능 기술, 반도체 공급망, 차세대 반도체 소재

출처 | 한국전자통신연구원(2022)

탐구주제1 주요 반도체 강국의 반도체 산업 정책 비교 탐구
탐구주제2 주요국 반도체 기업들의 인공지능 기술 도입 및 활용 동향 분석

관련학과: 반도체공학과, AI반도체학부, 기계공학과, 글로벌경영학과, 글로벌비즈니스학과, 나노반도체공학과, 물리학과, 시스템반도체공학과, 융합반도체공학과, 지능형반도체공학과, 전기전자공학과, 재료공학과, 화학공학과, 화학과

관련교과: 물리학, 화학, 지구과학, 역학과 에너지, 전자기와 양자, 물질과 에너지, 화학 반응의 세계, 지구시스템과학, 융합과학 탐구, 기술·가정, 로봇과 공학세계, 생활과학 탐구, 창의 공학 설계, 정보, 인공지능 기초, 데이터 과학, 소프트웨어와 생활

추천도서

반도체 삼국지 (권석준, 뿌리와이파리, 2022)

이 책은 현재 글로벌 반도체 산업에서 벌어지고 있는 경쟁과 도전에 대한 대응 전략을 다루고 있다. 저자는 한국, 일본, 중국의 반도체 산업 현황과 역사, 그리고 앞으로의 전망을 전략적 관점에서 다루며, 이를 통해 한국 반도체 산업이 직면한 도전과 대응 방안, 경쟁력 확보 방안, 차세대 반도체 기술 전쟁의 핵심 등을 명쾌하고도 흥미진진하게 제시한다.

탐구주제3 한국, 일본, 중국의 반도체 산업 구도 변화와 경쟁력 분석
탐구주제4 차세대 반도체 소재 연구 및 개발 동향과 과제에 대한 탐구

145 주요국의 탄소중립과 그린성장전략에 관한 연구

내용 소개

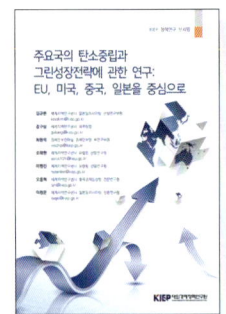

이 보고서는 EU, 미국, 중국, 일본 등 세계 주요국 및 주요 지역의 그린성장전략을 살펴보고, 핵심정책이라 할 수 있는 에너지전환(재생에너지·차세대 원자력 및 수소에너지), 녹색금융, 탄소가격제에 대한 주요국의 정책 및 제도 운용을 분석한 후 정부에 대한 정책적 시사점을 도출하고 있다. 주요국가 그린성장전력 정책, 주요국의 에너지 및 차세대 원자력기술을 담고 있다.

핵심키워드: 탄소중립, 그린성장, 녹색성장

출처 | 대외경제정책연구원(2022)

탐구주제

- **탐구주제1** EU와 미국의 그린성장전략에 대한 조사 탐구
- **탐구주제2** 우리나라의 올바른 그린성장전략 정책 시사점에 대한 탐구

관련학과

환경공학과, 환경교육과, 환경학과, 환경보건과학과, 환경에너지공학과, 건설환경공학과, 대기환경과학과, 생명환경학과, 지구환경과학과, 지역환경산업학과, 산업공학과, 공공정책학과, 법학과, 정책학과, 행정학과

관련교과

미적분Ⅰ, 미적분Ⅱ, 인공지능 수학, 수학과제 탐구, 정치, 법과 사회, 사회문제 탐구, 기후변화와 지속가능한 세계, 물리학, 화학, 역학과 에너지, 물질과 에너지, 전자기와 양자, 기후변화와 환경생태, 기술·가정, 생활과학 탐구, 생태와 환경

추천도서

녹색성장 말고 기후정의 (박재용, 뿌리와 이파리, 2023)

이 책은 불평등한 기후위기를 극복하고 더 많은 사람들이 기후위기의 심각성에 동의하고 우리의 삶을 풍요롭게 하자는 목적으로 출간되었다. 기후의 과학이나 재생에너지 기술이 아니라 온실가스 배출의 부정의로 이야기를 시작하고 이후 기술에 대한 낙관주의를 비판하며 에너지 전환의 필요성과 생활 속 실천 과정에서의 정의로움에 대해 서술하고 있다.

- **탐구주제3** 기후위기 대응을 위한 교육적 방법 탐구
- **탐구주제4** 기후위기 극복 및 지속가능한 경제 성장을 위한 정책 조사

146 주요국의 핵심광물 확보전략과 시사점

내용 소개

이 보고서는 수요가 지속적으로 증가하고 있는 반면에 공급은 감소하고 있는 핵심광물의 안정적인 확보전략을 담고 있다. 핵심광물은 풍력·태양광과 같은 친환경 에너지 설비와 전력망, 전기차·배터리, 방산물자 등 주요 산업에 없어서는 안 될 필수 원료이다. 세계 주요국들이 핵심광물 확보를 위해 치열한 경쟁을 하고 있는 만큼, 우리나라도 안정적인 공급망을 확보하기 위한 전략을 수립해야 한다.

핵심 키워드 핵심광물, 핵심광물 확보전략, 자원전쟁

출처 | 한국무역협회(2022)

탐구주제

- **탐구주제1** 핵심광물의 개념과 활용에 대한 조사 연구
- **탐구주제2** 세계 주요국 핵심광물 확보전략 및 시사점 탐구

관련학과

에너지자원공학과, 에너지공학과, 에너지시스템공학과, 에너지화학공학과, 고분자공학과, 공업화학과, 그린화학공학과, 나노에너지화학과, 바이오화학공학과, 생명화학공학과, 화학공학과, 화학공학교육과, 환경에너지공학과

관련교과

미적분Ⅰ, 미적분Ⅱ, 인공지능 수학, 수학과제 탐구, 물리학, 화학, 역학과 에너지, 물질과 에너지, 전자기와 양자, 화학 반응의 세계, 융합과학 탐구, 기후변화와 환경생태, 기술·가정, 정보, 창의 공학 설계, 지식 재산 일반, 생태와 환경

추천도서

부전자전 (리우쭈샤, 생각수레, 2014)

이 책은 세계 자원을 둘러싸고 벌어지는 자원 전쟁을 다루고 있다. 오랜 기간 전쟁의 원인이 되었던 석유자원, 독과점 시장을 형성하고 있는 철광석, 생존의 위협으로 다가온 수자원, 세계 경제에 큰 영향을 미치고 있는 금융자원, 고령화 사회로 더욱 중요성이 커진 인적자원, 새로운 시대의 산업비타민으로 불리는 희토류 자원 등을 둘러싼 갈등을 담고 있다.

- **탐구주제3** 광물자원 확보 갈등 방지를 위한 대체 자원에 대한 조사 탐구
- **탐구주제4** 희토류의 중요성 및 희토류 자원 확보를 위한 국가 간 경쟁 조사

147 중소기업 임금피크제 현황 및 시사점

내용 소개

이 보고서는 최근 시행되고 있는 중소기업에서의 임금피크제를 다루고 있다. 임금피크제는 생산가능인구와 경제활동인구 감소 대응을 위해 정년연장(60세)과 함께 시행된 제도로 운영의 취지는 인건비 절감을 통한 신규 고용 창출과 숙련근로자의 계속고용을 통한 생산성 향상에 있다. 중소기업에서의 임금피크제는 대기업에 비해 임금 감액률이 높은 걸로 나타났다.

핵심키워드 노동법, 임금피크제, 최저임금제

출처 | 중소벤쳐기업연구원(2022)

탐구주제

- **탐구주제1** 임금피크제의 개념 및 유형에 대한 탐구
- **탐구주제2** 임금피크제 도입 현황 및 중소기업의 대응전략에 관한 조사

관련학과

경영학과, IT경영학과, 글로벌경영학과, 기업경영학부, 디지털경영학과, 벤처경영학과, 산업경영학과, 스마트경영학과, 복지경영학과, 창업경영학과, 경제학과, 행정학과, 법학과, 정책학과, 공공정책학과, 노동복지전공

관련교과

미적분Ⅰ, 미적분Ⅱ, 수학과제 탐구, 사회와 문화, 정치, 법과 사회, 경제, 국제 관계의 이해, 사회문제 탐구, 금융과 경제생활, 기술·가정, 생활과학 탐구, 생애 설계와 자립, 인간과 경제활동

추천도서

단 한 권의 노동법 (정종희, 시대의창, 2016)

이 책은 대기업이나 중소기업에 근무하는 노동자라면 누구나 알아야 할 노동법의 내용을 담고 있는데, 크게 근로시간, 임금, (기타) 근로조건으로 구성되어 있다. 이 세 가지 조건은 근로자와 사용자의 관계를 규정하는 노동법의 핵심이다. 어려운 학설과 법률 대신에 독자들이 노동법의 실제를 쉽고 간결하게 이해할 수 있게 도움을 주고 있다.

- **탐구주제3** 근로시간의 개념과 휴식 제도에 대한 조사
- **탐구주제4** 임금지급의 4대 원칙과 최저임금 제도에 대한 조사 탐구

148 지역사회 고령친화 생활마을 조성 모델 및 정책개선 방안 연구

내용 소개

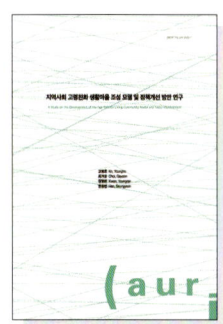

이 보고서는 지역사회의 초고령사회 대응을 위해 지역 고령자 지역사회 지속거주의 일상생활을 지원할 수 있는 주거와 복지 서비스 연계의 마을 조성을 개발하고, 한국형 고령친화 커뮤니티 실현을 위해 정책개선안을 제시하는 데 중점을 두고 있다. 연구를 통해 국민건강보험과 장기요양보험 절감액 산출에 있어 단기 및 중기, 장기로 구분해 3단계 정책개선 방안을 담았다.

핵심키워드: 고령친화 생활마을, 고령친화 생활, 고령친화 건축 설계

출처 | 건축공간연구원(2022)

탐구주제

- **탐구주제1** 고령친화 생활마을의 개념과 역할에 대한 고찰
- **탐구주제2** 고령친화 생활마을 조성 방안에 대한 정책적 제언

관련학과

도시계획부동산학과, 도시계획학과, 도시행정학과, 도시공학과, 부동산개발학과, 부동산경영학과, 부동산국토정보학과, 도시·부동산학과, 지적학과, 토지행정학과, 행정학과, 정책학과, 고용서비스정책학과, 공공정책학과

관련교과

세계시민과 지리, 사회와 문화, 한국지리 탐구, 도시의 미래 탐구, 정치, 법과 사회, 경제, 사회문제 탐구, 기후변화와 지속가능한 세계, 기술·가정, 생활과학 탐구, 생애 설계와 자립, 아동발달과 부모, 정보, 생태와 환경

추천도서

고령친화 생활과 건축 (이응직, 진영사, 2016)

이 책은 고령친화 생활과 건축과 관련된 전반적인 내용을 담고 있다. 고령친화 생활마을 조성에 있어 건축이 어떤 역할을 수행해야 하는지는 중요한 요소이다. 미래지향적 주거기술, 주거안전, 건축설계 방법, 건축사례 및 특성을 살펴보고, 고령자들이 건강하고 편리한 삶을 영위할 수 있는 물리적 환경(열, 빛, 공기) 등을 조성하는 것과 관련된 정보를 제공하고 있다.

- **탐구주제3** 고령친화 건축 설계에 반영이 필요한 실내 환경 요소에 대한 탐구
- **탐구주제4** 고령친화 생활에서 요구되는 건축설계 방법 및 건축사례에 대한 조사

149 차세대 배터리 동향 및 전망

내용 소개

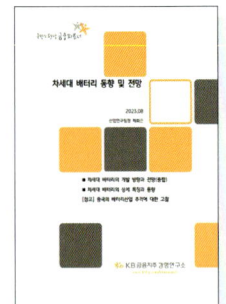

이 보고서는 현재 개발이 진행되고 있는 원가 절감과 에너지 밀도 향상, 안정성 향상 등 세 가지 방향에서 연구개발 중인 차세대 배터리 동향과 전망을 담고 있다. 현재 개발 중인 차세대 배터리는 원가절감 측면에서는 나트륨이온 배터리, 에너지 밀도 향상 측면에서는 전고체 배터리, 리튬황 배터리, 금속공기 배터리 등이 있다. 특히 에너지 밀도 향상은 매우 중요한 요소이다.

핵심키워드: 차세대 배터리, K 배터리, 배터리 산업

출처 | KB금융지주경영연구소(2023)

탐구주제

- **탐구주제1** 차세대 배터리 개발 방향과 전망에 대한 고찰
- **탐구주제2** 차세대 배터리의 상세 특징과 동향에 대한 탐구

관련학과

화학공학과, 화학공학부, 화학공학교육과, 공업화학과, 그린화학공학과, 바이오화학공학과, 신소재화학공학과, 에너지자원화학공학과, 에너지화학공학과, 응용화학공학과, 응용화학과, 재료화학공학과, 화공신소재공학과

관련교과

미적분Ⅰ, 미적분Ⅱ, 수학과제 탐구, 물리학, 화학, 역학과 에너지, 물질과 에너지, 전자기와 양자, 화학 반응의 세계, 기후변화와 지속가능한 세계, 융합과학 탐구, 기술·가정, 창의 공학 설계, 지식 재산 일반, 정보, 생태와 환경

추천도서

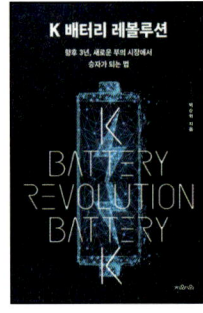

K 배터리 레볼루션 (박순혁, 지와인, 2023)

이 책은 대한민국의 배터리 산업의 기술력과 위치는 물론, 산업 전반에 떠도는 오해와 풍문을 명확히 설명해주고 있다. 그동안 사람들에게 다소 생소했던 배터리 산업에 대해 기본적인 지식부터 향후 10년을 좌우하게 될 미래 전망까지를 제대로 담고 있다. 왜 글로벌 넘버원이 대한민국 배터리 기업인지, 현재의 기술 수준 등에 대해 명확히 설명하고 있다.

- **탐구주제3** K 배터리의 기술 초격차 전략에 대한 탐구
- **탐구주제4** 배터리 산업에 대한 5가지 거짓과 진실에 대한 탐구

150 책임 있는 AI

내용 소개

인간의 요구에 따라 데이터를 찾고 학습하며, 추론과 의사결정 능력을 지녀 새로운 텍스트, 이미지, 코드 등을 빠르게 생성해 낼 수 있는 생성형 AI의 등장으로 인해 발생할 수 있는 윤리적, 사회적 문제가 드러나고 있다. 이 보고서는 이러한 우려를 해소할 수 있는 방안을 도출하고자 하는 목적에서 쓰였다. 생성형 AI 기술을 책임감 있고 윤리적으로 사용하는 방식을 제언하고 있다.

핵심키워드 생성형 AI, 책임 있는 AI, 생성형 AI 활용 교육

출처 | 삼일PwC경영연구원(2023)

탐구주제

- **탐구주제1** '책임 있는' 생성형 AI 활용을 위한 고려사항에 대한 고찰
- **탐구주제2** '책임 있는' AI 프레임워크 및 거버넌스 모델에 대한 탐구

관련학과

인공지능학과, 인공지능공학과, 인공지능응용학과, AI융합학과, AI학과, AI소프트웨어학과, 심리뇌과학과, 데이터과학과, 데이터사이언스학과, 지능데이터융합학부, 컴퓨터인공지능학부, 컴퓨터공학부, 인공지능학과

관련교과

미적분Ⅰ, 미적분Ⅱ, 인공지능 수학, 실용 통계, 수학과제 탐구, 현대사회와 윤리, 윤리문제 탐구, 물리학, 역학과 에너지, 전자기와 양자, 융합과학 탐구, 기술·가정, 로봇과 공학세계, 정보, 인공지능 기초, 데이터 과학, 소프트웨어와 생활

추천도서

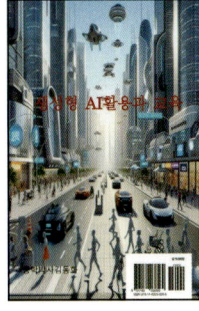

생성형 AI활용과 교육 (김동화, 창조와지식, 2025)

이 책은 생성형 AI의 개념과 원리를 설명하고, 이를 교육에 효과적으로 적용하는 방법을 제시한다. AI 기반 학습 도구 활용, 맞춤형 교육 전략, 교육 현장에서의 적용 가능성을 탐구한다. 또한, AI 윤리 문제와 교육의 미래를 논의하며, 교사와 학습자가 AI를 올바르게 활용할 수 있도록 돕는다.

- **탐구주제3** 생성형 AI의 교육적 활용 가능성과 한계에 대한 탐구
- **탐구주제4** 생성형 AI 기반 교육과 전통적 교육 방식의 효과 비교 분석

151 챗GPT 등 생성형 AI 활용 보안 가이드라인

내용 소개

이 보고서는 최근 널리 사용되고 있는 생성형 AI 기술 활용에 있어 보안 가이드라인을 제시하고 있다. 생성형 AI 기술에서 잘못된 정보, AI 모델 악용, 유사 AI 모델 서비스 빙자, 데이터 유출, 플러그인 취약점, 확장 프로그램 취약점, API 취약점 등은 대표적인 보안 위협 요인이다. 이러한 보안 위협을 예방하고 안전한 서비스를 구축하기 위해서는 보안 가이드라인을 지켜야 한다.

핵심키워드: 생성형 AI 보안, 생성형 AI 활용 가이드라인, AI 윤리

출처 | 국가정보원(2023)

탐구주제

- **탐구주제1** 생성형 AI 기술의 대표적인 보안 위협에 대한 탐구
- **탐구주제2** 생성형 AI 기술의 사용 가이드라인에 대한 탐구 조사

관련학과

컴퓨터공학과, 컴퓨터교육과, 디지털보안학과, AI소프트웨어학과, ICT융합학과, 국방시스템공학과, 국방정보공학과, 사이버국방학과, 사이버보안학과, 소프트웨어학과, 소프트웨어공학과, 소프트웨어융합학과, 융합보안공학과

관련교과

미적분Ⅰ, 미적분Ⅱ, 인공지능 수학, 수학과제 탐구, 법과 사회, 사회문제 탐구, 윤리문제 탐구, 물리학, 역학과 에너지, 전자기와 양자, 융합과학 탐구, 기술·가정, 창의 공학 설계, 정보, 인공지능 기초, 데이터 과학, 소프트웨어와 생활

추천도서

지능정보사회와 AI 윤리 (한국정보통신보안윤리학회, 배움터, 2021)

딥러닝 기술을 포함한 AI 기술의 발전으로 인해 지능정보사회가 등장하면서 AI가 소통의 주체와 객체로써 등장하였는데, 이 책은 사람과 AI 사이 간의 소통 시 발생하는 많은 역기능 예방 문제를 다루고 있다. 지능정보화사회 역기능 예방을 위해서는 법 제도적인 측면과 함께 윤리적인 측면에서의 접근이 중요한데 이에 따라 윤리적인 측면에서 접근한 책이다.

- **탐구주제3** 지능정보사회에서의 개인정보보호 방안
- **탐구주제4** 지능정보사회에서의 인공지능 윤리 가이드라인에 대한 탐구

152. 초등 교사를 위한 KERIS와 시작하는 인공지능 교육

내용 소개

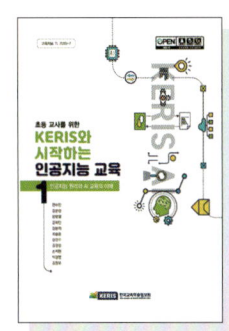

이 보고서는 초등학교 교사들이 활용할 수 있는 인공지능교육 수업지도 자료이다. 인공지능 기술이 사회 전반에 걸쳐 확산되면서 안전, 의료, 국방, 금융, 교육 등 다양한 분야에서 활용되고 있는데 그중에서 교육에서의 활용에 많은 관심이 집중되고 있다. 인공지능의 이해와 AI 교육의 이해, 인공지능 교육 방향, 인공지능 수업 활용 사례 및 사회적 영향력 등이 담겨있다.

핵심 키워드: 인공지능 교육, 인공지능 수업사례, 인공지능 미래교육

출처 | 한국교육학술정보원(2020)

탐구주제

- **탐구주제1** 인공지능 활용 수업사례에 대한 조사
- **탐구주제2** 인공지능을 활용한 교육 동향과 교육 방향에 관한 고찰

관련학과

초등교육과, 초등교육학과, 초등특수교육과, 교육학과, 교육학부, 교육공학과, 교육심리학과, 컴퓨터교육과, 유아교육과, 아동교육학과, 아동보육학과, 인공지능학과, 인공지능공학과, 컴퓨터공학과, 소프트웨어공학과

관련교과

실용 수학, 인공지능 수학, 현대사회와 윤리, 인문학과 윤리, 윤리문제 탐구, 사회문제 탐구, 기술·가정, 로봇과 공학세계, 지식 재산 일반, 정보, 인공지능 기초, 데이터 과학, 소프트웨어와 생활, 교육의 이해

추천도서

챗GPT 교육혁명 (정제영 외, 포르체, 2023)

이 책은 인공지능과 함께 발전할 미래 교육의 비전을 제안하며 교육 현장에서 AI와 챗GPT를 활용하는 교수법과 교사의 역할, 교육의 미래를 설명하고 있다. 학습자가 선행학습한 내용을 기반으로 의견을 나누는 교과서에 얽매인 교육이 아니라 학습자에게 직접 가닿는 교육의 시대를 알려주고 있다. 인공지능과 챗GPT를 활용하는 최첨단 교육 제안서이다.

- **탐구주제3** 챗GPT를 활용한 미래교육의 방향에 대한 고찰
- **탐구주제4** 챗GPT를 활용한 자기주도적 학습 사례에 대한 조사 탐구

153 초연결사회×전환도시 거버넌스의 전환 : 디지털시대의 민관협력

내용 소개

이 보고서는 디지털 정보기술의 발전에 따른 민간·산업 부문과 공공부문과의 협력모델을 제시하고자 한다. 디지털기술의 발전은 내적으로 공공부문의 의사결정을 지원하고 외적으로는 공공부문이 공급하는 서비스의 다양성과 품질을 향상시킬 수 있다. 또한 데이터의 축적과 지능정보기술의 발전은 정책결정에 있어 증거기반의 의사결정 지원을 강화할 수 있다.

핵심 키워드: 시빅 해킹, 민관협력, 디지털 정부

출처 | 서울연구원(2022)

 **탐구주제**

- **탐구주제1** 디지털시대 새로운 민관협력 모델인 '시빅 해킹'에 대한 탐구
- **탐구주제2** COVID-19 마스크앱 개발을 통한 민간협력 정책결정 과정에 대한 탐구

 **관련학과**

자치행정학과, 행정학과, 도시·자치융합학과, 경찰행정학과, 공공인재학부, 공공정책학과, 공공행정학과, 도시행정학과, 정치행정학과, 행정정보학과, 행정학부, 정치외교학과, 정치행정학부 행정학전공, 법학과

 관련교과

세계시민과 지리, 사회와 문화, 정치, 법과 사회, 경제, 국제 관계의 이해, 사회문제 탐구, 기후변화와 지속가능한 세계, 기술·가정, 정보, 소프트웨어와 생활, 제2외국어, 한문, 한문 고전 읽기, 언어생활과 한자, 인간과 심리, 인간과 경제활동

추천도서

디지털 대전환 시대의 보이는 정부 (명승환 외, 윤성사, 2022)

이 책은 디지털 대전환 시대의 대한민국이 지향하고 나아가야 할 정부의 모습을 기술하고 있다. 미래사회는 실용주의 시민 중심적 국가, 디지털 방식의 보편화, AI-데이터 기반 정부와 사회 메커니즘 그리고 개방적 공동체 중심 사회의 모습을 띤다. 미래 우리 정부는 새로운 메커니즘에서 혁신적 기업가 정신과 사회적 정의를 모두 추구해야 할 필요가 있다.

- **탐구주제3** 블록체인을 활용한 공공기관 업무 사례에 대한 조사
- **탐구주제4** 공공기관에서 활용할 수 있는 메타버스 분야 정책 제언

154. 초연결사회×전환도시 에너지의 전환 : 분산에너지와 ICT의 만남

내용 소개

이 책은 2020년 기후위기의 심각성을 인지한 후 우리나라가 탄소중립에 동참하였고 2050년까지 탄소중립을 실천하기 위한 방법으로 친환경 재생에너지에 적합한 '분산에너지 시스템'으로의 전환을 꾀하는 내용을 담고 있다. 세계 각국은 탈석탄 탈원전 정책을 기조로 에너지 수요관리와 분산에너지 시스템에 적합한 기술과 인프라, 제도를 갖추고 전력 부분에 ICT 기술을 적용하고 있다.

핵심키워드 에너지 전환, 분산에너지, 분산형 발전

출처 | 서울연구원(2022)

탐구주제

- **탐구주제1** 분산에너지와 ICT의 연계방향에 대한 고찰
- **탐구주제2** 분산형 발전을 이끄는 마이크로그리드와 가상발전소에 대한 탐구

관련학과

에너지공학과, 에너지과학과, 에너지신소재공학과, 바이오에너지공학과, 바이오환경에너지학과, 에너지·전기공학과, 에너지시스템공학과, 에너지융합공학과, 에너지자원공학과, 에너지학과, 에너지화학공학과, 미래에너지공학과

관련교과

미적분Ⅰ, 미적분Ⅱ, 인공지능 수학, 수학과제 탐구, 기후변화와 지속가능한 세계, 물리학, 화학, 역학과 에너지, 물질과 에너지, 전자기와 양자, 화학 반응의 세계, 기후변화와 환경생태, 기술·가정, 창의 공학 설계, 정보, 생태와 환경

추천도서

한국의 에너지 전환 관점과 쟁점 (김연규 외, 한울아카데미, 2019)

이 책은 우리나라보다 먼저 에너지 전환을 시작한 에너지 선진국의 사례를 살피고 국내외 여러 에너지 담론과 정책을 짚으며 그 속의 다양한 입장과 이해관계들을 들여다보고 있다. 이 책을 통해 한국 에너지 체계의 과거, 현재, 미래를 조망하고 이제 막 에너지 전환 시작 단계에 들어선 우리나라에 적절한 에너지 전환 모델을 구상하고 살펴볼 수 있다.

- **탐구주제3** 세계 주요국의 에너지 전환 사례에 대한 조사
- **탐구주제4** 한국 에너지 전환 쟁점 중 에너지 전환과 분산형 에너지 거버넌스 고찰

155. 초저출산의 경제적·비경제적 원인 : 설문 실험을 통한 분석

내용 소개

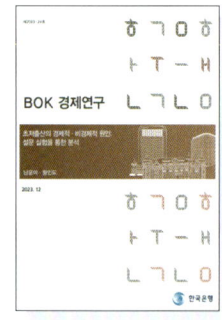

이 보고서는 전국의 25~39세 성인 2,000명을 대상으로 설문조사를 실시하고, 우리나라 초저출산이 어떠한 경제적·비경제적 요인에서 기인하는지 분석하였다. 분석 결과를 종합해보면, 우리나라의 초저출산 현상에 주택 마련의 부담감과 취업의 어려움, 고용의 불안정성 등의 경제적 요인과 가치관 변화 등의 비경제적 요소가 복합적으로 작용하고 있음을 알 수 있다.

핵심키워드: 초저출산, 고령화, MZ세대, 인구위기, 인구 변화, 자녀수요모형, 스웨덴

출처 | 한국은행경제연구원(2023)

탐구주제

- **탐구주제1** MZ세대의 저출산 대응 정책의 요구도 및 우선순위 분석
- **탐구주제2** 거시적, 미시적 관점에서의 저출산 고령화의 원인과 해결책 탐구

관련학과

지리학과, 공공인재학과, 공공행정학과, 노인복지학과, 도시행정학과, 문화콘텐츠학과, 미디어커뮤니케이션학과, 사회복지학과, 사회학과, 소비자학과, 아동가족학과, 아동복지학과, 응용통계학과, 사회교육과, 통계학과

관련교과

세계시민과 지리, 사회와 문화, 현대사회와 윤리, 도시의 미래 탐구, 법과 사회, 경제, 윤리와 사상, 인문학과 윤리, 사회·문화 탐구, 윤리문제 탐구, 기후변화와 지속가능한 세계, 기술·가정, 생애 설계와 자립, 아동발달과 부모, 생태와 환경

추천도서

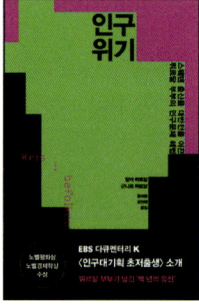

인구 위기 (알바 뮈르달 외, 문예출판사, 2023)

이 책은 스웨덴의 지속적인 인구감소, 생산성과 생활수준 저하, 저출산 문제를 다루며 이를 극복하기 위한 사회 개혁 방안을 논의한다. 알바 뮈르달은 출산율을 높이기 위해 진보적인 가족정책을 제시하며, 출산과 양육 비용의 대부분을 사회가 부담하고, 기혼 취업 여성의 직장생활과 가정생활이 양립할 수 있도록 사회가 적극적으로 지원해야 한다고 주장한다.

- **탐구주제3** 게리 베커의 자녀수요모형을 통한 초저출산 문제의 원인에 대한 탐구
- **탐구주제4** 저출산이 미치는 경제적 영향과 대응: 한국과 스웨덴의 비교 분석

156. 최근 우리나라 수출영향 요인 분석 : 원/달러 환율 및 위안/달러 환율을 중심으로

내용 소개

이 보고서는 원/달러 환율이 상승세인 상황에서 원/달러 환율이 우리나라 수출에 미치는 영향을 분석하고 있다. 분석 결과 환율이 우리나라 수출금액에 미치는 영향은 미미한 것으로 나타났고, 원/달러 환율보다는 주요국의 생산지수, 국제유가 등이 유의미한 영향을 미치고, 반도체, 자동차, 화학제품 등 우리나라 주요 품목의 수출 감소에 영향을 주는 것으로 나타났다.

핵심 키워드: 원/달러 환율, 환율과 수출, 금융

출처 | 한국무역협회(2023)

탐구주제

- **탐구주제1** 국제유가가 우리나라 수출에 미치는 영향 분석
- **탐구주제2** 환율이 우리나라 품목별 수출에 미치는 영향 분석

관련학과

국제무역학과, 무역물류학과, 무역유통학과, 무역학과, 국제무역통상학과, 국제무역학과, 국제통상학과, 글로벌무역학과, 물류무역학과, 금융공학과, 금융경제학과, 금융학과, 경제금융학과, 경제통상학과, 경제학과, 경영학과

관련교과

미적분Ⅰ, 미적분Ⅱ, 경제 수학, 실용 통계, 정치, 법과 사회, 경제, 국제 관계의 이해, 금융과 경제생활, 사회문제 탐구, 기술·가정, 생활과학 탐구, 정보, 데이터 과학, 제2외국어, 인간과 경제활동

추천도서

금리, 주가, 환율을 움직이는 경제 원칙 (홍성수, 새로운제안, 2023)

이 책은 우리가 꼭 알고 있어야 하는 금융 시장의 기본 원칙들과 주요 지표에 대해 쉽게 자세하게 설명하고 있다. 자본시장과 금리, 주식시장과 주가, 외환시장과 환율에 대한 내용을 담고 있다. 금융시장에 대해 관심을 가지고 있는 개인이나 기업들이 금융시장에 대해 기본적인 상식 수준에서 전체적인 윤곽이나 맥을 잡을 수 있도록 쉽게 설명하였다.

- **탐구주제3** 금리를 움직이는 일반 원칙에 대한 탐구
- **탐구주제4** 환율을 움직이는 일반 원칙에 대한 고찰

157 축산업의 기후변화 영향에 대한 진실

내용 소개

이 보고서는 실제 온실가스 배출량이 많지 않음에도 불구하고 축산업이 기후 위기에 큰 영향을 주는 산업으로 잘못 인식된 이유를 살펴보고 있다. 더불어 잘못된 정보에 대한 사실 검증과 축산분야 온실가스 저감방안 그리고 축산업의 공익적 기능을 밝히며, 축산업계의 탄소배출 저감 노력을 촉구하고 있다. 우리나라의 온실가스 배출량을 비교해보면 교통은 13.5%임에 비해, 축산은 1.3%에 불과하다.

핵심 키워드 온실가스, 기후변화, 기후정의

출처 | 축산물품질평가원(2021)

탐구주제
- **탐구주제1** 국내외 온실가스 배출현황에 대한 고찰
- **탐구주제2** 축산분야 온실가스 대응 전략에 대한 탐구

관련학과
축산학과, 축산과학부, 축산식품생명공학과, 동물보건복지학과, 동물보건학과, 동물산업융합학과, 동물생명공학과, 동물응용과학과, 동물자원과학과, 동물자원학과, 반려동물관리학과, 반려동물학과, 특수동물학과, 환경학과

관련교과
사회와 문화, 현대사회와 윤리, 윤리와 사상, 사회문제 탐구, 기후변화와 지속가능한 세계, 화학, 생명과학, 화학 반응의 세계, 세포와 물질대사, 생물의 유전, 기후변화와 환경생태, 융합과학 탐구, 기술·가정, 생활과학 탐구, 생태와 환경

추천도서

기후 책 (그레타 툰베리, 김영사, 2023)

이 책은 녹아내리는 빙산과 꺼지지 않는 산불, 종의 손실, 패스트패션, 플라스틱 오염, 식량 위기와 물 고갈, 탄소예산과 기후정의까지 인류가 직면한 문제들과 해법을 담은 안내서이다. 해양, 빙권, 육지, 대기와 같은 지구 생태계는 물론 자본주의와 소비 산업, 식민주의와 기후정의 등 우리 문명에서 비롯된 기후위기 현상을 총망라하고 있다.

- **탐구주제3** 농업분야의 기후변화 대응 실태 조사
- **탐구주제4** 기후변화가 전 세계 자원생태계에 미치는 영향 탐구

158 친환경 수소생산을 위한 주요국 정책 비교

내용 소개

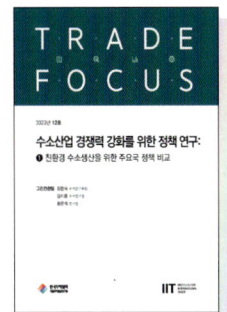

이 보고서는 최근 각광받고 있는 재생에너지 자원인 수소에너지와 관련된 정책적 시사점을 담고 있다. 우리나라는 수소를 직접 생산하는 기술력이 경쟁국에 비해 부족해, 국가 차원에서 수소생산 기반 기술 및 기지 확보와 청정 수소 지급률을 높이기 위한 정책을 펼치고 있다. 인허가 신속처리, 수소생산에 필요한 행정지원, 예산 확보, 제도 개선 등이 이루어져야 한다.

핵심키워드: 수소에너지, 수소산업, 탄소중립

출처 | 한국무역협회(2023)

탐구주제
- **탐구주제1** 수소 산업 경쟁력 확보를 위한 정책적 제언
- **탐구주제2** 수소 에너지 시장 현황 및 전망에 대한 탐구

관련학과
에너지시스템공학과, 에너지과학과, 나노에너지화학과, 미래에너지공학과, 미래에너지융합학과, 수소시스템공학과, 스마트에너지시스템학과, 에너지공학과, 에너지융합공학과, 에너지자원공학과, 환경에너지공학과

관련교과
대수, 미적분Ⅰ, 미적분Ⅱ, 기하, 수학과제 탐구, 기후변화와 지속가능한 세계, 물리학, 지구과학, 역학과 에너지, 지구시스템과학, 전자기와 양자, 기후변화와 환경생태, 기술·가정, 창의 공학 설계, 지식 재산 일반, 정보, 생태와 환경

추천도서

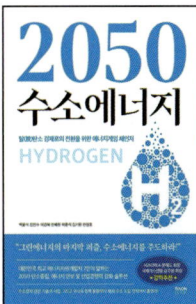

2050 수소에너지 (백문석 외, 라온북, 2021)

이 책은 탄소중립을 넘어 수소에너지가 가져올 미래는 무엇이고 그 미래를 선점하기 위해 각국 정부와 기업들이 주력해야 할 의제는 무엇인지, 이를 위해 각 분야의 전문가들이 주력해야 할 과제는 무엇인지를 차근차근 짚어 준다. 에너지 대전환을 앞둔 현실 앞에서 수소경제와 관련한 기초지식과 최신 기술 동향, 미래의 전략과 대응책을 제시하고 있다.

- **탐구주제3** 수소의 저장과 운송방법에 대한 고찰
- **탐구주제4** 해외 탄소중립 및 수소경제 동향에 대한 고찰

159 콘텐츠산업의 생성형 AI 활용 이슈와 대응 과제

내용 소개

이 보고서는 생성형 AI를 콘텐츠산업에 어떻게 활용할 것인지에 대한 이슈와 대응 과제를 다루고 있다. 생성형 AI는 콘텐츠산업에도 다양하게 활용될 가능성이 있고, 업무 환경, 제작 환경, 창작자 환경, 플랫폼 환경 등에 영향을 미칠 것으로 전망된다. 그러나 본격화 이전에 생성형 AI의 최적화 및 기존 기술 대비 활용 과정에서 발생하는 문제를 해결할 필요가 있다.

핵심키워드: 생성형 AI, 생성형 AI 활용 이슈, 인공지능 원리

출처 | 한국콘텐츠진흥원(2023)

탐구주제

- **탐구주제1** 콘텐츠산업에서 생성형 AI 활용 가능성과 사례에 대한 탐구
- **탐구주제2** 콘텐츠산업에 다가올 변화와 생성형 AI 활용을 위한 해결과제

관련학과

디지털콘텐츠학과, AI미디어콘텐츠학과, K-콘텐츠제작학과, 게임콘텐츠학과, 글로벌문화콘텐츠학과, 문화콘텐츠학과, 미디어콘텐츠학과, 미디어광고콘텐츠학과, 스마트콘텐츠학과, 역사문화콘텐츠학과, 한국문화콘텐츠학과

관련교과

인공지능 수학, 수학과 문화, 수학과제 탐구, 사회와 문화, 사회문제 탐구, 물리학, 역학과 에너지, 전자기와 양자, 과학의 역사와 문화, 융합과학 탐구, 기술·가정, 지식 재산 일반, 정보, 인공지능 기초, 데이터 과학, 소프트웨어와 생활

추천도서

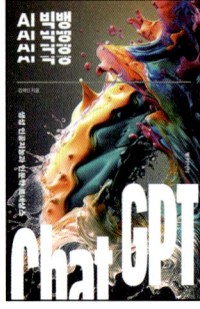

AI 빅뱅 (김재인, 동아시아사, 2023)

이 책은 생성형 인공지능의 원리를 통해 한계를 도출하고, 그 한계에서 인간의 고유함을 돌아보고 있다. 이는 인공지능에 대한 안내서로 AI 빅뱅 시대를 인문학 르네상스의 시선으로 보고 있다. 생성형 인공지능의 빛과 그림자, 창조성의 진화, 창조성과 창의적 협력 등을 통해서 인문학과 철학의 관점에서 생성형 AI가 갖는 의미와 한계를 비판적으로 설명한다.

- **탐구주제3** 인공지능의 빛과 그림자에 대한 고찰
- **탐구주제4** 인공지능의 원리와 한계에 대한 탐구

160. 클라우드로 빨라지는 금융권의 디지털 여정

내용 소개

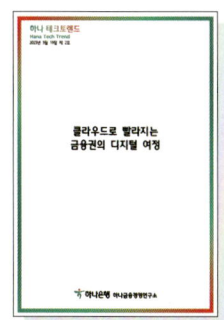

이 보고서는 급증하는 데이터를 효과적으로 관리하고 활용하여 새로운 가치를 창출하기 위한 기반 기술로 빠르게 성장하고 있는 클라우드 컴퓨팅 기술의 금융기관에서의 활용을 다루고 있다. 그러나 금융산업의 코어 업무에 클라우드를 도입할 시에는 보안에 유의해야 하고, 클라우드 도입의 실효성(비용 절감, 업무 효율 개선 등)을 고려할 필요가 있다는 점을 강조하고 있다.

핵심 키워드: 클라우드, 금융권 디지털, 클라우드 컴퓨팅

출처 | 하나금융경영연구소(2023)

탐구주제

- **탐구주제1** 금융권의 클라우드 기대효과 및 활용사례에 대한 탐구
- **탐구주제2** 클라우드 컴퓨팅 개요와 클라우드 시장의 주요 이슈에 대한 탐구

관련학과

금융경제학과, 금융경영학과, 금융공학과, 금융보험학과, 금융부동산경제학과, 금융투자학과, 금융학과, IT금융경영학과, 경제금융학과, 국제금융학과, 글로벌금융학과, 디지털금융학과, 부동산금융보험학과, 금융정보공학과

관련교과

미적분Ⅰ, 미적분Ⅱ, 경제 수학, 인공지능 수학, 법과 사회, 경제, 국제 관계의 이해, 사회문제 탐구, 금융과 경제생활, 기술·가정, 생활과학 탐구, 생애 설계와 자립, 정보, 인공지능 기초, 데이터 과학, 소프트웨어와 생활, 인간과 경제활동

추천도서

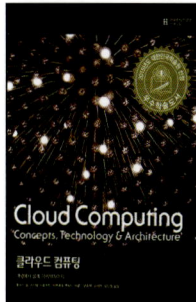

클라우드 컴퓨팅 (토마스 얼 외, 에이콘출판사, 2018)

이 책은 클라우드 컴퓨팅의 개념부터 모델, 기술 아키텍처에 이르기까지 클라우드 컴퓨팅의 모든 것을 정의하고 있으며, 다양한 응용 사례를 다루고 있다. 클라우드 컴퓨팅 기초, 클라우드를 가능하게 하는 기술, 클라우드 보안 기술, 클라우드 컴퓨팅 메커니즘, 클라우드 컴퓨팅 아키텍처, 클라우드 실전, 사례 연구 등의 내용으로 구성되어 있다.

- **탐구주제3** 클라우드 컴퓨팅의 보안 위협에 대한 탐구
- **탐구주제4** 클라우드를 가능하게 하는 기술에 대한 조사

161. 탄소배출 격차와 사회경제적 요인 분석을 통한 사회불평등 해소방안 연구

내용 소개

이 보고서는 탄소배출 격차를 파악하고, 이에 따라 발생할 수 있는 사회적 불평등을 해소하는 방안을 모색하고 있다. 탄소배출은 사회·경제활동의 부산물로 사회·경제적 특성에 따른 생산과 소비 행태의 선택에 따라 탄소배출량의 격차가 발생하고 있다. 지역별 탄소배출 차이는 지역의 산업구조와 밀접한 관련이 있는 것으로 나타났다.

핵심 키워드: 탄소배출 격차, 사회적 불평등, 경제적 불평등

출처 | 경제·인문사회연구회(2023)

탐구주제

- **탐구주제1** 탄소배출 정책 현황과 향후전망에 대한 탐구
- **탐구주제2** 탄소배출과 사회적 불평등 감소를 위한 정책 제언

관련학과

사회학과, 공공정책학과, 공공행정학과, 도시사회학과, 도시행정학과, 사회교육과, 사회복지상담학과, 사회복지학과, 사회심리학과, 아동복지학과, 아동가족학과, 아동학과, 일반사회교육과, 행정학과, 휴먼서비스학과

관련교과

세계시민과 지리, 사회와 문화, 현대사회와 윤리, 정치, 법과 사회, 경제, 윤리와 사상, 사회문제 탐구, 기후변화와 지속가능한 세계, 기후변화와 환경생태, 기술·가정, 생활과학 탐구, 생애 설계와 자립, 아동발달과 부모, 생태와 환경

추천도서

지속 불가능한 불평등 (뤼카 샹셀, 니케북스, 2023)

이 책은 20세기 이후 경제적 불평등이 심화된 양상을 추적하고 사회의 각 분야에 미친 영향을 다각도로 살핀 후 국가와 대륙 차원에서 소득수준별 에너지소비량이나 탄소배출량을 분석한다. 이를 통해 경제적 불평등과 환경 파괴가 서로 악순환을 일으킨다는 것을 확인하고, 누진적 조세정책, 환경세 도입, 인프라 정비, 다양한 사회 환경 정책을 제시하고 있다.

- **탐구주제3** 경제적 불평등의 경향과 원인에 대한 조사
- **탐구주제4** 사회불평등 해소를 위한 누진세 조세 정책 탐구

162 탄소중립시대의 새로운 성장동력, 기후테크

내용 소개

이 보고서는 민관협력을 통한 기후테크 기업의 성장단계별 지원 확대와 금융사의 사회적 책임 및 신 금융기회 발굴을 위한 목적으로 발표되었다. 글로벌금융사들은 사회적 책임과 지속가능 목적뿐만 아니라 기후테크 시장의 급성장에 대응하기 위해 기후테크 스타트업에 대한 투자를 확대하고 있다. 국내 금융사들도 금융기회 발굴 및 ESG 차원에서의 투자가 필요하다.

핵심키워드 탄소중립, 기후테크, 기후기술

출처 | 하나금융경영연구소(2023)

탐구주제
- 탐구주제1: 유망 기후테크 분야에 대한 조사 탐구
- 탐구주제2: 기후테크의 개념과 시장 현황에 대한 분석

관련학과
기후환경에너지학과, 기후변화융합학부, 기후에너지시스템공학과, 미래에너지공학과, 에너지공학과, 에너지과학부, 에너지시스템공학과, 환경교육과, 환경학과, 대기과학과, 대기환경과학과, 환경공학과, 지구환경과학과

관련교과
미적분Ⅰ, 미적분Ⅱ, 인공지능 수학, 수학과제 탐구, 세계시민과 지리, 한국지리 탐구, 도시의 미래 탐구, 기후변화와 지속가능한 세계, 지구시스템과학, 기후변화와 환경생태, 융합과학 탐구, 기술·가정, 정보, 생태와 환경

추천도서

60분 만에 읽는 탄소중립 (마에다 유다이, 북스힐, 2025)

이 책은 탄소중립의 개념과 실천 방안을 쉽고 빠르게 이해할 수 있도록 정리한 입문서이다. 기후 변화의 원인과 탄소중립의 필요성을 설명하며, 각국의 정책, 기업의 대응 전략, 개인이 실천할 수 있는 방법 등을 다룬다. 또한, 복잡한 환경 문제를 누구나 부담 없이 탄소중립에 대한 기본 개념을 익힐 수 있도록 돕는다.

- 탐구주제3: 탄소중립이 기업 경영과 산업 구조에 미치는 영향 탐구
- 탐구주제4: 탄소중립 실현을 위한 각국의 정책 비교 및 분석

163. 탄소중립 사회로의 전환을 위한 조세제도 연구

내용 소개

이 보고서는 탄소세를 도입할 때 필요한 탄소배출에 대한 과세체계 개편 방안을 제시하고 있다. 다른 외국에 비해 우리나라는 에너지 소비량이 상당히 많은 편으로 온실가스 감축을 통해 탄소중립사회 실현을 위해 탄소배출에 대한 과세의 강화가 요구되고 있다. 탄소배출에 대한 조세를 부과함에 있어 개별 세법 및 조세의 목적 및 입법취지 고려의 중요성을 강조하고 있다.

핵심 키워드: 탄소중립 사회, 탄소세, 자동차 주행세

출처 | 한국법제연구원(2022)

탐구주제

- **탐구주제1** 탄소배출에 대한 과세체계 개편방안
- **탐구주제2** 탄소세의 개념 및 법적 성격에 대한 탐구

관련학과: 세무회계학과, 세무학과, 세무회계금융학과, 회계세무학과, 회계학과, 경제학과, 경제통상학과, 경영학과, 금융학과, 소비자경제학과, 행정학과, 도시행정학과, 법무행정학과, 자치행정학과, 정부행정학부, 정치행정학과

관련교과: 대수, 확률과 통계, 경제 수학, 실용 통계, 법과 사회, 경제, 사회문제 탐구, 금융과 경제생활, 기후변화와 지속가능한 세계, 기후변화와 환경생태, 기술·가정, 정보, 인공지능 기초, 데이터 과학, 소프트웨어와 생활, 생태와 환경, 인간과 경제활동

추천도서

지구를 살리는 특별한 세금 (전은희, 썬더키즈, 2022)

이 책은 독일의 빗물세, 에스토니아의 소 방귀세, 네덜란드의 자동차 주행세, 프랑스의 비만세, 미국의 반려동물 보유세, 유럽의 도시세까지 지구를 살리는 세계 각국의 세금에 대해 안내하고 있다. 이를 통해 환경오염의 심각성을 깨달을 수 있고 하나뿐인 지구를 지키기 위해 지구에 꼭 필요한 세금에 대한 깊이 있는 정보를 얻을 수 있다.

- **탐구주제3** 자동차 주행세의 개념과 사례에 대한 조사
- **탐구주제4** 탄소세의 개념과 지구 환경 보호를 위해 실천할 사항 조사

164. 탄소중립을 위한 기후금융 발전 과제

내용 소개

이 보고서는 탄소중립을 위한 기후금융 발전 방안을 제시하고 있다. 아무리 좋은 정책도 재원이 뒷받침되지 않으면 성공을 장담할 수 없다. 이 보고서에서는 기후금융의 개념을 정의하고 향후 30년간 탄소중립을 위해 필요한 기후금융 부족 발생원인, 기후금융 부족 완화를 위한 금융 부분의 주요 과제, 기후금융 확충을 위한 금융부문의 준비 내용을 제시하고 있다.

핵심키워드: 탄소중립, 기후금융, 기후위기

출처 | 자본시장연구원(2023)

탐구주제

- **탐구주제1** 기후금융의 개념과 현황에 대한 고찰
- **탐구주제2** 기후금융 발전을 위한 금융부문 과제 탐구

관련학과

금융학과, 금융경영학과, 금융경제학과, 금융공학과, 금융보험학과, 금융투자학과, IT금융경영학과, 경제금융학과, 국제금융학과, 글로벌금융학과, 세무회계금융학과, IT금융학과, 금융정보공학과, 디지털금융학과

관련교과

미적분Ⅰ, 미적분Ⅱ, 경제 수학, 실용 통계, 수학과제 탐구, 법과 사회, 경제, 사회문제 탐구, 금융과 경제생활, 기후변화와 지속가능한 세계, 기술·가정, 생애 설계와 자립, 인간과 경제활동

추천도서

기후금융 입문 (김이배 외, 호이테북스, 2022)

이 책은 기후변화로 인한 기후위기를 극복하고 저탄소 경제로의 전환을 지원하는 방안을 담고 있다. 기후변화는 인프라, 수송시스템, 에너지, 식량, 수자원 공급, 생태계, 인류의 건강에 심각한 영향을 미치고 있다. 이러한 피해를 최소화하기 위해 저탄소경제로의 이행을 위해 금융을 지원하는 것이고, 또 하나는 리스크를 관리하고 새로운 기회를 포착하는 것이다.

- **탐구주제3** 우리나라 기후금융 정책에 관한 고찰
- **탐구주제4** 기후금융의 배경과 동향에 대한 탐구

165. 탄소중립형 메가시티 구축을 통한 국가균형발전 전략 연구

내용 소개

이 보고서는 탄소중립 시대에 맞는 국가균형발전 전략을 마련하기 위해 새로운 균형 발전 패러다임으로 녹색균형발전을 제시하고 탄소중립형 메가시티 구축 방향을 마련하는 것을 목적으로 한다. 국외사례 및 국내 균형발전을 검토하고 녹색균형발전 패러다임을 제시하였으며, 탄소중립형 메가시티 추진을 위한 공간구조, 산업, 에너지, 교통부문의 전환 방향을 도출하였다.

핵심키워드 탄소중립, 메가시티, 탄소중립도시

출처 | 경제·인문사회연구회(2023)

탐구주제
- **탐구주제1** 주요국 메가시티 사례와 특징에 대한 조사
- **탐구주제2** 탄소중립형 메가시티와 녹색균형발전을 위한 전환 방향에 대한 탐구

관련학과
도시공학과, 도시계획학과, 도시사회학과, 도시행정학과, 지역사회개발학과, 지적학과, 도시·교통공학과, 도시인프라공학과, 도시정보공학과, 스마트시티공학과, 교통공학과, 교통시스템공학과, 디지털도시건설학과

관련교과
미적분Ⅰ, 미적분Ⅱ, 기하, 수학과제 탐구, 한국지리 탐구, 도시의 미래 탐구, 정치, 법과 사회, 여행지리, 사회문제 탐구, 기후변화와 지속가능한 세계, 물리학, 역학과 에너지, 기후변화와 환경생태, 기술·가정, 정보, 생태와 환경

추천도서

탄소중립도시 (이상문, 조경, 2012)

이 책은 탄소중립도시의 개념과 이와 관련된 국내외 사례를 담고 있다. 도시계획이 기후행동 실천에 있어 가장 우선시되어야 하고, 탄소감축이라는 명확한 목표하에 추진되어야 한다고 강조한다. 탄소중립도시의 등장과 개념, 국내외 탄소중립도시 사례, 탄소중립도시를 위한 계획모형, 탄소중립도시 계획지표 및 계획기준 등을 제시하고 있다.

- **탐구주제3** 탄소중립도시의 등장과 개념에 대한 탐구
- **탐구주제4** 국내외 탄소중립도시 사례에 대한 조사 탐구

166 트래블테크 스타트업 생태계의 특징과 시사점

내용 소개

이 보고서는 우리나라 트래블테크 스타트업 생태계의 특징을 복합적인 관점에서 살펴봄으로써 트래블테크 스타트업의 현실을 객관적으로 파악하는 것에 목적을 두고 있다. 국내 트래블테크 스타트업 생태계의 일반적 특징과 트래블테크 스타트업 생태계 현황, 국내 트래블테크 스타트업 투자 유치 특성 등의 정보를 바탕으로 정책 시사점과 향후 연구 과제를 제시하고 있다.

핵심키워드 트래블테크, 스타트업, 스타트업 경영

출처 | 산업연구원(2022)

탐구주제1 트래블테크 스타트업 생태계 현황에 대한 탐구
탐구주제2 국내 트래블테크 스타트업 특징 분석 및 정책적 시사점

관련학과 창업경영학과, K-푸드창업학과, 벤처창업학과, 벤처중소기업학과, 로컬벤처학부, 빅데이터창업비즈니스학과, 지역사회창업학과, 창업경영금융학과, 창업컨설팅학과, 창업투자경영학과, 창업평생교육학과, 금융투자학과

관련교과 미적분Ⅰ, 미적분Ⅱ, 경제 수학, 수학과제 탐구, 사회와 문화, 정치, 법과 사회, 경제, 국제 관계의 이해, 사회문제 탐구, 금융과 경제생활, 기술·가정, 생활과학 탐구, 지식 재산 일반, 정보, 소프트웨어와 생활, 인간과 경제활동

추천도서

권도균의 스타트업 경영 수업 (권도균, 위즈덤하우스, 2015)

이 책은 대한민국 스타트업 인큐베이터의 개척자이며 대표적인 멘토인 권도균 대표의 스타트업 실전 노하우 및 성공전략 로드맵을 스타트에서부터 엑시트까지 담고 있다. 이는 '한국'이라는 특수한 상황에서, 대기업과 차별화된 스타트업만의 경영 전략을 소개하는 스타트업 경영바이블이다. 저자는 스타트업 성공을 위해 사업의 본질에 다가설 것을 강조한다.

탐구주제3 스타트업 마케팅 전략에 대한 탐구
탐구주제4 기업가 정신과 창업가 자질에 대한 탐구

167 특허 빅데이터를 활용한 천연화장품 신소재 발굴 연구

내용 소개

이 보고서는 특허데이터를 대상으로 텍스트마이닝 분석을 시행함으로써 천연소재 개발 가능성이 큰 분야, 천연화장품 및 융복합 기술의 성장 전망, 친환경·지속가능성 추세에 부합하는 천연소재 개발산업의 성장 잠재력, 발효 기술의 진보, 바이오화장품과 공해 방지 화장품의 성장 등 천연화장품 소재 개발과 관련된 산업 발전에 필요한 다양한 기술적 인사이트를 제공한다.

핵심 키워드: 특허데이터, 텍스트마이닝, 천연화장품, 메타데이터, 빅데이터, 개인정보보호

출처 | 한국과학기술정보연구원(2024)

탐구주제
- **탐구주제1** 텍스트마이닝을 활용한 천연화장품 소재 발굴 탐구
- **탐구주제2** 데이터 기반 천연화장품의 국내외 연구개발 현황과 동향 분석

관련학과
빅데이터학과, AI·빅데이터융합학과, AI·빅데이터학과, 경영빅데이터학과, 마케팅빅데이터학과, 빅데이터경영공학과, 빅데이터경영학과, 빅데이터응용학과, 산업경영빅데이터공학과, 컴퓨터공학과, 화장품공학과, 경영학과

관련교과
화학, 생명과학, 화학 반응의 세계, 세포와 물질대사, 생물의 유전, 기후변화와 환경생태, 융합과학 탐구, 기술·가정, 생활과학 탐구, 창의 공학 설계, 지식 재산 일반, 정보, 인공지능 기초, 데이터 과학, 소프트웨어와 생활, 생태와 환경, 보건

추천도서

데이터 천재들은 어떻게 기획하고 분석할까?
(조성준 외, 21세기북스, 2022)

이 책은 빅데이터가 어떻게 활용되는지, 현업에서 어떻게 문제를 해결하고 성과를 내는지에 대해 다양한 사례를 통해 보여주며, 비전공자도 데이터를 기반으로 합리적인 의사결정을 할 수 있도록 노하우를 제공한다. 데이터는 주관적인 의견과 해석이 없는 객관적인 정보를 제공하기 때문에, 합리적이고 과학적인 의사결정을 내릴 수 있도록 돕는다.

- **탐구주제3** 빅데이터 수집과 개인정보 보호의 균형 유지 방안 탐구
- **탐구주제4** 메타데이터 기반 빅데이터 검색 및 추천 시스템의 중요성과 활용 방안 탐구

168 패러다임의 전환, 데이터 중심 인공지능

• 내용 소개 •

이 보고서는 최근 주목받는 데이터 중심 인공지능의 성능 향상을 위한 방법을 다각도로 모색하고자 발표되었다. 2021년 인공지능 분야의 세계적인 권위자인 앤드류 응 교수는 전통적인 모델 중심의 인공지능이 아닌 데이터 중심의 인공지능에 집중해야 한다고 강조하였다. 인공지능 성능을 향상시키기 위해서는 소규모 고품질 데이터를 확보해 데이터 활용 불가능과 관련한 한계를 극복해야 한다.

핵심 키워드: 데이터, 인공지능, 통계학과 빅데이터

출처 | 하나금융경영연구소(2022)

탐구주제
- **탐구주제1** 데이터 중심 인공지능 도입전략에 대한 고찰
- **탐구주제2** 인공지능 데이터 관리의 주요 핵심 요소에 대한 탐구

관련학과
데이터사이언스학과, AI·빅데이터학과, 경영빅데이터학과, 데이터과학과, 데이터정보학과, 빅데이터경영학과, 빅데이터융합학과, 빅데이터응용학과, 산업데이터공학과, 수리빅데이터학과, 인공지능데이터사이언스학과

관련교과
대수, 미적분Ⅰ, 확률과 통계, 미적분Ⅱ, 실용 통계, 인공지능 수학, 수학과제 탐구, 경제, 금융과 경제생활, 물리학, 융합과학 탐구, 기술·가정, 정보, 인공지능 기초, 데이터 과학, 소프트웨어와 생활, 인간과 경제활동

• 추천도서 •

통계학, 빅데이터를 잡다 (조재근, 한국문학사, 2017)

이 책은 4차 산업혁명 시대에서 중요한 자리를 차지하고 있는 빅데이터와 인공지능의 근간이 되는 통계학의 실체를 인문학적 시선으로 풀어내고 있다. 사회·경제·의학·과학·생물학·금융 등 다양한 분야를 두루 넘나드는 통계학의 융합적인 모습을 살펴볼 수 있다. 이 책을 통해 통계학이 더 이상 골치 아픈 수치가 아닌 우리 삶과 밀접한 관계가 있는 요소임을 알 수 있다.

- **탐구주제3** 통계학의 의학 분야 활용 사례 조사
- **탐구주제4** 통계학과 빅데이터의 연관성에 대한 탐구

169 표준특허 길라잡이 2.0

• 내용 소개

이 보고서는 융복합과 초연결의 시대에서 표준기술의 사용이 불가피해지면서 표준특허 확보가 중요한 사항이 된 것과 관련하여 최신 표준특허 정보를 추가하고 사례를 추가하여 내용을 최신화하였다. 표준화기구에 관한 표준특허 현황을 넣고, 최신 통계자료를 추가했으며, 연구개발 및 표준화 상황을 12가지로 나누어 각 상황에 맞는 표준특허 전략을 제시하고 알기 쉽게 설명하고 있다.

핵심 키워드: 표준특허, 발명, 지식재산권

출처 | 특허청(2021)

 **탐구주제**
- 탐구주제1: 산업 분야별 표준특허 트렌드에 대한 조사 탐구
- 탐구주제2: 표준특허의 개념과 표준이 만들어지는 절차에 대한 탐구

 **관련학과**
표준·지식학과, 화장품발명디자인학과, 지식경영학부, 지식서비스경영학과, 지식융합미디어학부, 인문콘텐츠학부 지적재산권전공, 서비스디자인학과, 서비스·디자인공학과, 법학과, 국제법무학과, 국제통상학과, 국제학과

 관련교과
미적분Ⅰ, 미적분Ⅱ, 수학과제 탐구, 정치, 법과 사회, 경제, 사회문제 탐구, 물리학, 융합과학 탐구, 기술·가정, 로봇과 공학세계, 지식 재산 일반, 정보, 인공지능 기초, 데이터 과학, 소프트웨어와 생활

• 추천도서

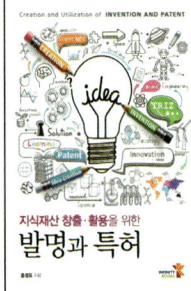

발명과 특허 (홍정표, 인피티니북스, 2018)

이 책은 지식재산과 특허 제도에 대한 소개부터 발명의 창출, 특허 정보의 검색 및 분석, 명세서 작성과 전자출원, 특허권과 침해 등 실무에서 활용할 수 있는 내용을 다루고 있다. 지식재산권 창출·활용에 관한 개념을 보다 쉽게 이해할 수 있도록 흥미로운 사례와 예제를 통해 지식재산이 기업과 국가의 무형자산으로서 중요한 가치가 있음을 보여준다.

- 탐구주제3: 지식재산권 종류에 대한 탐구
- 탐구주제4: 특허요건 및 출원절차에 대한 조사

170 플랫폼종사자 직종별 근무실태와 정책 과제

내용 소개

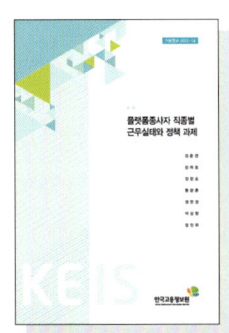

이 보고서는 우리나라 플랫폼종사자의 규모 변화를 파악하고 이들을 지원하기 위한 정책과제 발굴에 초점을 맞추고 있다. 플랫폼 경제의 성장과 함께 디지털 플랫폼을 매개로 일을 구하고 수입을 얻는 플랫폼종사자라는 고용형태가 증가하고 있는데 다수의 종사자들이 고용보험과 산재보험 적용을 받지 못하고 있는 현실적인 문제를 해결할 수 있는 정책 과제를 제시하고 있다.

핵심키워드: 플랫폼, 플랫폼 노동시장, 플랫폼 비즈니스

출처 | 한국고용정보원(2022)

탐구주제

- **탐구주제1** 플랫폼종사자를 둘러싼 정책 이슈에 대한 탐구
- **탐구주제2** 플랫폼 노동시장 안정화를 위한 정책시사점에 대한 고찰

관련학과

경영학과, AI기반경영학과, AI빅데이터융합경영학과, IT경영학과, 국제경영학과, 글로벌경영학과, 기술경영학과, 산업경영학과, 스마트경영학과, 융합경영학과, 정보경영학과, 산업공학과, 소프트웨어학과, 소프트웨어공학과

관련교과

미적분Ⅰ, 미적분Ⅱ, 경제 수학, 실용 통계, 수학과제 탐구, 사회와 문화, 정치, 법과 사회, 경제, 국제 관계의 이해, 사회문제 탐구, 금융과 경제생활, 기술·가정, 생활과 학 탐구, 지식 재산 일반, 정보, 데이터 과학, 소프트웨어와 생활

추천도서

초거대 AI 디지털 플랫폼 레볼루션 1 (이주연 외, 새빛, 2023)

이 책은 플랫폼 비즈니스의 현재와 미래를 다루고 있다. 플랫폼이란 무엇인지, 플랫폼을 바탕으로 한 비즈니스 모델의 특징, 그리고 성공한 플랫폼 기업이 사용한 전략에 대해 살펴보고 있다. 플랫폼 비즈니스가 전통적인 비즈니스와 다른 점이 있다면 직접 생산 판매를 하기보다는 생산하는 기업과 소비자를 연결해 주는 역할을 한다는 점이다.

- **탐구주제3** 전통적 기업과 플랫폼 기업 간의 차이 비교
- **탐구주제4** 플랫폼 비즈니스의 특징과 성공 요소에 대한 탐구

171. 학교 환경교육의 방향과 과제

내용 소개

이 보고서는 탄소중립사회를 지향하는 우리나라 환경교육이 나아갈 방향과 과제를 제시하고 있다. 학교 환경교육의 중요성이 그 어느 때보다 강조되는 현시점에서 학교 환경교육이 기후 위기 대응이라는 사회적 기능 차원에 더하여 지속가능한 미래 교육개혁으로 일환으로서 현 단계 학교 환경교육이 직면해 있는 주요 쟁점들을 탐색하고 나아갈 방향과 과제를 제시하고 있다.

핵심키워드: 학교 환경교육, 생태환경, 생태환경 교육방법

출처 | 한국교육개발원(2022)

탐구주제

- **탐구주제1** 학교 환경교육 활성화 방안에 대한 탐구
- **탐구주제2** 지속가능 발전교육과 환경교육이 나아갈 방향에 대한 고찰

관련학과

환경교육과, 교육학과, 교육공학과, 지구환경과학과, 지구환경시스템공학과, 지역환경산업학과, 생명환경학과, 주거환경학과, 지질환경과학과, 해양환경과학과, 환경공학과, 환경디자인과, 환경생명화학과, 환경융합학과

관련교과

미적분Ⅰ, 미적분Ⅱ, 수학과제 탐구, 한국지리 탐구, 도시의 미래 탐구, 법과 사회, 기후변화와 지속가능한 세계, 지구과학, 지구시스템과학, 기후변화와 환경생태, 기술·가정, 정보, 생태와 환경, 교육의 이해

추천도서

얘들아, 생태환경 놀이 가자! (김용만, 책장속북스, 2021)

이 책은 저자가 수년간 아이들과 함께 산과 들, 학교 주변을 다니며 보고, 듣고, 만지며 느낀 살아있는 생태환경교육의 실천 내용을 담고 있다. 교육과정과 연계 지도할 수 있는 생태환경교육의 계획부터 구체적인 활동 가이드까지 담았는데, 모든 과정은 학생들과 함께한 생생한 체험활동으로 구성되어 있으며 생태환경교육의 블렌디드 수업 설계도 담겨 있다.

- **탐구주제3** 고등학교 생태환경교육의 실효성 탐구
- **탐구주제4** 블렌디드 수업을 활용한 생태환경교육 교수법 제시

172 학교 소비자교육 콘텐츠 분석 및 활용방안 연구

내용 소개

이 보고서는 2021년 개발된 '학교소비자교육표준안'을 기초로 학교 소비자교육에서 활용 가능한 콘텐츠 개발 현황을 조사 분석하고, 교사들이 소비자교육 콘텐츠를 편리하게 활용할 수 있도록 학교급별, 영역별로 그 목록을 체계화하고 향후 개발이 필요한 콘텐츠 수요를 도출하여 제시하고 있다. 학교 소비자교육 활성화를 통한 청소년 소비자역량 강화에 기여한다.

핵심 키워드: 학교 소비자교육, 소비자교육 콘텐츠, 소비자정책

출처 | 한국소비자원(2022)

탐구주제

- **탐구주제1** 학교 소비자교육 콘텐츠 활용 활성화 방안에 대한 고찰
- **탐구주제2** 학교 소비자교육 콘텐츠 개발 수요 활용방안에 대한 탐구

관련학과

소비자학과, 소비자경제학과, 사회교육과, 일반사회교육과, 교육학과, 교육공학과, 초등교육과, 기술교육과, 가정교육과, 기술·가정교육과, 아동교육학과, 디지털콘텐츠학과, 문화콘텐츠학과, 미디어콘텐츠학과

관련교과

사회와 문화, 정치, 법과 사회, 경제, 사회문제 탐구, 금융과 경제생활, 기술·가정, 생활과학 탐구, 생애 설계와 자립, 아동발달과 부모, 정보, 소프트웨어와 생활, 교육의 이해

추천도서

소비자정책 (여정성 외, 교문사, 2020)

이 책은 시장에서 소비자문제가 발생할 때 정부가 시장에 개입하여 신호등과 같은 역할을 하는 소비자정책을 다루고 있다. 최근에는 소비자권익이라는 명제가 큰 화두가 되어 이제는 단순히 '정부가 소비자를 보호해야 한다'가 아닌 소비자의 선택권을 보장하기 위해 보다 명확한 개입 근거와 정교한 접근이 필요하다는 점을 강조하고 있다.

- **탐구주제3** 소비자정보문제 해결을 위한 정책 조사
- **탐구주제4** 소비자안전문제 해결을 위한 정책 조사

173. 한국 근현대 능력주의의 역사와 신화

내용 소개

이 보고서는 역사학과 사회학의 학제간 연구를 통해 한국 사회에서 능력주의의 역사적 기원과 형성, 변화 및 현재성을 구체적, 실증적으로 연구하였다. 이를 통해 한국 능력주의의 특수성을 해명하고, 특히 지금까지 한국의 능력주의가 배제해온 것들에 주목하면서 사회적·역사적 대안을 모색하고 있다. 능력주의를 해체하기 위해서는 능력주의가 가진 모순과 능력주의의 외부에 대해 관심을 기울여야 함을 주장한다.

핵심키워드: 능력주의, 신자유주의, 한국 능력주의

출처 | 경제·인문사회연구회(2021)

탐구주제
- **탐구주제1** 능력주의의 식민지적 기원에 대한 탐구
- **탐구주제2** 한국 능력주의의 특징과 공정성을 둘러싼 갈등 대립구도에 대한 고찰

관련학과: 사회학과, 글로벌융합사회학과, 도시사회학과, 정보사회학과, 정보사회학부(사회학전공), 사회교육과, 일반사회교육과, 청소년상담교육과, 청소년상담심리학과, 역사학과, 역사학부, 역사교육과, 한국역사학과, 한국사학과

관련교과: 세계시민과 지리, 세계사, 사회와 문화, 현대사회와 윤리, 동아시아 역사 기행, 정치, 법과 사회, 윤리와 사상, 인문학과 윤리, 역사로 탐구하는 현대 세계, 사회문제 탐구, 윤리문제 탐구, 기술·가정, 인간과 철학, 인간과 심리

추천도서

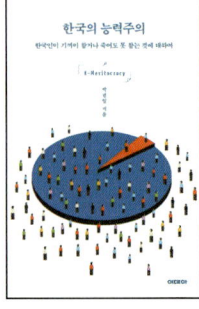

한국의 능력주의 (박권일, 이데아, 2021)

이 책은 능력에 따른 차별, 능력주의가 어떻게 우리의 삶을 파괴하는지 기술하고 있다. 능력이 우월할수록 더 많은 몫을 가지고 능력이 모자랄수록 적은 몫을 가지는 것이 당연시되고 있는 한국 사회. 이 룰이 깨지면 부정의하고, 불공정하면 사회의 효율을 떨어뜨리는 일로 여기는 등 불평등은 참아도 불공정은 못 참는 한국 사회와 한국인에 대한 보고서이다.

- **탐구주제3** 능력주의 비판에 대한 대안 탐구
- **탐구주제4** 한국 능력주의의 특징과 이상적 능력주의 비판에 대한 고찰

174 한국의 우주전력 발전 방향

내용 소개

이 보고서는 인류가 지구의 지상, 해상, 공중이라는 영역을 벗어나 우주와 사이버 공간까지 활동을 넓혀가는 시대에 맞춰 우주영역에서 국가의 우주개발 전략의 중요성과 우주력의 종류 등에 대해 이론적으로 살펴본다. 또한 우주개발 분야에서 선진국의 현 실태에 대한 우리의 우주력 실태를 비교해 향후 나아갈 방향과 우주력 발전을 위한 정책적 과제를 제시하고 있다.

핵심키워드 우주전력, 우주력, 항공우주산업

출처 | 아산정책연구원(2023)

탐구주제

- **탐구주제1** 우리나라의 우주력 실태에 대한 조사
- **탐구주제2** 안보영역에서 우리나라의 우주력 발전 방향에 대한 고찰

관련학과

항공우주공학과, 항공경영학과, 항공기계공학과, 항공모빌리티학과, 항공보안학과, 항공산업공학과, 항공소프트웨어공학과, 항공전자공학과, 항공컴퓨터학과, 군사학과, 사이버국방학과, 정보통신군사학과, 국방기술학과

관련교과

대수, 미적분Ⅰ, 미적분Ⅱ, 기하, 수학과제 탐구, 법과 사회, 국제 관계의 이해, 물리학, 지구과학, 역학과 에너지, 전자기와 양자, 지구시스템과학, 행성우주과학, 융합과학 탐구, 기술·가정, 창의 공학 설계, 지식 재산 일반, 정보, 데이터 과학

추천도서

항공우주산업 (허희영 외, 북넷, 2021)

이 책은 각 나라의 국가경쟁력을 좌우하는 항공우주산업의 개념부터 미래 발전 방향까지 담고 있는 종합서이다. 항공기산업에서 최근 새로운 시장으로 떠오르고 있는 UAM, 고부가가치 시장으로 주목받는 MRO, 우주산업의 개요, 우주인터넷과 우주관광, 우주산업의 현황과 전망, 항공운송산업의 발전과정, 세계의 우주개발과 우주시장 등을 소개하고 있다.

- **탐구주제3** 항공우주산업의 개념 및 국제기구에 대한 조사
- **탐구주제4** 우주산업의 개요 및 우리나라 우주기술의 발전과정에 대한 탐구

175 한국의 장애인 탈시설 정책 : 역사, 현황, 과제

내용 소개

이 보고서는 한국의 돌봄 체제 변화의 맥락에서 장애인 탈시설 정책의 현황을 살펴보고, 그 의미를 찾아보고자 진행된 연구에 대한 내용을 담고 있다. 기존의 가족-시설 중심의 돌봄 관계에 놓여있는 장애인을 주체로 한 탈시설 요구와 실천은 사회적 당위성에 있다. 장애인 탈시설의 의미를 좀 더 분명하게 인식하고 동시에 적극적이면서도 유연하게 탐색할 필요가 있다는 점을 제시하고 있다.

핵심키워드 장애인 탈시설, 탈시설 정책, 장애인 인권

출처 | 국회미래연구원(2022)

탐구주제

- **탐구주제1** 우리나라의 장애인 탈시설 정책 현황에 대한 탐구
- **탐구주제2** 우리나라 장애인 탈시설 정책 관련 입법 과제에 대한 탐구

관련학과

특수교육학과, 특수교육과, 특수교육학부, 중등특수교육과, 초등특수교육과, 특수체육교육과, 사회복지학과, 사회복지상담학과, 가족복지학과, 복지상담학과, 상담심리복지학과, 아동복지학과, 재활학과, 재활복지학과

관련교과

현대사회와 윤리, 법과 사회, 윤리와 사상, 인문학과 윤리, 윤리문제 탐구, 사회문제 탐구, 기술·가정, 생애 설계와 자립, 인간과 철학, 인간과 심리, 교육의 이해

추천도서

인권 관점에서 보는 장애인복지 (유동철, 학지사, 2023)

이 책은 인권의 개념을 바탕으로 장애인문제를 해결해야 하는 이유와 역사적 배경을 설명하고 있다. 장애인복지법의 한계와 개선 방안, 장애여성의 삶 등 다양한 주제를 다루고, 인권과 장애인 인권 운동의 중요성, 장애인복지 실천에 필요한 원칙과 개인별 지원, 장애인을 위한 서비스와 더불어 장애 실천 영역의 매우 중요한 내용을 담고 있다.

- **탐구주제3** 장애인의 노동권에 대한 고찰
- **탐구주제4** 장애의 범주와 특성에 대한 탐구

176 한류와 문화 다양성

내용 소개

이 보고서는 한류의 지속가능성 증대를 위해, 문화다양성의 관점에서 바라본 한국 문화콘텐츠의 모습을 다루고 있다. 한류와 문화다양성의 가치의 이해, 문화다양성의 현주소를 살펴보고, 한국 문화콘텐츠가 해외에서 적극적으로 소비되며 사회적 변혁을 이끌 수 있는지도 담고 있다. 한류가 글로벌 문화로서의 역할을 더욱 확대하기 위해 글로벌 감수성을 키워야 한다고 강조한다.

핵심키워드: 한류, 문화다양성, 한류 세계화

출처 | 한국국제문화교류진흥원(2023)

탐구주제
- **탐구주제1** 문화다양성 정책과 한류와의 관계
- **탐구주제2** 한국 문화콘텐츠의 현주소와 쟁점 및 전망에 대한 탐구

관련학과: 문화콘텐츠학과, 관광문화콘텐츠학과, 광고홍보콘텐츠학과, 글로벌문화콘텐츠학과, 디지털창작콘텐츠학과, 디지털콘텐츠학과, 미디어콘텐츠학과, 역사콘텐츠학과, 융합콘텐츠학과, 한국문화콘텐츠학과, 스마트콘텐츠학과

관련교과: 사회와 문화, 동아시아 역사 기행, 인문학과 윤리, 국제 관계의 이해, 사회문제 탐구, 기술·가정, 생활과학 탐구, 생애 설계와 자립, 정보, 소프트웨어와 생활, 한문, 언어생활과 한자

추천도서

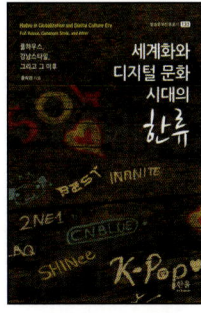

세계화와 디지털 문화 시대의 한류 (홍석경, 한울아카데미, 2013)

이 책은 한류, 특히 서유럽에서 펼쳐진 한류의 어제와 오늘을 생생하게 보여주고, 그 너머의 정경을 폭넓게 묘사하면서 한류를 다각도로 살펴볼 수 있는 이론적 틀을 제시하고 있다. 또한 앞으로 나아가야 할 방향을 보여준다. 한류 속의 세계에서는 한국 드라마와 동아시아의 현대, 아이돌, 젠더, 디지털 스코포필리어, 케이팝의 가능성과 한계를 서술하고 있다.

- **탐구주제3** 문화실천으로서의 한류에 대한 고찰
- **탐구주제4** 케이팝의 가능성과 한계에 대한 탐구

177 합성 데이터의 부상

내용 소개

이 보고서는 머신러닝에서 불충분한 데이터 이슈를 해소하는 대안으로 등장하고 있는 합성 데이터의 특징 및 산업 전망, 활용사례, 장단점 등을 소개한 후 산업 및 정책수립의 시사점을 제시하고 있다. 합성 데이터는 개인정보 유출 위험이 낮으면서 충분한 양의 고품질 데이터를 확보하는 대안으로 주목받고 있다.

핵심키워드: 합성 데이터, 개인정보 침해, 머신러닝

출처 | 정보통신정책연구원(2022)

탐구주제

- **탐구주제1** 합성 데이터의 활용 사례에 대한 고찰
- **탐구주제2** 합성 데이터의 개념과 주요내용에 대한 탐구

관련학과

AI융합학과, AI빅데이터융합학과, AI빅데이터학과, AI빅데이터공학과, 데이터과학과, 데이터사이언스학과, 빅데이터응용학과, 데이터응용수학과, 데이터정보학과, 빅데이터융합학과, 빅데이터응용통계학과, 데이터공학과

관련교과

대수, 미적분Ⅰ, 미적분Ⅱ, 경제 수학, 실용 통계, 수학과제 탐구, 경제, 사회문제 탐구, 금융과 경제생활, 윤리문제 탐구, 융합과학, 기술·가정, 지식 재산 일반, 정보, 데이터 과학, 인공지능 기초, 소프트웨어와 생활, 인간과 경제활동

추천도서

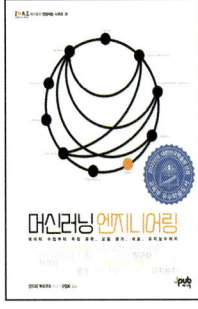

머신러닝 엔지니어링 (안드리 부르코프, 제이펍, 2021)

이 책은 데이터 수집부터 특징 공학, 모델 평가, 배포, 유지보수까지 머신러닝 솔루션 구축 모범 사례와 설계 패턴을 담고 있다. 머신러닝 엔지니어링은 머신러닝과 기존 소프트웨어 엔지니어링의 과학적 원리, 도구, 기술을 통해 복잡한 컴퓨팅 시스템을 설계하고 구축하는 것을 말한다. 데이터 수집부터 모델 훈련, 제품이나 고객이 모델을 사용할 수 있도록 하는 과정까지를 포함한다.

- **탐구주제3** 좋은 데이터 조건에 대한 탐구
- **탐구주제4** 머신러닝의 개념과 머신러닝의 활용 실태 조사

178 항노화 치료제

내용 소개

고령화 사회 흐름에 따라 항노화 치료제 개발 필요성이 커지는 상황에서, 세포생물학 발달로 건강수명 연장 가능성이 확인되고 있다. 노화가 예방·치료 가능한 질환으로 인식되면서 항노화 치료제 관련 연구개발과 창업이 활발히 일어나고 있는 것이다. 이 보고서는 항노화 치료제 기술개발, 관련 정책 및 투자 현황을 분석하여 연구개발 시사점을 도출하고자 한다.

핵심키워드: 항노화 치료제, 노화, 역노화, 생명과학, 예쁜꼬마선충, 개체노화 기전, 혈액인자

출처 | 한국과학기술기획평가원(2023)

탐구주제

- 탐구주제1: 항노화 치료제 개발을 위한 첨단 기술 탐구
- 탐구주제2: 세포 역노화 기술의 잠재적인 의료 적용 분야 탐구

관련학과

유전공학과, 간호학과, 나노화학생명공학과, 바이오메디컬학과, 바이오생명공학과, 바이오의약학과, 생명공학과, 생명과학과, 생명나노공학과, 생명시스템과학과, 생물학과, 시스템생명공학과, 의예과, 식품생명공학과, 화학과

관련교과

화학, 생명과학, 화학 반응의 세계, 세포와 물질대사, 생물의 유전, 기후변화와 환경생태, 융합과학 탐구, 기술·가정, 생활과학 탐구, 창의 공학 설계, 지식 재산 일반, 정보, 인공지능 기초, 데이터 과학, 소프트웨어와 생활, 생태와 환경, 보건

추천도서

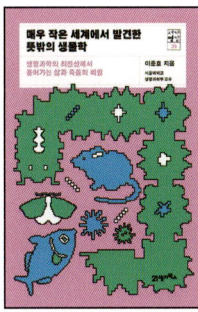

매우 작은 세계에서 발견한 뜻밖의 생물학 (이준호, 21세기북스, 2023)

이 책은 지구 생명체의 기원부터 진화, 유전, 노화, 죽음까지 생명과학의 핵심 주제들을 이해하기 쉽게 흥미로운 연구 사례들을 통해 설명한다. 예를 들어, 세상에서 가장 예쁜 벌레인 예쁜꼬마선충과 코로나 백신 개발도 생명과학의 연구 덕분에 가능했다는 사실을 기술하고 있다. 이 책은 생명과학에 대한 이해와 관심을 높이는 데 도움이 된다.

- 탐구주제3: 예쁜꼬마선충 모델을 이용한 개체노화 기전 탐구
- 탐구주제4: 혈액인자 역노화기술을 통한 수명연장과 건강증진 탐구

179 해상 풍력발전

내용 소개

이 보고서는 기술적·비기술적으로 이점이 많아 터빈의 대중화와 발전단지의 대규모화가 가능하며, 발전 단가의 빠른 하락 추세로 경쟁력을 확보 중인 해상 풍력발전 전망성을 다루고 있다. 기술적 한계 및 주민 수용성 등으로 인해 육상 풍력자원만 활용하는 데 한계가 있지만, 미래의 신규 투자로 인해 해상 풍력발전 분야가 더욱 발전할 것으로 예상하고 있다.

핵심키워드 해상 발전, 풍력 발전, 신재생 에너지

출처 | 한국과학기술기획평가원(2022)

탐구주제
- **탐구주제1** 해상 풍력발전의 국내·외 정책동향에 대한 탐구
- **탐구주제2** 해상 풍력발전의 글로벌 기술동향과 국내 기술동향 조사 탐구

관련학과
에너지자원공학과, 에너지공학과, 나노에너지공학과, 바이오에너지공학과, 에너지과학과, 에너지시스템공학과, 에너지화학공학과, 첨단에너지공학과, 청정융합에너지공학과, 화학에너지융합학부, 환경에너지공학과

관련교과
미적분Ⅰ, 미적분Ⅱ, 수학과제 탐구, 기후변화와 지속 가능한 세계, 물리학, 화학, 지구과학, 역학과 에너지, 전자기와 양자, 물질과 에너지, 화학 반응의 세계, 지구시스템과학, 기후변화와 환경생태, 기술·가정, 창의 공학 설계, 정보, 생태와 환경

추천도서

신재생 에너지 (윤천석 외, 이피니티북스, 2019)

이 책은 기후온난화로 인해 환경의 중요성과 함께 신재생에너지의 개발보급 필요성과 관심이 높아지는 상황에서 신재생에너지의 필요성을 시사한다. 이에 재생에너지의 개념 및 화석연료로 인한 환경문제, 재생에너지의 중요성, 미래 전망 등을 다룬다. 또한 태양광, 태양열, 풍력 에너지, 지열 에너지, 해양 에너지, 바이오매스 에너지를 소개하고 있다.

- **탐구주제3** 풍력에너지의 특징 및 이용현황에 대한 탐구
- **탐구주제4** 해양에너지의 종류와 경제적·환경적 문제들에 대한 탐구

180. 향기 시장에 부는 새로운 향, 센테크

내용 소개

이 보고서는 향기 시장의 성장과 함께 센테크 산업의 성장성을 다루고 있다. 센테크는 향기의 단순 제어뿐만 아니라 전송, 수신, 감지 및 조합, 분석하는 기술로서 기존 향기 시장의 디지털화를 넘어 의료 진단과 같은 다른 분야에 접목되어 활용 범위가 확장되는 추세이다. 소비자들의 경험 추구와 개인화 선호 트렌드에 힘입어 센테크 기반 맞춤형 향기 시장은 급성장 중이다.

핵심키워드: 향기시장, 센테크, 향수

출처 | 하나금융경영연구소(2023)

탐구주제
- 탐구주제1: 센테크 3대 영역과 향기 산업의 미래
- 탐구주제2: 향기 시장과 센테크가 각광받은 원인과 미래전망

관련학과: 화장품학과, 바이오화장품학과, 뷰티화장품학과, 화장품공학과, 화장품과학과, 화장품학전공, 생화학과, 응용화학과, 화학과, 환경생명화학과, 화학공학과, 나노화학공학과, 바이오화학공학과, 응용화학공학과, 화학공학교육과

관련교과: 미적분Ⅰ, 미적분Ⅱ, 수학과제 탐구, 사회와 문화, 경제, 사회문제 탐구, 금융과 경제생활, 기후변화와 지속가능한 세계, 화학, 물질과 에너지, 화학 반응의 세계, 융합과학 탐구, 기술·가정, 생활과학 탐구, 창의 공학 설계, 정보, 인간과 경제활동

추천도서

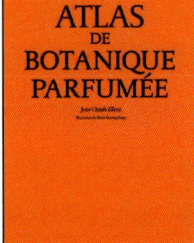

향수가 된 식물들 (장 클로드 엘레나, 아멜리에북스, 2023)

이 책에서는 전 세계적으로 손꼽히는 마스터 조향사이자 프랑스 유명 브랜드 에르메스의 수석 조향사였던 장 클로드 엘레나가 향수에 사용되는 40여 가지 식물을 소개하고 있다. 각각의 식물들이 향수에 어떤 영감을 주고 어떻게 향수로 변신하는지를 담고 있다. 세계적으로 유명한 향수들이 어떤 식물에서 시작되었는지, 향수 탄생과정의 에피소드를 전하고 있다.

- 탐구주제3: 향수 제조에 사용되는 열매에 대한 조사
- 탐구주제4: 향수 제조에 사용되는 꽃의 종류에 대한 조사

181 향후 10년간 코로나19로 인해 일어날 변화

내용 소개

이 보고서는 코로나19의 부정적 영향을 극복하고 향후 우리 산업계가 나아가야 할 방향성을 제시하고 있다. 코로나19로 인해 노출된 사회 경제적 취약점, 향후 10년 동안 발생할 수 있는 트렌드 변화와 그 과정에서의 잠재적인 요소를 분석하고 소득 불균형과 양극화 등의 문제점을 제시한 후 리쇼어링, 경제 디지털화, 감시 시스템의 도입, 독재주의 대두 등의 결과를 예측하고 있다.

핵심키워드 코로나19, 사회 불평등, 평등

출처 | KBCSD(2020)

탐구주제
- **탐구주제1** 코로나19로 인해 노출된 사회경제적 취약점에 대한 탐구
- **탐구주제2** 코로나19로 인해 나타날 2020년대의 변화 모습에 대한 고찰

관련학과
사회학과, 사회복지학과, 가족복지학과, 다문화학과, 복지상담학과, 사회복지상담학과, 상담심리복지학과, 스포츠복지학과, 시니어복지상담학과, 실버케어복지학과, 아동복지학과, 의료복지학과, 헬스케어복지학과, 행정학과

관련교과
사회와 문화, 현대사회와 윤리, 정치, 법과 사회, 경제, 국제 관계의 이해, 사회문제 탐구, 윤리문제 탐구, 기후변화와 지속가능한 세계, 기술·가정, 생활과학 탐구, 생애 설계와 자립, 아동발달과 부모, 정보, 인간과 철학, 인간과 심리

추천도서

한국의 불평등 (공주 외, 한울아카데미, 2022)

이 책은 불평등이 심화된 오늘날, 평등의 가치를 실현하는 길이 무엇인지를 담고 있다. 오늘날 세계가 직면한 불평등 위기는 코로나19 위기, 경제위기, 기후 위기에 이어 인류 사회가 마주한 가장 커다란 위기이다. 불평등 완화는 한국 사회의 지속가능한 미래를 위해 반드시 해결해야 할 과제가 되었으며, 우리 사회는 평등의 가치를 실현할 수 있는 사회로 나아가야 한다.

- **탐구주제3** 한국의 건강 불평등 현황과 정책과제 탐구
- **탐구주제4** 한국 사회의 교육 불평등 변화에 대한 고찰

182. 헬스케어 데이터 플랫폼 활성화의 핵심 과제와 정책 제언

내용 소개

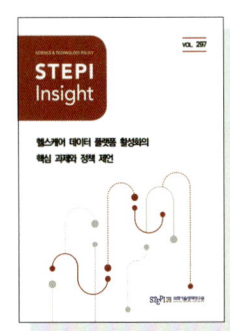

이 보고서는 헬스케어 특성과 데이터 플랫폼의 메커니즘을 고려하여 헬스케어 데이터 플랫폼을 활성화하기 위한 5가지 핵심 과제를 도출하고 사례분석을 통해 5가지 전략을 제안하고 있다. 5가지 전략으로는 데이터 구축, 데이터 제공, 데이터 이용, 플랫폼 운영, 사업 환경을 제시하고 있으며, 한국과 미국의 헬스케어 데이터 플랫폼 사례 분석 및 시사점을 담고 있다.

핵심 키워드: 헬스케어, 헬스케어 데이터 플랫폼, 디지털 헬스케어

출처 | 과학기술정책연구원(2022)

탐구주제

- **탐구주제1** 헬스케어 데이터 플랫폼 활성화를 위한 정책적 제언
- **탐구주제2** 국내외 헬스케어 데이터 플랫폼 사례 분석 및 시사점에 대한 탐구

관련학과: 디지털헬스케어학과, 바이오헬스케어학과, 스마트헬스케어학과, 스마트헬스케어학부, 스포츠헬스케어학과, 실버헬스케어학과, 헬스케어메디컬공학부, 헬스케어복지학과, 헬스케어운동학과, 헬스케어학과, 휴먼헬스케어학과

관련교과: 미적분Ⅰ, 미적분Ⅱ, 인공지능 수학, 수학과제 탐구, 현대사회와 윤리, 법과 사회, 경제, 국제 관계의 이해, 사회문제 탐구, 금융과 경제생활, 물리학, 역학과 에너지, 전자기와 양자, 융합과학 탐구, 기술·가정, 정보, 소프트웨어와 생활

추천도서

디지털 헬스케어 : 의료의 미래 (최윤섭, 클라우드나인, 2020)

이 책은 인공지능, 사물인터넷, VR 등 디지털 기술이 의료와 융합되면서 태동된 혁신 분야인 디지털 헬스케어 전반을 상세하게 소개하고 있다. 디지털 헬스케어 기본 개념부터 의료 인공지능, 디지털 치료제, 웨어러블과 같은 최신 기술, 원격의료와 개인 유전정보 분석 및 규제 혁신과 같은 민감한 이슈까지도 심도 있게 다루고 있다.

- **탐구주제3** 디지털 헬스케어의 3단계에 대한 탐구
- **탐구주제4** 디지털 치료제의 개념과 종류에 대한 고찰

183 헬스케어 디지털 트윈

내용 소개

이 보고서는 헬스케어 디지털 트윈에 대한 개념 정의를 통해 국내외 산업·기술·정책 등 R&D 투자 동향을 파악하고 향후 기술 고도화 및 의료·산업현장 적용을 위한 정부 R&D 지원방향을 제시하고 있다. 헬스케어 디지털 트윈 기술은 제조, 건설, 스마트시티, 의료서비스 등 다양한 분야에 적용 가능하고 오늘날 디지털 전환의 핵심 기술로 급부상 중인 성장성이 뛰어난 분야이다.

핵심키워드 헬스케어, 디지털 트윈, 디지털 트윈기술과 헬스케어

출처 | 한국과학기술기획평가원(2022)

 **탐구주제**

- **탐구주제1** 헬스케어 디지털 트윈 기술의 정의 및 범위에 대한 탐구
- **탐구주제2** 헬스케어 디지털 트윈 기술동향에 대한 탐구

 **관련학과**

의료공학과, 재활의료공학과, 의공학과, 의공학부, 바이오메디컬공학과, 바이오메디컬공학부, 바이오의공학부, 생체의공학과, 의료IT공학과, 의생명융합공학부, 의용공학과, 전기공학부(의공학), 헬스케어메디컬공학과

 **관련교과**

미적분Ⅰ, 미적분Ⅱ, 인공지능 수학, 수학과제 탐구, 법과 사회, 경제, 윤리문제 탐구, 물리학, 생명과학, 역학과 에너지, 세포와 물질대사, 생물의 유전, 융합과학 탐구, 기술·가정, 창의 공학 설계, 정보, 인공지능 기초, 데이터과학

추천도서

디지털 트윈 기술 (남상엽 외, 상학당, 2020)

이 책은 디지털 트윈 기술의 기초적이고 전반적인 내용을 학습할 수 있다. 디지털 트윈 기술의 개념 및 핵심기술부터 디지털 트윈 기술 플랫폼, 디지털 트윈과 스마트시티, 디지털 트윈과 스마트건설, 디지털 트윈과 헬스케어, 디지털 트윈의 시장동향과 디지털 트윈의 미래 전망을 소개하고 있다.

- **탐구주제3** 디지털 트윈 기술의 개념과 핵심기술 탐구
- **탐구주제4** 디지털 트윈 기술의 의료분야 적용 전망 분석

184 혐오와 차별의 미래 : 정책과 입법적 대안들

내용 소개

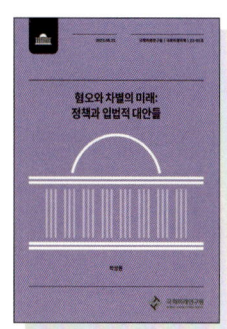

이 보고서는 우리 사회의 혐오와 차별 현황 및 미래 전망을 담고 있다. 기후 위기 심화, 인공지능 확산, 다문화이주민 확대, 고령화 등은 혐오와 차별의 대상을 더욱 확산시킬 것이다. 혐오 차별을 줄이기 위해서는 차별금지법/ 평등법 제정, 학교 및 공공기관, 기업에서의 인권교육 강화, 기업의 인권 경영 확산, 다양성과 혁신의 연관성 연구가 진행되어야 한다고 제시하고 있다.

핵심 키워드 혐오와 차별, 평등법, 국제인권법

출처 | 국회미래연구원(2023)

탐구주제
- **탐구주제1** 혐오와 차별 현상을 줄이기 위한 제언
- **탐구주제2** 평등법의 주요국 사례와 사회적 효과에 대한 탐구

관련학과
사회학과, 도시사회학과, 정보사회학부(사회학전공), 정치외교학과, 정치행정학과, 행정학과, 경찰행정학과, 공공안전학전공, 공공정책학과, 공공행정학과, 도시행정학과, 법무행정학과, 행정정보학과, 행정학부, 행정학전공

관련교과
사회와 문화, 현대사회와 윤리, 정치, 법과 사회, 윤리와 사상, 인문학과 윤리, 국제관계의 이해, 사회문제 탐구, 윤리문제 탐구, 기술·가정, 생활과학 탐구, 생애 설계와 자립, 정보, 인공지능 기초, 인간과 철학, 논리와 사고, 인간과 심리

추천도서

국제인권법과 차별금지법제 (김학민, 필미디어, 2022)

이 책은 제1부에서 우리나라 차별금지·평등법안의 문제점을 살펴보고, 제2부에서는 유럽연합과 미국 등 세계 여러 나라의 관련 법제들을 검토하고 있다. 제3부에서는 우리의 기본적 헌법질서가 어떤 내용이었는지 알아보고, 성적 지향 등에 관련한 족자카르타 원칙과 인권위 활동을 짚어보며, 국제법이나 유럽연합이 어떻게 변질되었는지를 담고 있다.

- **탐구주제3** 우리나라 차별금지법안의 내용 탐구
- **탐구주제4** 유럽 각국의 차별금지법제에 관한 탐구

185 화장품 용기 재활용의 오해와 진실

내용 소개

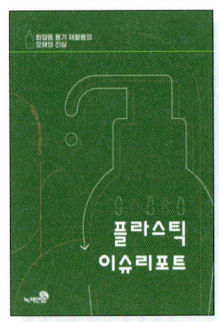

이 보고서는 화장품 공병의 별도 회수체계 활성화 방안을 중심으로 화장품 용기 재활용률을 높이기 위한 방안을 담고 있다. 최근 화장품 업계는 친환경 경영을 내세우며 화장품 용기 개선을 위해 포장재 없는 제품이나 리필해서 사용할 수 있는 제품을 확대하고, 화장품 용기를 단일 재질로 변경해 재활용률을 높이고 있다. 화장품 용기의 특성을 살리는 재활용을 제안하고 있다.

핵심 키워드: 화장품 용기 재활용, 화장품 포장재 개선, 플라스틱 줄이기

출처 | 녹색연합(2021)

탐구주제

- **탐구주제1** 화장품 포장재 개선방안에 대한 탐구
- **탐구주제2** 화장품 포장재 재활용 문제점에 대한 탐구

관련학과

환경학과, 환경교육과, 바이오환경과학과, 사회환경시스템공학부, 자연환경공학과, 화학신소재학과, 환경공학과, 환경시스템공학과, 환경안전공학과, 환경에너지학과, 화장품공학과, 화장품학과, 화장품과학과, 뷰티화장품학과

관련교과

미적분Ⅰ, 미적분Ⅱ, 수학과제 탐구, 사회와 문화, 법과 사회, 경제, 사회문제 탐구, 금융과 경제생활, 기후변화와 지속가능한 세계, 화학, 물질과 에너지, 화학 반응의 세계, 기후변화와 환경생태, 기술·가정, 정보, 생태와 환경, 보건

추천도서

플라스틱 다이어트 (호세 루이스 가예고, 우리교육, 2022)

이 책은 플라스틱의 무분별한 사용 증가로 환경에서의 많은 문제점을 일으키고 있는 현대 사회를 지적하고 있다. 플라스틱 대신 친환경 소재로 만든 도구를 사용하면 오염된 환경을 서서히 회복시킬 수 있다. 플라스틱의 종류와 플라스틱이 만들어진 과정, 다양한 일상생활에서 미래 세대와 자연을 살릴 수 있는 플라스틱 줄이기 친환경 생활 수칙들을 살펴볼 수 있다.

- **탐구주제3** 플라스틱의 종류와 플라스틱이 만들어지는 과정 조사
- **탐구주제4** 일상생활에서 실천할 수 있는 플라스틱 줄이는 방법 소개

186 AI 활용 교육의 윤리적 쟁점과 과제

내용 소개

이 보고서는 AI 기술을 교육적으로 활용하는 과정에서 발생할 수 있는 다양한 부작용과 위험을 소개하고, 인공지능의 윤리적 활용을 위한 과제를 제시하고 있다. 인공지능 활용 교육과 관련된 정책 결정을 위한 민관학 거버넌스, 공공과 민간의 협업생태계 구축이 필요함을 제언하고, 활용상의 규제의 균형적 접근이 필요하다고 강조한다.

핵심 키워드 AI 활용 교육, AI의 윤리적 활용, 인공지능 윤리

출처 | 경기교육연구원(2023)

탐구주제
- **탐구주제1** 교육에서 AI의 윤리적 활용을 위한 과제 탐구
- **탐구주제2** AI 활용 교육의 사회적·윤리적 쟁점에 관한 조사

관련학과
윤리교육과, 사회교육과, 초등교육과, 교육학과, 교육공학과, 가정교육과, 기술교육과, 과학교육과, 국어교육과, 영어교육과, 수학교육과, 역사교육과, 음악교육과, 특수교육과, 체육교육과, 일반사회교육과, 지구과학교육과

관련교과
미적분Ⅰ, 미적분Ⅱ, 인공지능 수학, 수학과제 탐구, 현대사회와 윤리, 법과 사회, 경제, 사회문제 탐구, 윤리문제 탐구, 물리학, 역학과 에너지, 전자기와 양자, 융합과학 탐구, 기술·가정, 지식 재산 일반, 정보, 인공지능 기초, 교육의 이해

추천도서

AI가 바꾸는 학교 수업 챗GPT 교육 활용 (오창근 외, 성안당, 2023)

이 책은 AI와 챗GPT를 활용한 학교 수업 혁신을 다룬다. 교사와 교육자를 대상으로 AI 기술이 교육 환경에 미치는 영향을 분석하며, 챗GPT를 활용한 수업 설계와 실전 사례를 제시한다. 학생 맞춤형 학습, 창의적 문제 해결, 교사의 업무 경감 등 다양한 활용법을 설명하며, AI 시대 교육자의 역할 변화도 탐구한다.

- **탐구주제3** 챗GPT를 활용한 맞춤형 학습이 학생의 자기주도 학습 능력에 미치는 영향
- **탐구주제4** AI 기반 교육 도구와 전통적 교수법의 효과 비교 분석

187. AI기반 행정을 위한 입법방안 연구

내용 소개

이 보고서는 향후 AI 행정이 활성화될 경우를 대비하여 AI가 공공행정에 활용될 때 발생할 수 있는 법적 쟁점을 발굴하고, AI 행정이 가져올 행정법 영역에서의 각종 법적 이슈와 쟁점들을 연구하였다. AI 행정이 공공행정 영역에서 확대될 경우를 대비하여 AI 행정의 근거, 행위기준, 절차, 권리구제 방안 등 다양한 법적 쟁점을 발굴하고, 개별 행정법제의 개선 방안을 제시한다.

핵심 키워드: AI 행정, AI 행정 법적 쟁점, 디지털 정책

출처 | 한국법제연구원(2022)

탐구주제

- **탐구주제1**: 국내·외 AI 행정 활용 사례 조사
- **탐구주제2**: AI 행정 관련 법적 쟁점 분석에 대한 탐구

관련학과

정책학과, 고용서비스정책학과, 공공정책학과, 공공정책학부, 행정학과, 경찰행정학과, 도시행정학과, 법무행정학과, 보건행정학과, 융합행정학과, 정치행정학과, 자치행정학과, 법학과, 사회안전학과, 기업융합법학과

관련교과

세계시민과 지리, 사회와 문화, 현대사회와 윤리, 정치, 법과 사회, 경제, 국제 관계의 이해, 사회문제 탐구, 윤리문제 탐구, 기술·가정, 지식 재산 일반, 정보, 인공지능 기초, 데이터 과학, 소프트웨어와 생활, 한문

추천도서

디지털 세계 이야기: 정책과 법 (임규철, 동국대학교출판부, 2022)

이 책은 디지털 세계에서 디지털과 관련된 정책과 법 중에서 논란이 될 수 있는 내용을 서술하고 그 대책을 제시하고 있다. 사회가 디지털 중심으로 변화되고 디지털 기술이 국가 운영에 사용되면서 데이터 소유권의 문제, 감시 사회의 등장, 대화 비밀녹음의 수월, 전자상거래 시 다수의 착오 등 그 부작용이 확대되고 있다. 이를 예방하기 위한 관련 법제가 필요한 실정이다.

- **탐구주제3**: 디지털 사회의 법과 정책에 관한 탐구
- **탐구주제4**: 디지털 사회와 디지털 저작권에 관한 탐구

188. ChatGPT 등 생성형 인공지능 모델이 제기하는 개인정보 보호 관련 쟁점

내용 소개

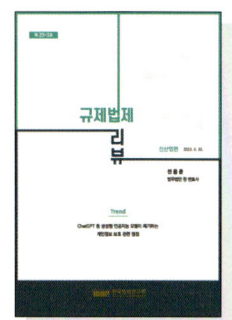

이 보고서는 인공지능 기계학습의 원리에 따라 개인정보와 저작권 관련 문제가 발생하는 국면에 대해 다루고 있는데, 학습데이터를 수집하고 이용하는 단계와 AI 모델에서 산출물을 출력하는 단계로 나누어 고찰한다. 또한 기계학습의 특성으로 인해 생성형 인공지능의 산출물이 특정인의 개인정보로 보이는 경우 이를 학습데이터에 저장된 개인정보의 유출로 볼 수 있는지도 문제가 되고 있다.

핵심키워드: 생성형 인공지능, 개인정보 보호, 핀테크

출처 | 한국법제연구원(2023)

탐구주제

- **탐구주제1** AI 학습단계(INPUT 단계)에서의 개인정보 보호에 관한 쟁점 고찰
- **탐구주제2** AI 출력단계(OUTPUT 단계)에서의 개인정보 보호에 관한 쟁점 탐구

관련학과

정보보호학과, 정보보호학부, 정보보호학전공, 경찰정보보안학과, 사이버보안경찰학과, 산업보안학과, 정보보안공학과, 정보보안학과, 정보보안전공, AI정보보안학과, 컴퓨터정보보안학과, 정보통신보안학과, 컴퓨터교육과

관련교과

미적분Ⅰ, 미적분Ⅱ, 인공지능 수학, 수학과제 탐구, 현대사회와 윤리, 정치, 법과 사회, 국제 관계의 이해, 윤리문제 탐구, 기술·가정, 로봇과 공학세계, 정보, 인공지능 기초, 데이터 과학, 소프트웨어와 생활

추천도서

4차 산업혁명시대 핀테크 개인정보보호 (백남정, 지식플랫폼, 2019)

이 책은 4차 산업혁명시대 핀테크 기술과 밀접히 관련이 있는 개인정보보호를 다루고 있다. 아무리 뛰어난 기술이라고 하더라도 개인정보보호에 문제가 발생하면 사용할 수 없다. 다양한 기술의 핀테크 시대를 제대로 열기 위해서는 개인정보보호가 전제되어야 한다. 핀테크 분야의 개인정보보호에 대한 지식과 실무자들이 반드시 알아야 할 내용으로 구성되어 있다.

- **탐구주제3** 핀테크와 개인정보보호의 관계 고찰
- **탐구주제4** 핀테크 기업에서 꼭 필요한 개인정보보호에 관한 탐구

189 ChatGPT 보안 위협과 시사점

내용 소개

이 보고서는 ChatGPT의 결과물이 사이버 공격에 악용되거나 민간정보 유출 및 결과물 오남용 문제 발생 등 개발 단계에서부터 안전한 활용단계에 이르기까지 발생할 수 있는 보안 위협에 대한 대응 방안 마련의 필요성을 담고 있다. 거짓 답변을 사실처럼 대답하거나 최신 정보에 대한 내용은 답변하지 못하는 것과 같은 다양한 한계점이 존재하기에, 다양한 부작용 발생 가능성을 차단할 필요가 있다.

핵심 키워드: ChatGPT 보안 이슈, ChatGPT 보안 위협 분석, 인공지능 보안

출처 | 한국인터넷진흥원(2023)

- **탐구주제1** ChatGPT 주요 보안 위협 분석 및 시사점 고찰
- **탐구주제2** ChatGPT 보안 이슈 및 활용·규제 동향에 대한 탐구

관련학과: 사이버보안학과, AI정보보안학과, IT인공지능학부, 디지털보안학과, 사이버보안경찰학과, 사이버보안전공, 산업보안학과, 스마트보안학과, 융합보안공학과, 융합보안학과, 정보보안공학과, 정보보안학과, 컴퓨터정보보안학과

관련교과: 미적분Ⅰ, 미적분Ⅱ, 인공지능 수학, 수학과제 탐구, 현대사회와 윤리, 법과 사회, 경제, 물리학, 전자기와 양자, 융합과학 탐구, 기술·가정, 로봇과 공학세계, 창의 공학 설계, 지식 재산 일반, 정보, 인공지능 기초, 데이터 과학, 소프트웨어와 생활

추천도서

인공지능 보안 (김주원, 인포더북스, 2021)

이 책은 인공지능 보안 분야를 고대 그리스신화 이야기를 중심으로 쉽게 재미있게 스토리텔링 형식으로 소개함으로써 인공지능의 개념과 여러 이슈들을 일반인들도 이해하기 쉽게 담고 있다. 이 책을 통해 인공지능 보안에 대한 기본적인 소양과 상식을 갖게 되고, 향후 인공지능의 역기능에 의해 발생할 수 있는 어려움에 대한 대비가 가능하다.

- **탐구주제3** 클라우드 환경에서의 보안 관리에 대한 탐구
- **탐구주제4** 인공지능을 통한 인간 친화 보안기술 개발에 대한 고찰

ChatGPT와 함께하는 미래

내용 소개

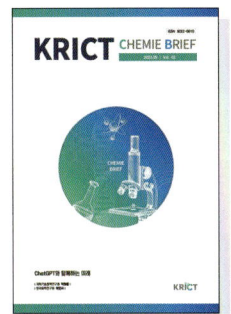

이 보고서는 최근 우리 사회에 많은 이슈를 몰고 온 ChatGPT의 미래에 대한 내용을 담고 있다. ChatGPT가 무료로 공개되면서 유지비용과 수익창출 문제가 대두되고, 부분적으로 유료화가 되면서 언어이해, 명령 수행 등 대부분 영역에서 성능이 업그레이드되었다. ChatGPT 영역별 활용과 한계, 활용 사례와 전망을 통해 기술적 측면과 사회적 측면을 시사하고 있다.

핵심키워드 챗GPT, 챗GPT 활용, 챗GPT 미래

출처 | 한국화학연구원(2023)

탐구주제
- **탐구주제1** 산업 부문별 ChatGPT 활용에 대한 전망과 시사점
- **탐구주제2** 업무 방식 및 비즈니스 분야에서의 ChatGPT 활용에 대한 전망

관련학과
인공지능공학과, AI융합학과, AI응용학과, 데이터사이언스학과, 인공지능공학부, 인공지능빅데이터학과, 인공지능소프트웨어학과, 인공지능융합학부, 인공지능응용학과, 인공지능학과, 컴퓨터공학부, 산업공학과

관련교과
미적분Ⅰ, 미적분Ⅱ, 인공지능 수학, 수학과제 탐구, 정치, 법과 사회, 물리학, 역학과 에너지, 전자기와 양자, 융합과학 탐구, 기술·가정, 로봇과 공학세계, 창의 공학 설계, 정보, 인공지능 기초, 데이터 과학, 소프트웨어와 생활

추천도서

챗GPT: 마침내 찾아온 특이점 (반병현, 생능북스, 2023)

이 책은 챗GPT가 무엇이고, 어떻게 활용하며, 우리 사회에 어떤 영향을 줄지에 대해 인공지능 개발자인 저자의 시각에서 풀어내고 있다. 챗GPT를 일상에서, 창작 활동을 위해, 공부하기 위해, 전문가처럼 자문을 받기 위해 활용하는 법과 그 한계를 자세히 다루고 있다. 또한 챗GPT의 원리, 업무활용법, 기업 사례 등의 정보도 별도로 수록해 두었다.

- **탐구주제3** 챗GPT를 활용한 창작활동에 대한 탐구
- **탐구주제4** 챗GPT가 교육 분야에 미칠 영향에 대한 고찰

191. ChatGPT의 탄생과 진화

내용 소개

이 보고서는 ChatGPT가 금융산업 및 비즈니스 분야에 활용됨으로써 어떤 시너지 효과를 발휘하는지 담고 있다. 금융회사에서는 내부적으로 직원의 업무 수행을 지원하고 자동화하며, 자연어 기반 정보를 수집하고 분석해 전략적 판단을 내리는데, 금융산업은 손님과의 상호작용 비중이 높은 사무직 직종이라는 점에서 ChatGPT 활용이 생산성 증가에 기여할 것으로 기대된다.

핵심키워드: ChatGPT, ChatGPT 금융산업, 인공지능과 금융

출처 | 하나금융경영연구소(2023)

탐구주제

- **탐구주제1** ChatGPT 언어모형의 발전과정에 대한 조사
- **탐구주제2** 금융산업 내 ChatGPT 활용 사례에 대한 조사 탐구

관련학과

금융공학과, IT금융경영학과, IT금융학과, 경영·금융교육과, 경제금융학과, 경제금융학부, 국제금융학과, 글로벌금융학과, 금융경영학과, 금융경제학과, 금융보험학과, 금융세무학부, 금융정보공학과, 금융투자학과, 금융학과

관련교과

미적분Ⅰ, 미적분Ⅱ, 경제 수학, 실용 통계, 수학과제 탐구, 사회와 문화, 정치, 법과 사회, 경제, 금융과 경제생활, 사회문제 탐구, 기술·가정, 생활과학 탐구, 생애 설계와 자립, 정보, 데이터 과학, 소프트웨어와 생활, 인간과 경제활동

추천도서

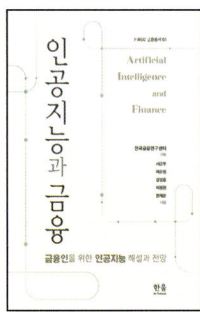

인공지능과 금융 (서근우 외, 한울아카데미, 2022)

이 책은 인공지능 지식과 실체를 금융부문 종사자 등 인공지능 비전문가들에게 알기 쉽게 설명하기 위해 쓴 책이다. 인공지능 지식과 기술에 대해 공부한 내용을 간단히 정리했고, 금융부문의 인공지능 지식과 기술의 도입 현황, 데이터 축적 및 활용 문제, 금융산업 내 경쟁구조 변화 및 대응방안, 금융부문의 고용구조 변화 전망 및 대응 방안이 담겨있다.

- **탐구주제3** 인공지능이 금융산업에 미치는 영향 탐구
- **탐구주제4** 국내외 금융분야에서의 인공지능 활용 현황 탐구

192. ESG 경영 관련 소비자 인식 및 권익 제고 방안 연구

내용 소개

이 보고서는 소비자들의 설문조사를 바탕으로 ESG 경영에 관한 소비자의 인식, 평가, 관련 소비행동을 파악하고, 더불어 소비자 관점에서 ESG 경영 관련 정책의 필요성, 구체적인 지원 방안 등을 담고 있다. 또한 연구 결과를 바탕으로 ESG 경영 관련 소비자권익 제고를 위한 산업적·정책적 시사점과 합리적인 소비자 의사결정을 위한 정책적 지원 내용도 담고 있다.

핵심키워드: ESG 경영, 소비자 중심 ESG 경영, 경영 패러다임

출처 | 한국소비자원(2022)

- **탐구주제1**: 소비자 중심의 ESG 경영을 위한 기업 관점 및 정책적 시사점 고찰
- **탐구주제2**: ESG 경영에 대한 소비자 인식 및 조사 결과 및 관련 정책 수요 분석 결과

관련학과: 소비자경제학과, 소비자학과, 소비자생활문화산업학과, IT경영학과, 경영학과, 경영학부, 경영공학과, 경제학과, 국제경영학과, 국제금융학과, 국제무역학과, 국제통상학과, 국제학부, 글로벌무역학과, 글로벌비즈니스학과

관련교과: 미적분Ⅰ, 미적분Ⅱ, 경제수학, 사회와 문화, 정치, 법과 사회, 경제, 국제 관계의 이해, 사회문제 탐구, 금융과 경제생활, 기술·가정, 생활과학 탐구, 정보, 인공지능 기초, 제2외국어, 생태와 환경, 인간과 경제활동

추천도서

ESG 경영과 미래발전전략 (사회적책임경영품질원, 민영사, 2022)

이 책은 포스트 코로나 시대에 새로운 모습으로 다가올 ESG 경영의 모습을 미리 살펴보고, 기업들이 여기에 대응하도록 제시하는 내용으로 구성되어 있다. ESG 경영의 중요성과, 탄소중립 시대에 새로운 경영패러다임의 ESG 경영이 필요하며, 기업들의 이런 노력이 기업의 미래 발전 전략과 국가의 미래 발전에 필수적임을 강조하고 있다.

- **탐구주제3**: ESG 경영 확산을 위한 제도적 고찰
- **탐구주제4**: 기업의 ESG 경영 실행 전략에 대한 탐구

193. EU 탄소국경조정제(CBAM) Q&A

내용 소개

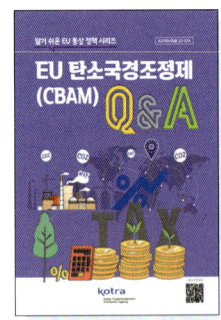

이 보고서는 2021년 7월 14일 EU집행위에서 제안한 탄소국경조정제도(CBAM)에 대한 내용을 담고 있는데, 탄소배출량 감축규제가 강한 국가에서 상대적으로 규제가 덜한 국가로 탄소배출이 이전되는 탄소누출 문제가 있기에 EU탄소국경조정제 관련 문답 내용을 담고 있다. EU 탄소국경조정제 주요 내용, 적용 대상, 입법 동향 및 시행시기, 우리 기업의 체크 포인트 등을 담았다.

핵심키워드: 탄소국경조정제, 탄소배출량 감축, WTO법

출처 | KOTRA(2023)

- **탐구주제1**: EU 탄소국경조정제CBAM 주요 내용 조사
- **탐구주제2**: EU 탄소국경조정제CBAM 추진 배경 및 목적

관련학과: 국제통상학과, 경제통상학과, 경제통상학부, 국제무역통상학과, 국제통상물류학과, 글로벌통상학과, 물류통상학과, 중국국제통상학과, 글로벌비즈니스학과, 국제무역학과, 국제물류학과, 무역물류학과, 항공서비스무역학과

관련교과: 미적분Ⅰ, 미적분Ⅱ, 실용 통계, 정치, 법과 사회, 경제, 국제 관계의 이해, 사회문제 탐구, 금융과 경제생활, 기후변화와 지속가능한 세계, 기술·가정, 생활과학 탐구, 정보, 제2외국어, 생태와 환경, 인간과 경제활동

추천도서

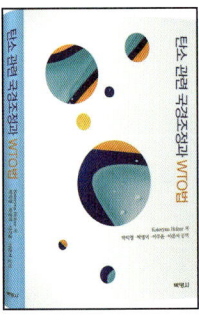

탄소 관련 국경조정과 WTO법 (Kateryna Holzer, 박영사, 2016)

이 책은 탄소 관련 국경조정 문제를 기후변화의 차원에서 조망하고 있다. 기후정책과 국제무역체제 간의 상호 관계와 국경조정제도를 살펴보고 탄소 관련 국경조정조치가 WTO 법체제와 양립할 수 있는지의 법적 이슈를 GATT/WTO 판례와 함께 분석하고 있다. 또한 탄소국경조정제도가 WTO 법체제와 합치될 수 없다는 문제를 다각적인 시각에서 제시하고 있다.

- **탐구주제3**: 기후이슈에 따라 도입된 정책 및 제도 조사
- **탐구주제4**: 탄소 관련 국경조정에 관한 WTO 법적 이슈에 대한 고찰

194 KoNIBP 생명윤리 언론동향 브리프 No.10

내용 소개

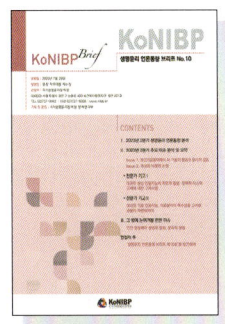

이 보고서는 2023년 2분기 생명윤리 언론동향 중 주요 이슈를 선정하여 그 내용을 분석·정리하고 있다. 보건의료분야에서의 AI 기술의 활용과 윤리적 검토, 국내외 낙태약 논쟁, 인간 합성배아 생성과 법적, 윤리적 쟁점 등을 다루고 있다. 전문가 기고에는 대규모 생성 인공지능의 의료적 활용과 의료분야의 특수성을 반영한 규율이 마련되어야 한다는 기고가 실려있다.

핵심 키워드: AI 기술, 인간 합성배아, 생명윤리

출처 | 국가생명윤리정책원(2023)

탐구주제
- **탐구주제1** 인간 합성배아 생성과 법적, 윤리적 쟁점에 대한 탐구
- **탐구주제2** 보건의료분야에서의 AI 기술의 활용과 윤리적 검토에 대한 탐구

관련학과
생명공학과, 글로벌바이오메디컬공학과, 나노화학생명공학과, 바이오나노학과, 바이오생명공학과, 바이오화학공학과, 분자생명공학과, 생명정보공학과, 시스템생명공학과, 의생명공학과, 화학생명공학과, 환경생명공학과

관련교과
미적분Ⅰ, 미적분Ⅱ, 수학과제 탐구, 현대사회와 윤리, 인문학과 윤리, 윤리문제 탐구, 화학, 생명과학, 물질과 에너지, 화학 반응의 세계, 세포와 물질대사, 생물의 유전, 융합과학 탐구, 기술·가정, 창의 공학 설계, 정보

추천도서

의료과학과 생명윤리 (금교영, 한국학술정보, 2019)

이 책은 생명과학 및 의학, 보건학 영역에서 행해야 할 바람직한 인간 행위인 '생명윤리'와 의료인이 의료행위 때 갖추어야 할 정신이자 지켜야 할 윤리인 '의료윤리'에 대해 다루고 있다. 의료과학 논의의 토대가 되는 광의적 생명·의료와 생명윤리, 그리고 의료과학과 의료윤리에 대해 필요한 협의적 의료윤리를 실용적으로 다루고 있다.

- **탐구주제3** 의료윤리와 생명윤리에 관한 논의 탐구
- **탐구주제4** 인간 복제 행위의 의료윤리적 쟁점 고찰

195. New Space 시대 한국의 우주력 개발방향

내용 소개

이 보고서는 한국의 우주력이 기반조성 단계에서 본격적인 개발단계로 발전하고 있는 상황에서 효과적인 전환을 위해 정책, 조직, 규범 등을 아우르는 전반적인 발전 프레임워크를 제시하고 있다. 이때 우주 개발주체, 개발 영역, 국제규범 및 협력으로 구분하여 분야 내, 분야 간의 상호관계가 긍정적으로 작용하도록 유도하여 시너지를 낼 필요가 있음을 강조하고 있다.

핵심키워드
우주력, 우주력 개발 동향, 우주산업

출처 | 국가안보전략연구원(2023)

탐구주제

- **탐구주제1** 한국의 우주력 개발을 위한 프레임워크 고찰
- **탐구주제2** 해외 주요국의 우주력 개발 동향에 대한 탐구

관련학과

항공우주공학과, 우주과학과, 기계우주항공공학부, 기계항공공학과, 우주공학부, 천문우주과학과, 천문우주학과, 항공기계공학과, 항공모빌리티학과, 항공산업공학과, 항공우주공학부, 항공정비학과, 항공경영학과, 항공컴퓨터학과

관련교과

대수, 미적분Ⅰ, 미적분Ⅱ, 기하, 수학과제 탐구, 물리학, 지구과학, 역학과 에너지, 전자기와 양자, 지구시스템과학, 행성우주과학, 융합과학 탐구, 기술·가정, 창의 공학 설계, 정보, 인공지능 기초, 데이터 과학, 소프트웨어와 생활

추천도서

우주산업의 로켓에 올라타라 (조동연, 미래의창, 2021)

이 책은 미래국방기술 최고전문가인 저자가 우주공학을 국가안보, 경제, 기술의 시각에서 재조명하고 있다. 우주개발에 관심이 많은 세대들에게 좋은 지침서이자 비즈니스 안내서이다. 우주를 둘러싼 국제 정세와 우주산업의 각 분야들, 그리고 이를 리드하는 국내외 주요 기업 기업과 우주산업을 이끌어갈 스타트업 등을 소개하고 있다.

- **탐구주제3** 우주 인터넷의 작동원리에 대한 탐구
- **탐구주제4** 우주시대 다운스트림 산업의 기반 우주항공 모빌리티 탐구

196. OECD 주요국가 문화재정 비교분석 연구

내용 소개

이 보고서는 OECD 국가의 문화재정 현황을 살펴보고 주요국가 문화재정 운용 사례를 분석하고 있다. 세계적인 경제성장 둔화와 글로벌 금융위기, 코로나19 및 러시아-우크라이나 전쟁 장기화 등 재정위험 요인 증가로 정부 역할의 변화가 요구되고 있는 지금, 보다 장기적인 관점에서 국가가 당면한 재정위기 대응능력을 제고하고 재정의 지속가능성을 높일 것을 강조하고 있다.

핵심키워드: 중앙재정, 지방재정, 영기준 예산편성(zero-base budgeting), 공기업

출처 | 한국문화관광연구원(2023)

탐구주제

- **탐구주제1** OECD 주요국가 문화재정 분석 결과 및 시사점 탐구
- **탐구주제2** 문화재정의 개념 및 OECD 국가의 문화재정 변화 조사

관련학과

문화재학과, 문화재보존학과, 문화재보존과학과, 경제학과, 경제금융학과, 행정학과, 공공행정학과, 공공정책학과, 융합행정학과, 자치행정학과, 정치행정학과, 행정정보학과, 정치국제학과, 정치외교학과

관련교과

세계시민과 지리, 사회와 문화, 한국지리 탐구, 도시의 미래 탐구, 정치, 법과 사회, 경제, 국제 관계의 이해, 여행지리, 사회문제 탐구, 금융과 경제생활, 기술·가정, 생활과학 탐구, 정보, 소프트웨어와 생활, 제2외국어, 인간과 경제활동

추천도서

국가재정의 정치경제학 (오연천, 21세기북스, 2017)

이 책은 모든 국가 활동의 기반이 되는 재정에 대한 본질적으로 이해할 수 있도록 하고, 이것이 올바른 정책으로 이어질 수 있도록 그 방법과 비전을 제시하고 있다. 거시경제와 법률, 행정 절차에 관한 전문 지식이 없는 일반인들에게 정부의 모든 재정 활용을 이해할 수 있도록 돕는다. 특히 정부의 역할과 재정의 본질에 대해 강조하고 있다.

- **탐구주제3** 조세감면(조세지출)의 효과와 한계에 관한 탐구
- **탐구주제4** 지방자치의 필요성과 지방재정 확보의 중요성 탐구

197. PM 빅데이터를 활용한 모빌리티 정책 제고 방안 연구

내용 소개

이 보고서는 개인형 이동장치(PM)의 확산에 따른 문제점을 분석하고, PM 통행 특성 조사 결과를 바탕으로 공유 PM 빅데이터를 활용한 정책 방안을 제시한다. 국내 PM은 단거리 이동에 빠른 속도로 주로 사용되고 있으며, 이에 따라 주차, 보도 주행, 교통수단 정립 등의 문제가 발생하고 있다. 이에 대한 정책 대응을 위해 공유 PM 빅데이터를 분석하고 정책을 제안한다.

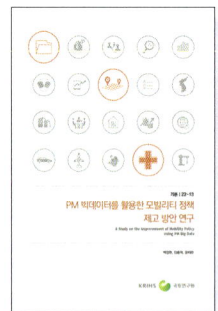

핵심 키워드: 개인형이동장치, 전동킥보드, 공유모빌리티, 마이크로모빌리티

출처 | 국토연구원(2022)

탐구주제

- **탐구주제1** 공유 PM 빅데이터를 활용한 모빌리티 정책 방안 탐구
- **탐구주제2** 우리 지역 개인형 이동장치PM의 이용 현황 및 주요 이슈 분석

관련학과

교통공학과, 공공행정학과, 도시·교통공학과, 도시행정학과, 미래자동차학과, 물류교통학과, 산업공학과, 교통시스템공학과, 철도운전경영학과, 토목교통공학부, 항공교통관리학과, 항공교통물류학과, AI전기자동차학과

관련교과

화법과 언어, 독서와 작문, 주제 탐구 독서, 직무 의사소통, 매체 의사소통, 경제 수학, 직무 수학, 수학과 문화, 사회와 문화, 경제, 사회문제 탐구, 금융과 경제생활, 과학의 역사와 문화, 지식 재산 일반, 소프트웨어와 생활, 인간과 경제활동

추천도서

미래, 모빌리티 (김민형, 스리체어스, 2023)

이 책은 이동의 개념이 혁신적으로 변화하고 있는 현재의 모빌리티 산업에 대한 이야기를 담고 있다. 모빌리티 기술과 디바이스의 발전으로 거리와 시간을 단축하며, 일상의 많은 분야에서 잠재력을 극단으로 끌어올리고 있다. 배달의민족, 쿠팡 등 물류 분야의 성장세와 무법자 킥보드, 택시 요금 인상 등 도로 위 논쟁의 이슈도 다루고 있다.

- **탐구주제3** 스마트시티에서의 무인 자율주행차량 서비스의 활용 방안 탐구
- **탐구주제4** 공유모빌리티 서비스의 활성화가 도심 교통 혼잡도 완화에 미치는 영향 탐구

198. SDGs의 생물다양성 보전목표 달성을 위한 기업의 역할과 지속가능경영 연계 방안

내용 소개

이 보고서는 환경오염으로 인한 생물다양성 손상이 우리 삶에 어떠한 영향을 미치고 있으며, 기업들은 지속가능경영을 통해 이에 어떻게 대응해야 하는지를 안내하고 있다. 최근 코로나19 등의 인수공통감염질병이 인류 역사상 유례를 찾아볼 수 없는 전파력으로 우리에게 고통을 주었고, 기후변화 등으로 생물다양성에 큰 위협이 되었다. 이에 기업은 생물다양성 보전을 위해 노력할 필요가 있다.

핵심키워드 생물다양성, 지속가능경영, 생물다양성 경영

출처 | 기업과 생물다양성 플랫폼(2021)

탐구주제

- **탐구주제1** 국내외 생물다양성 관련 주요 동향에 대한 탐구
- **탐구주제2** 기업의 지속가능경영과 생물다양성 연계방안 탐구

관련학과

생태환경학과, 곤충생명과학과, 농생물학과, 산림생태보호학과, 생태조경학과, 해양생태환경학과, 환경생명화학과, 환경생태공학부, 환경학과, 환경공학과, 환경교육과, 자원환경공학과, 지구환경시스템공학과, 지구과학과

관련교과

미적분Ⅰ, 미적분Ⅱ, 수학과제 탐구, 세계시민과 지리, 사회와 문화, 국제 관계의 이해, 사회문제 탐구, 기후변화와 지속가능한 세계, 화학, 물질과 에너지, 화학 반응의 세계, 기후변화와 환경생태, 기술·가정, 정보, 생태와 환경

추천도서

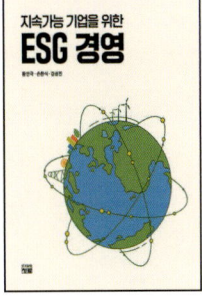

지속가능 기업을 위한 ESG 경영 (황인극 외, 청람, 2023)

이 책은 기업의 지속가능성을 높이기 위한 경영의 개념과 실천 전략을 다룬다. ESG 경영이 기업 경쟁력 강화와 장기적 성장에 필수적임을 강조하며, 각 요소별 핵심 내용과 국내외 사례를 통해 실질적인 적용 방안을 제시한다. 또한, 기업의 사회적 책임, 친환경 경영, 투명한 거버넌스 구축 방법을 구체적으로 설명한다.

- **탐구주제3** ESG 경영이 기업의 지속가능성에 미치는 영향 분석
- **탐구주제4** 국내 기업의 ESG 경영 사례 비교 및 성공 요인 탐구

199. SNS 빅데이터를 활용한 가족 변화 양상 분석

내용 소개

이 보고서는 가족과 관련하여 소셜미디어상의 다양한 데이터의 변화를 확인하고 분석하여, 가족의 의미 및 행태 변화 양상을 파악하고 변화한 내용에 적합한 가족 서비스 발전 방향성을 모색하며, 맞춤형 가족서비스 제공 방안을 마련하기 위해 쓰였다. 가족에 대한 의미 및 인식을 분석하고 실제 가족 구성원들이 생각하는 가족의 의미를 분석하고 있다.

 가족 변화, 가족 의미, 가족복지

출처 | 한국건강가정진흥원(2022)

탐구주제

- **탐구주제1** 가족 특성별 비교 분석 결과 제시
- **탐구주제2** 가족 관련 연관어 분석 조사 결과 제시

관련학과

아동가족학과, 가족복지학과, 가족아동복지학과, 아동가정복지학과, 아동복지가족학과, 아동복지학과, 아동학과, 사회학과, 도시사회학과, 사회복지학과, 사회복지학부, 사회복지상담학과, 복지상담학과, 가정교육과

관련교과

세계시민과 지리, 사회와 문화, 현대사회와 윤리, 정치, 법과 사회, 윤리와 사상, 인문학과 윤리, 사회문제 탐구, 윤리문제 탐구, 기술·가정, 생활과학 탐구, 생애 설계와 자립, 아동발달과 부모, 정보

추천도서

가족복지학 (조흥식 외, 학지사, 2017)

이 책은 최근 한국사회 내 가족의 변화와 국제적인 가족복지 관련 연구 및 정책의 흐름을 반영하여 현재 가족의 변화된 내용을 담고 있다. 전반적인 가족 문제, 가족과 사회복지의 관계, 가족복지의 개념, 접근방법, 그리고 복지국가에서의 가족 복지 내용과 새로운 가족복지 패러다임 등을 담았고, 또한 대표적인 여섯 가지 가족복지실천 분야의 내용을 담았다.

- **탐구주제3** 한국의 가족정책 변화에 관한 조사
- **탐구주제4** 가족과 관련된 사회복지법의 종류 탐구

200 TV 시청 관습의 변화 및 영상콘텐츠 이용행태의 다양화에 대한 연구

내용 소개

이 보고서는 TV 시청 관습의 변화와 그 결과로서 나타난 영상콘텐츠 이용행태의 다양화 양상을 실증적으로 규명하고 있다. 최근 10년(2011~2021년)의 KISDI 한국 미디어 패널조사 자료를 이용하여 일반인들이 일상생활 속 영상콘텐츠 시청에서 전통적 TV 보기 행위, 즉 TV 시청 관습이 차지하는 비중이 얼마나 변화하였는지 그 추이를 분석하고 있다.

핵심키워드 TV 시청, 영상콘텐츠 시청 행태, 미디어 리터러시

출처 | 정보통신정책연구원(2022)

탐구주제

- **탐구주제1** 한국 미디어 패널조사 자료 분석 결과에 대한 고찰
- **탐구주제2** TV 시청 관습의 새로운 시청행태와 영상콘텐츠 플랫폼 이용에 영향을 미치는 요인

관련학과

미디어영상학과, AI미디어학과, 공연영상학과, 광고홍보영상학과, 디지털콘텐츠학과, 미디어콘텐츠학과, 방송영상학과, 영상문화학과, 영상제작학과, 영상학과, 문화콘텐츠학과, 융합콘텐츠학과, 스마트콘텐츠학과

관련교과

사회와 문화, 현대사회와 윤리, 동아시아 역사 기행, 법과 사회, 경제, 여행지리, 사회문제 탐구, 기후변화와 지속가능한 세계, 음악, 연극, 음악과 미디어, 기술·가정, 생활과학 탐구, 지식 재산 일반, 정보

추천도서

슬기로운 미디어생활 (권혜령 외, 우리학교, 2018)

이 책은 오랫동안 교육 현장에서 미디어 교육을 연구하고 미디어로 수업을 진행한 미디어 전문가들이 청소년들에게 미디어 리터러시 능력을 길러주기 위해 쓰였다. 미디어 종류가 다양해지면서 스마트폰과 게임 중독, 인터넷 범죄 피해, 특정 계층에 대한 혐오 표출, 가짜 뉴스, 저작권 다툼 등 미디어 부작용을 줄일 수 있는 미디어 리터러시 내용을 담았다.

- **탐구주제3** 미디어의 장르에 대한 조사
- **탐구주제4** 연령대별 요구되는 미디어 리터러시 탐구

교과세특 탐구활동 솔루션
공공데이터 활용 심화 Ver.

1판 1쇄 찍음   2025년 5월 9일

출판	㈜캠토
저자	한승배·박유진·최미경

총괄기획	이사라(lsr@camtor.co.kr)
디자인	Gem·송나래
R&D	오승훈·민하늘·박민아·최미화·강덕우·송지원·국희진·양채림·윤혜원·황건주
미디어사업	김동욱·이동준·이수민·조현국
교육사업	문태준·박흥수·정훈모·송정민·변민혜
브랜드사업	윤영재·박선경·신숙진·이동훈·김지수·김연정·서태욱
경영지원	지재우·임철규·최영혜·이석기·노경희
발행인	안광배

주소	서울시 서초구 강남대로 557(잠원동, 성한빌딩) 9F
출판등록	제 2012-000207
구입문의	(02) 333-5966
팩스	(02) 3785-0901
홈페이지	www.campusmentor.co.kr (교구몰)

ISBN 979-11-92382-50-0 (43000)

ⓒ 한승배·박유진·최미경 2025

- 이 책은 ㈜캠토가 저작권자와의 계약에 따라 발행한 것이므로 본사의 서면 허락 없이는 이 책의 일부 또는 전부를 무단 복제·전재·발췌할 수 없습니다.
- 잘못된 책은 구입하신 곳에서 바꾸어 드립니다.